Robert B. Cialdini, Ph.D.

AS ARMAS DA PERSUASÃO

SEXTANTE

Título original: *Influence: Science and Practice*

Copyright © 2009 por Pearson Education, Inc.
Copyright da tradução © 2012 por GMT Editores Ltda.

Todos os direitos reservados. Nenhuma parte deste livro pode ser utilizada ou reproduzida sob quaisquer meios existentes sem autorização por escrito dos editores.

tradução: Ivo Korytowski
preparo de originais: Melissa Lopes Leite
revisão: Ana Lúcia Machado, Jean Marcel Montassier, Rafaella Lemos e Rita Godoy
diagramação e capa: Miriam Lerner | Equatorium Design
adaptação de capa: Gustavo Cardozo
imagem de capa: Vladimir Vakhrin / iStockphoto
impressão e acabamento: Associação Religiosa Imprensa da Fé

CIP-BRASIL. CATALOGAÇÃO NA FONTE
SINDICATO NACIONAL DOS EDITORES DE LIVROS, RJ

C492a

Cialdini, Robert B.
  As armas da persuasão / Robert Cialdini B. ; tradução Ivo Korytowski. - 1. ed. - Rio de Janeiro : Sextante, 2023.
  304 p. ; 21 cm.

  Tradução de: Influence: science and practice
  ISBN 978-65-5564-520-0

  1. Influência (Psicologia). 2. Persuasão (Psicologia). I. Korytowski, Ivo. II. Título.

22-80179   CDD: 153.852
              CDU: 159.942:316.475

Gabriela Faray Ferreira Lopes - Bibliotecária - CRB-7/6643

Todos os direitos reservados, no Brasil, por
GMT Editores Ltda.
Rua Voluntários da Pátria, 45 – 14º andar – Botafogo
22270-000 – Rio de Janeiro – RJ
Tel.: (21) 2538-4100
E-mail: atendimento@sextante.com.br
www.sextante.com.br

SUMÁRIO

	Prefácio	4
	Introdução	6
CAPÍTULO 1	Armas de influência	9
CAPÍTULO 2	Reciprocidade	28
CAPÍTULO 3	Compromisso e coerência	70
CAPÍTULO 4	Aprovação social	132
CAPÍTULO 5	Afeição	187
CAPÍTULO 6	Autoridade	228
CAPÍTULO 7	Escassez	258
CAPÍTULO 8	Influência instantânea	295

As notas e bibliografia deste livro estão disponíveis em:
https://sextante.com.br/asarmasdapersuasao/notas.pdf

PREFÁCIO

Nesta obra, além de manter o estilo envolvente do meu livro anterior, *O poder da persuasão*, apresento todas as referências das pesquisas usadas para embasar minhas afirmações, recomendações e conclusões. Embora sejam dramatizadas e corroboradas por recursos como entrevistas, citações e observações pessoais, as conclusões de *As armas da persuasão* se baseiam em pesquisas psicológicas controladas. Este fato proporciona ao leitor a certeza de que o livro não é psicologia "pop", mas o resultado de um trabalho cientificamente fundamentado.

Uma característica interessante de *As armas da persuasão* reside em sua capacidade de servir como contribuição prática. O livro pode ser visto como um meio de demonstrar que, quando apresentado apropriadamente, o que muitas vezes parece ciência árida pode realmente se mostrar empolgante, útil e relevante à vida pessoal de todos os leitores.

Desde que publiquei a primeira edição de *O poder da persuasão*, aconteceram algumas coisas que merecem lugar na presente obra. Primeiro, agora sabemos mais sobre o processo de persuasão do que antes. O estudo da influência, da anuência e da mudança avançou, e as páginas que se seguem foram adaptadas para refletir esse progresso. Além de uma modernização geral do material, dediquei atenção especial à atualização dos dados sobre cultura popular e novas tecnologias, bem como à pesquisa da influência social intercultural – como o processo da influência funciona, de forma semelhante ou diferente, em várias culturas humanas.

Incluí também resumos de capítulos e perguntas de estudo para aumentar sua utilidade. Além disso, também aumentei o espaço para os relatos de leitores dos livros anteriores. Nesses quadros, homens e mulheres de diferentes origens e classes sociais reconhecem como funcionou no caso deles um dos princípios psicológicos fundamentais que comandam a conduta humana. Suas descrições ilustram com que facilidade e frequência podemos nos tornar vítimas do processo de persuasão em nossas vidas diárias, servindo de alerta para organizarmos nossas defesas.

Por fim, disponibilizei uma seção com todas as notas explicativas incluídas ao longo do livro e outra com os dados completos das obras que usei como referência para escrever *As armas da persuasão*. Veja como acessá-las na pág. 3.

INTRODUÇÃO

Agora posso admitir: durante toda a minha vida fui um grande trouxa. Desde que me entendo por gente, fui presa fácil das investidas de vendedores ambulantes, arrecadadores de doações e operadores de telemarketing.

É verdade que somente algumas dessas pessoas atendiam a propósitos desonestos. As outras – representantes de instituições de caridade, por exemplo – vieram a mim com as melhores intenções. Não importa. Com uma frequência perturbadora, sempre me vi em posse de indesejadas assinaturas de revistas ou cotas de rifas. É provável que essa postura duradoura de trouxa explique meu interesse pelo estudo da persuasão: quais são os fatores que levam uma pessoa a dizer sim a outra? E que técnicas exploram melhor esses fatores? Tenho me perguntado por que um pedido feito de certa maneira tende a ser rejeitado, ao passo que um pedido do mesmo favor feito de forma ligeiramente diferente costuma obter sucesso.

Como psicólogo social experimental, resolvi então estudar a psicologia da persuasão. Comecei realizando experimentos com estudantes universitários no meu laboratório. Minha intenção era descobrir quais princípios psicológicos influenciavam a tendência a concordar com uma solicitação.

Após um tempo, porém, percebi que o trabalho experimental, embora necessário, não era suficiente. Ele não me permitia julgar a importância daqueles princípios no mundo real, para além do prédio de psicologia e do campus onde eu os examinava. Ficou claro que, se eu quisesse entender plenamente a psicologia da persuasão, deveria ampliar o escopo de meus estudos. Precisaria investigar os profissionais da persuasão – as pessoas que tinham aplicado aqueles princípios em mim a vida toda. Eles sabem o que funciona e o que não funciona. Seu trabalho é nos convencer, e sua sobrevivência depende disso. Aqueles que não sabem como induzir os outros a dizer "sim" logo tiram o time de campo. Os que sabem permanecem nessa área e prosperam.

Claro que os profissionais da persuasão não são os únicos que conhecem e aplicam esses princípios para obter o que desejam. Até certo ponto, todos os empregamos e nos tornamos vítimas deles em nossas interações diárias com vizinhos, amigos, colegas, parceiros e familiares. Mas enquanto a maioria das pessoas tem uma compreensão vaga e superficial daquilo que funciona, esses profissionais realmente sabem o que fazem. Ao refletir a respeito, percebi que eles representavam a mais rica fonte de informações sobre persuasão a que eu tinha acesso. Assim, por quase três anos combinei meus estudos experimentais com um programa bem mais interessante: mergulhei sistematicamente no mundo dos vendedores, arrecadadores de doações, publicitários, entre outros.

Meu propósito era observar, de perto, as técnicas e estratégias mais comuns e eficazes usadas por uma grande variedade de profissionais da persuasão. Realizei entrevistas com eles e, outras vezes, com seus inimigos naturais (por exemplo, policiais de comissões antifraudes e órgãos de defesa do consumidor). Além disso, examinei os materiais que transmitem as técnicas de persuasão de geração para geração, como manuais de vendas e similares.

Com mais frequência, porém, meu estudo tomou a forma de observação participativa – uma abordagem de pesquisa em que o pesquisador se torna uma espécie de espião. Com uma identidade falsa e disfarçando seus propósitos, ele se infiltra no ambiente de interesse e se torna um participante pleno do grupo a ser investigado.

Assim, quando eu queria conhecer as táticas de convencimento das organizações de vendas de enciclopédias, por exemplo, eu respondia a um classificado de jornal buscando vendedores e me dispunha a aprender seus métodos. Usando abordagens semelhantes, mas não idênticas, consegui penetrar em agências de publicidade, escritórios de relações públicas e instituições beneficentes a fim de examinar suas técnicas. Grande parte dos dados apresentados neste livro, portanto, advém de minha experiência me disfarçando como um profissional da persuasão.

Um aspecto do que aprendi nesse período de três anos de observação participativa foi especialmente esclarecedor. Embora os profissionais da persuasão empreguem milhares de técnicas para convencer, a maioria delas se enquadra em seis categorias básicas, sendo cada uma delas governada por um dos princípios psicológicos fundamentais que comandam a conduta humana. Este livro está organizado em torno desses seis princípios – reciprocidade, coerência, aprovação social, afeição, autoridade e escassez. Eles serão discutidos em termos de sua função na sociedade e de como um profissional da persuasão pode mobilizar seu poder e incorporá-los habilmente em pedidos de compras, doações, concessões, votos ou permissões.[1]

Por fim, cada princípio é analisado em sua capacidade de produzir nas pessoas um tipo singular de consentimento automático e impensado, ou seja, uma disposição em dizer "sim" sem pensar primeiro. Indícios sugerem que o ritmo acelerado e o bombardeio de informações da vida moderna tornarão essa forma específica de persuasão cada vez mais predominante. Será ainda mais importante para a sociedade, portanto, entender como e por que a influência automática ocorre.

1
ARMAS DE INFLUÊNCIA

A civilização avança ao ampliar o número de operações que podemos realizar sem pensar nelas.
– Alfred North Whitehead

Outro dia recebi um telefonema de uma amiga que tinha acabado de abrir uma loja de joias indianas no Arizona. Ela estava eufórica com um acontecimento curioso. Achava que, como psicólogo, eu conseguiria ajudá-la a entender o que se passara.

A história envolvia certo lote de joias de turquesa que ela teve dificuldade para vender. Era alta temporada, a joalheria estava movimentada e as peças de turquesa eram de boa qualidade e tinham um preço justo. No entanto, nenhuma dessas peças havia sido vendida. Minha amiga tentara alguns truques de vendas comuns para se livrar da mercadoria. Procurou chamar a atenção para as peças exibindo-as num mostruário mais central. Não teve sorte. Chegou a pedir à equipe de vendedores que tentasse "empurrar" as joias para os clientes – de novo sem sucesso.

Finalmente, na noite antes de partir para uma viagem de compras fora da cidade, ela escreveu um bilhete desesperado para sua vendedora principal pedindo que vendesse tudo que estava no mostruário pela metade do preço. Esperava, assim, se livrar daquelas joias encalhadas, ainda que com prejuízo. Ao retornar alguns dias depois, não se surpreendeu ao ver que todos os artigos haviam sido vendidos. Ficou chocada, porém, ao descobrir que, como a funcionária tinha lido o "½" do bilhete como um "2", o lote inteiro havia sido vendido pelo dobro do preço original!

Foi aí que minha amiga me ligou. Respondi que, para que eu pudesse lhe dar uma boa explicação, ela teria primeiro que ouvir uma história minha. Na verdade, não é exatamente minha: fala de peruas mães e pertence à ciência relativamente nova da etologia – o estudo dos animais em seu ambiente natural.

As peruas são boas mães – carinhosas, atentas e protetoras. Passam grande parte do tempo cuidando dos filhotes, aquecendo-os, limpando-os e aconchegando-os. Mas existe algo estranho em seu método. Praticamente todos esses cuidados maternos são desencadeados por apenas um fator: o piar dos filhotes. Outras características identificadoras dos filhotes, como seu cheiro ou aparência, parecem desempenhar papéis menores no processo de zelo materno. Se um filhote piar, sua mãe cuidará dele. Do contrário, ela poderá ignorá-lo e às vezes até matá-lo.

A confiança extrema das peruas mães nesse som específico foi ilustrada pelo estudioso do comportamento animal M. W. Fox (1974) em sua descrição de um experimento envolvendo uma perua mãe e uma doninha empalhada. Para uma perua mãe, uma doninha é um inimigo natural cuja aproximação deve ser recebida com grasnidos, bicadas e unhadas raivosas. De fato, os experimentos mostraram que, mesmo uma doninha empalhada, quando levada com um barbante para perto de uma perua, recebia um ataque imediato e furioso. Quando, porém, a mesma réplica empalhada portava um pequeno gravador que tocava o som emitido por filhotes de peru, a mãe não apenas aceitava a doninha, mas a acolhia sob suas asas. Quando o gravador era desligado, o modelo de doninha tornava a atrair um ataque feroz.

CLIQUE, ZUM

O comportamento da perua mãe parece ridículo nessas circunstâncias. Ela aceitaria um inimigo natural que emitisse o som de seus filhotes, mas iria maltratar ou matar um de seus filhotes que não o fizesse. Ela age como um robô cujos instintos maternais estão sob o controle automático daquele som específico. Os etologistas, porém, nos informam que esse tipo de coisa não é exclusivo dos perus. Eles têm identificado padrões cegamente mecânicos e regulares de ações numa grande variedade de espécies.

Os *padrões fixos de ação* podem envolver sequências complexas de comportamento – como rituais completos de corte ou acasalamento – que ocorrem praticamente da mesma forma e na mesma ordem todas as vezes. É quase como se os padrões estivessem gravados em fitas cassetes dentro dos animais. Quando uma situação pede a corte, uma fita da corte é tocada. Quando uma situação pede cuidados maternos, uma fita de comportamento materno é tocada. *Clique*, e a fita apropriada é ativada; *zum*, e eis que se desenrola a sequência de comportamentos padrão.

O aspecto mais interessante disso tudo é a forma como as fitas são ativadas. Quando um animal age para defender seu território, por exemplo, é a invasão de outro animal da mesma espécie que aciona a "fita" de vigilância, defesa territorial e, se necessário, comportamentos de combate. Mas existe uma falha no sistema. Não é o rival como um todo que é o desencadeador, e sim alguma característica específica. Com frequência a característica desencadeadora será apenas um aspecto minúsculo da totalidade do intruso que se aproxima. Às vezes uma tonalidade de cor é suficiente. Os experimentos dos etologistas mostraram, por exemplo, que um tordo macho, agindo como se um tordo rival tivesse invadido seu território, atacará com vigor um mero tufo de penas vermelhas de peito de tordo colocadas por perto. Ao mesmo tempo, ele irá praticamente ignorar uma réplica empalhada perfeita de um tordo macho *sem* as penas vermelhas do peito (Lack, 1943). Resultados semelhantes foram encontrados em outra espécie de ave, o pisco-de-peito-azul, para o qual parece que o desencadeador da defesa territorial é um tom de azul específico das penas do peito (Peiponen, 1960).

Antes de criticarmos a facilidade com que as características desencadeadoras podem induzir alguns animais a reagir de formas totalmente inapropriadas à situação, devemos entender dois fatos. Primeiro, que os padrões fixos de ação desses animais funcionam muito bem na maior parte das vezes. Por exemplo, como apenas filhotes de peru normais e saudáveis emitem o ruído peculiar dos bebês de peru, faz sentido a perua mãe reagir maternalmente àquele som específico. Ao responder apenas àquele estímulo, a perua mãe normal quase sempre se comportará de maneira correta. Só um trapaceiro, como um cientista, consegue fazer com que sua reação à gravação pareça insensata. O segundo fato importante é que nós também temos nossas fitas pré-programadas e, embora costumem funcionar a nosso favor, as características desencadeadoras que as ativam podem nos induzir a tocar as fitas nos momentos errados.[1]

A forma paralela de automatismo humano é demonstrada num experimento da psicóloga social Ellen Langer e seus colegas (Langer, Black e Chanowitz, 1978). Um princípio conhecido do comportamento humano afirma que, ao pedirmos um favor a alguém, teremos mais sucesso se fornecermos um motivo. As pessoas simplesmente gostam de ter motivos para o que fazem (Bastardi e Shafir, 2000). Langer demonstrou esse fato previsível pedindo um pequeno favor a pessoas que esperavam na fila para usar a copiadora de uma biblioteca: "Com licença. Tenho cinco páginas. Posso usar a máquina de xerox porque estou com pressa?" A eficácia desse pedido acompanhado de um motivo foi quase total: 94% das pessoas indagadas deixaram que ela passasse à sua frente na fila. Quando ela fez o mesmo pedido sem dar uma justificativa ("Com licença. Tenho cinco páginas. Posso usar a máquina de xerox?"), apenas 60% dos consultados concordaram.

À primeira vista, parece que a diferença crucial entre os dois pedidos foi a informação adicional fornecida pelas palavras *porque estou com pressa*. Entretanto, um terceiro tipo de pedido feito por Langer mostrou que não foi bem assim. Aparentemente não foi a série inteira de palavras, mas a primeira, *porque*, que fez a diferença. Em vez de incluir um motivo real para obter o favor, o terceiro tipo de pedido de Langer usou a palavra *porque* e depois, sem acrescentar nada de novo, apenas reafirmou o óbvio: "Com licença. Tenho cinco páginas. Posso usar a máquina de xerox porque preciso tirar umas cópias?" Nesse caso, mais uma vez quase todos (93%) concordaram, embora nenhum motivo real ou informação nova fossem acrescentados para justificar a concordância. Assim como o som dos filhotes de peru desencadeou uma reação maternal automática na perua mãe, mesmo quando vindo de uma doninha empalhada, a palavra *porque* desencadeou uma reação de consentimento automático nas cobaias de Langer, mesmo sem receberem um motivo relevante para concordarem. *Clique, zum*.[2]

Embora algumas descobertas adicionais de Langer mostrem que existem muitas situações em que o comportamento humano não funciona de forma mecânica, ativado por uma "fita", ela e muitos outros pesquisadores estão convencidos de que ele quase sempre funciona (Bargh e Williams, 2006; Langer, 1989). Por exemplo, consideremos a estranha conduta daqueles clientes da joalheria que arrebataram um lote de joias de turquesa somente depois de oferecidas, por engano, pelo dobro do preço original. Não vejo sentido em seu modo de agir, a não ser em termos do automatismo *clique, zum*.

Os clientes, em sua maioria turistas endinheirados com poucos conhecimentos sobre a pedra turquesa, estavam usando um princípio padrão – um estereótipo – para orientar suas compras: caro é igual a bom. Muitas pesquisas mostram que pessoas em dúvida sobre a qualidade de um item costumam recorrer a esse estereótipo (Cronley et al., 2005). Assim, os turistas, que queriam joias "de qualidade", acharam os itens de turquesa mais valiosos e desejáveis quando apenas o valor foi destacado. O preço sozinho havia se tornado uma característica desencadeadora de uma percepção de qualidade após ter sido aumentado.[3]

CLIQUE, ZUM NO AMOR

Os rituais humanos de acasalamento não são tão rígidos quanto os dos animais. Mesmo assim, os pesquisadores têm descoberto regularidades impressionantes nos padrões da corte em muitas culturas humanas (Kenrick e Keefe, 1992). Por exemplo, em anúncios pessoais pelo mundo, as mulheres descrevem seus atrativos físicos, ao passo que os homens destacam sua riqueza material (Buss e Kenrick, 1998).

DEPOIMENTO DE LEITOR 1.1
De um doutorando em administração

Um proprietário de uma loja de joias antigas de minha cidade me contou como aprendeu a lição da influência social que diz que produto caro é sinônimo de produto bom. Um amigo seu queria um presente de aniversário especial para a noiva. O joalheiro sugeriu um colar normalmente vendido em sua loja por 500 dólares, mas que estava disposto a oferecer ao amigo por 250 dólares. Apesar do entusiasmo inicial, o amigo desanimou ao lhe ser revelado o preço da joia, e começou a desistir do negócio, porque queria algo "realmente bonito" para sua futura esposa.

No dia seguinte, o joalheiro entendeu o que havia ocorrido e ligou para o amigo. Pediu que voltasse à loja, porque tinha outro colar para lhe mostrar. Dessa vez apresentou a peça nova pelo preço normal de 500 dólares. O amigo gostou tanto que quis comprar na hora. Mas, antes que o pagamento fosse feito, o joalheiro informou que, como presente de casamento, reduziria o preço para 250 dólares. O amigo adorou. Agora, em vez de achar o preço depreciativo, ficou muito feliz – e grato – por poder pagar a metade.

Nota do autor: Observe que, como no caso dos compradores das joias de turquesa, quem desdenhou o artigo de preço baixo foi alguém que queria ter certeza de adquirir uma boa mercadoria. Estou confiante de que, além da regra "caro=bom", existe um outro lado da moeda, "barato=ruim", que também se aplica ao nosso modo de pensar.

REDUZINDO O RISCO COM ATALHOS

É fácil culpar os turistas por suas compras insensatas, mas um exame meticuloso oferece uma visão mais benevolente. Eles foram educados pela regra "Você recebe aquilo pelo que paga" e confirmaram sua legitimidade várias vezes em sua vida. Em pouco tempo, simplificaram a regra para "caro é sinônimo de bom". Esse estereótipo funcionou para eles no passado, já que em geral o preço de um artigo aumenta junto com seu valor. Um preço superior costuma refletir uma qualidade superior. Assim, quando se viram na posição de desejar uma boa joia de turquesa, mas sem conhecer direito essa pedra, compreensivelmente confiaram na velha regra do custo para avaliar o mérito da joia (Rao e Monroe, 1989).

Embora sem perceber, ao reagirem apenas ao preço da turquesa estavam procurando reduzir seu risco. Em vez de explorar todas as chances a seu favor tentando dominar cada característica que indica o valor de uma joia de turquesa, estavam confiando em apenas uma

– aquela que sabiam estar quase sempre associada à qualidade de qualquer item. Estavam apostando que o preço sozinho informaria tudo que precisavam saber. Dessa vez, porque alguém confundiu um "½" com um "2", apostaram errado. De modo geral, em todas as situações passadas e futuras da vida, usar um atalho para reduzir o risco pode representar a abordagem mais racional possível.

De fato, o comportamento estereotipado automático predomina em grande parte das ações humanas porque, em muitos casos, é a forma mais eficiente de comportamento (Gigerenzer e Goldstein, 1996) e, em outros, porque é simplesmente necessário (Bodenhausen, Macrae e Sherman, 1999; Fiske e Neuberg, 1990). Para viver no ambiente complexo e dinâmico dos dias de hoje, *precisamos* de atalhos. Não se pode querer reconhecer e analisar todos os aspectos em cada pessoa, acontecimento e situação com que deparamos, mesmo num único dia. Não dispomos de tempo, energia ou capacidade para tal. Em vez disso, temos muitas vezes que usar nossos estereótipos – nossas regras gerais – para classificar as coisas de acordo com umas poucas características-chave e depois passar a reagir sem pensar quando uma ou outra dessas características desencadeadoras estiver presente.

Algumas vezes o comportamento decorrente não será apropriado à situação, porque nem mesmo os melhores estereótipos e características desencadeadoras funcionam sempre. Somos obrigados a aceitar suas imperfeições, já que não há realmente outra escolha. Sem essas características ficaríamos paralisados – catalogando, avaliando e aferindo –, enquanto o momento de agir passaria. E tudo indica que estaremos contando com esses estereótipos num grau ainda maior no futuro. À medida que os estímulos saturadores de nossa vida continuarem se tornando mais complexos e variáveis, teremos que depender cada vez mais de nossos atalhos para lidar com todos eles.[4]

Recentemente os psicólogos descobriram uma série de atalhos mentais que empregamos em nossos julgamentos do dia a dia (Kahneman, Slovic e Tversky, 1982; Todd e Gigerenzer, 2007). Esses atalhos operam quase da mesma forma que a regra "caro é igual a bom", permitindo um pensamento simplificado que funciona bem a maior parte do tempo, mas nos deixa sujeitos a erros custosos ocasionais. Especialmente pertinentes a este livro são os atalhos que nos indicam quando devemos acreditar no que nos dizem ou quando devemos fazer o que nos pedem.

Consideremos, por exemplo, a regra de atalho que diz: "Se um especialista disse isso, deve ser verdade." Como veremos no Capítulo 6, existe uma tendência perturbadora em nossa sociedade de aceitar cegamente as afirmações e diretrizes de indivíduos que parecem ser autoridades em determinado assunto. Ou seja, em vez de raciocinar sobre os argumentos do especialista e nos convencermos (ou não), com frequência ignoramos os argumentos e nos deixamos levar apenas pelo fato de se tratar de um "expert". Essa tendência a reagir de modo mecânico a uma informação em dada situação é o que chamamos de reação automática, ou *clique, zum*. A tendência a reagir com base numa análise minuciosa de todas as informações pode ser chamada de *reação controlada* (Chaiken e Trope, 1999).

Uma série de pesquisas de laboratório mostrou que as pessoas tendem a lidar com as informações de forma mais controlada quando têm o desejo e a capacidade de analisá-las cuidadosamente. Caso contrário, estarão mais propensas a usar a abordagem mais fácil do *clique, zum* (Epley e Gilovich, 2006; Petty e Wegener, 1999).

Em um estudo de 1981 (Petty, Cacioppo e Goldman), alunos da Universidade do Missouri ouviram um discurso gravado que defendia a ideia de exigir que todos os veteranos fossem submetidos a exames abrangentes para que pudessem se graduar. A questão afetava alguns deles pessoalmente, pois foram informados de que os exames entrariam em vigor no ano seguinte – antes que tivessem a chance de se formar. Claro que aquela notícia fez com que quisessem analisar os argumentos com atenção. No entanto, para outros participantes do estudo, a questão teve pouca importância pessoal – pois foram informados de que os exames só começariam bem depois de se graduarem. Logo, não tiveram uma forte necessidade de analisar com cuidado a validade do argumento.

Os resultados do estudo foram claros: os participantes sem nenhum interesse pessoal no assunto foram basicamente persuadidos pela experiência do orador no campo da educação. Eles usaram a regra "Se um especialista disse isso, deve ser verdade", dando pouca importância à força de seus argumentos. Aqueles alunos para os quais a questão importava pessoalmente, por outro lado, ignoraram a experiência do orador e foram persuadidos sobretudo pela qualidade de seus argumentos.

Portanto, parece que, quando se trata da perigosa reação *clique, zum*, nós nos concedemos uma rede de segurança: resistimos ao requinte sedutor de reagir a uma única característica (desencadeadora) das informações disponíveis quando a questão é importante para nós. Sem dúvida isso ocorre com frequência (Leippe e Elkin, 1987). Porém não estou totalmente tranquilo. Lembre-se de que vimos que as pessoas costumam reagir de forma controlada e racional somente quando têm o desejo *e* a capacidade de fazê-lo.

Há pouco tempo fiquei impressionado ao saber de indícios sugerindo que o modo e o ritmo da vida moderna não permitem a tomada de decisões 100% racionais, mesmo em muitos assuntos pessoalmente relevantes (Cohen, 1978; Milgram, 1970). Ou seja, às vezes as questões podem ser tão complicadas, o tempo tão exíguo, as perturbações tão invasivas, a agitação emocional tão forte ou a fadiga mental tão profunda que não temos condições cognitivas de agir de forma racional. Seja o assunto importante ou não, sentimos a necessidade de tomar um atalho.[5]

Talvez em nenhum lugar essa última questão seja mais dramática do que nas consequências de um fenômeno que os dirigentes do setor aeronáutico rotularam de *captainitis* (Foushee, 1984) – algo como "comandantite", em português. Investigadores de acidentes da agência reguladora da aviação nos Estados Unidos, FAA, observaram que, muitas vezes, um erro óbvio cometido pelo comandante do avião não era corrigido pelos outros membros da tripulação e resultava em acidente. Parece que, apesar da forte e clara importância pessoal das questões, os membros da tripulação estavam empregando a regra de atalho "Se um especialista disse isso, deve ser verdade" para reagir à desastrosa decisão do comandante (Harper, Kidera e Cullen, 1971).

Um depoimento de Thomas Watson Jr., ex-presidente da IBM, oferece um ótimo exemplo desse fenômeno. Durante a Segunda Guerra Mundial, ele foi designado para investigar acidentes aéreos em que oficiais de alta patente foram mortos ou feridos. Um dos casos envolvia um famoso general da Força Aérea chamado Uzal Ent. Antes de um voo, seu copiloto adoeceu e precisou ser substituído. O novo copiloto se sentiu honrado por estar voando ao lado do lendário general. Durante a decolagem, Ent começou a cantar mentalmente, acompanhando a canção com um balançar da cabeça. O copiloto interpretou o gesto como um sinal para puxar as rodas. Embora estivessem devagar demais para levantar voo, ele recolheu o trem de pouso, fazendo com que o avião despencasse de barriga. No acidente, uma pá da hélice atingiu as costas de Ent, dilacerando sua coluna e deixando-o paraplégico. Watson (1990) descreveu a explicação do copiloto para sua ação:

> *Quando ouvi o depoimento do copiloto, perguntei: "Se você sabia que o avião não iria voar, por que recolheu o trem de pouso?"*
> *Ele respondeu: "Pensei que o general quisesse que eu recolhesse."*
> *O copiloto foi insensato* (p. 117).

Insensato? Naquele conjunto singular de circunstâncias, sim. Compreensível? Na agitação da vida moderna, que exige atalhos, também sim.

OS APROVEITADORES

Apesar do atual uso generalizado e da importância cada vez maior dos nossos padrões de comportamento automáticos, a maioria de nós sabe bem pouco sobre eles. Talvez isso se dê justamente por causa da maneira mecânica e impensada como ocorrem. Qualquer que seja a razão, é vital reconhecer com clareza uma de suas propriedades, já que esses padrões nos tornam muito vulneráveis a alguém que *saiba* como eles funcionam.

Para entender plenamente a natureza de nossa vulnerabilidade, vamos dar mais uma olhada no trabalho dos etologistas. Um grupo de organismos – muitas vezes denominados *imitadores* – copia as características desencadeadoras de outros animais na tentativa de induzi-los a tocar por engano as fitas comportamentais certas nos momentos errados. Os imitadores então exploram essa ação inapropriada em seu próprio benefício.

Vejamos, por exemplo, a armadilha mortal lançada pelas fêmeas assassinas de um gênero de vaga-lume (*Photuris*) contra os machos de outro gênero de vaga-lume (*Photinus*). Compreensivelmente, os machos *Photinus* fazem de tudo para evitar o contato com as sanguinárias fêmeas *Photuris*. Entretanto, ao longo de séculos de seleção natural, as caçadoras fêmeas *Photuris* descobriram uma fraqueza em sua presa: um código piscante pelo qual os membros da espécie das vítimas informam uns aos outros que estão prontos para acasalar. Ao imitar os sinais de acasalamento piscantes de sua presa, a assassina consegue desencadear suas fitas de corte e fazer com que eles voem mecanicamente para o abraço da morte, e não do amor (Lloyd, 1965).[6]

Na luta pela sobrevivência, quase todas as formas de vida possuem seus imitadores – indo até alguns dos patógenos mais primitivos. Ao adotarem certas características essenciais de hormônios ou nutrientes úteis, bactérias e vírus ardilosos conseguem penetrar numa célula hospedeira saudável. O resultado é que as células saudáveis atraem, com avidez e ingenuidade, as causas de doenças como hidrofobia, mononucleose e gripe comum (Goodenough, 1991).[7]

Não deve causar surpresa, então, que haja um forte porém triste paralelo na selva humana. Nós também temos aproveitadores que imitam características desencadeadoras para nosso próprio tipo de reação automática. Diferenciando-se das sequências de reações predominantemente instintivas dos não humanos, porém, nossas fitas automáticas em geral se desenvolvem a partir de princípios e estereótipos psicológicos que aprendemos a aceitar. Embora variem em sua força, alguns desses princípios possuem uma capacidade imensa de direcionar a ação. Nos sujeitamos a eles tão cedo na vida e eles nos condicionam de forma tão generalizada que raramente percebemos seu poder. Aos olhos de certos indivíduos, porém, cada um desses princípios é uma arma detectável e disponível, uma arma de influência automática.

Algumas pessoas sabem muito bem em que consistem as armas de influência automática e costumam empregá-las de maneira frequente e hábil para obter o que desejam. Elas utilizam todo encontro social como uma oportunidade para pedir aos outros que satisfaçam seus desejos. Seu índice de sucesso é impressionante. O segredo de sua eficácia está na forma como estruturam seus pedidos, fazendo uso de uma das armas de influência que existem no ambiente social. Isso pode exigir nada mais que uma palavra escolhida corretamente que envolva um princípio psicológico forte, acionando uma de nossas fitas comportamentais automáticas. Os aproveitadores humanos nos ensinam como alguém pode se beneficiar de nossa tendência a reagir de modo mecânico de acordo com esses princípios.

Lembra-se de minha amiga da joalheria? Embora tenha se beneficiado por acaso da primeira vez, não levou muito tempo para começar a explorar o estereótipo "caro é igual a bom" de forma frequente e intencional. Agora, durante a alta temporada, ela primeiro procura acelerar a venda de um artigo encalhado aumentando substancialmente seu preço, e alega que isso é bastante eficaz e lucrativo.

E ainda que não tenha sucesso de início, ela pode depois marcar o artigo como "Oferta", vendendo-o aos caçadores de pechinchas pelo preço original enquanto continua tirando vantagem de sua reação "caro é igual a bom" à cifra inflacionada.

De modo algum minha amiga está sendo original neste uso da regra de que caro é igual a bom para atrair aqueles em busca de uma pechinha. O intelectual e escritor Leo Rosten cita o exemplo dos irmãos Drubeck, Sid e Harry, donos de uma loja de roupas masculinas no bairro de Rosten na década de 1930. Quando um cliente encontrava um terno de que gostava e perguntava o preço a Sid, ele chamava o irmão, o gerente da loja, e perguntava: "Harry, quanto custa este terno?" Interrompendo seu trabalho – e exagerando bastante o verdadeiro preço do terno –, Harry respondia: "Este belo terno de lã custa 42 dólares." Fingindo não ter ouvido e pondo a mão em concha na orelha, Sid voltava a perguntar. De novo Harry respondia: "Custa 42 dólares." Então Sid se voltava para o cliente e informava: "Ele disse 22 dólares." Muitos homens compravam logo o terno e saíam rápido da loja com sua pechincha ("caro é igual a bom") antes que o pobre Sid descobrisse o "erro".

JIU-JÍTSU

Uma mulher que luta jiu-jítsu consegue empregar o mínimo de sua própria força contra um oponente. Ela explora o poder de princípios naturais como gravidade, alavancagem, impulso e inércia. Sabendo como e quando envolver a ação desses princípios, é capaz de derrotar com facilidade um rival fisicamente mais forte.

O mesmo ocorre com os exploradores das armas de influência automática que existem à nossa volta. Os aproveitadores podem se valer do poder dessas armas para usá-las contra seus alvos exercendo pouca força pessoal. Este último aspecto do processo proporciona aos aproveitadores uma enorme vantagem adicional: a capacidade de manipular sem aparentar que está manipulando. Mesmo as próprias vítimas tendem a ver seu consentimento como resultado da ação de forças naturais, e não da maquinação da pessoa que se beneficia dessa anuência.

Vejamos um exemplo. Existe um princípio na percepção humana, o princípio do contraste, que afeta a forma como vemos a diferença entre duas coisas quando apresentadas uma após a outra. Em suma, se o segundo item for razoavelmente diferente do primeiro, é grande a probabilidade de vê-lo como *mais* diferente do que de fato é. Assim, se erguemos um objeto leve primeiro e depois um objeto pesado, acharemos o segundo objeto mais pesado do que se o tivéssemos erguido sem antes erguer o leve.

O princípio do contraste está bem consolidado no campo da psicofísica e se aplica a todo tipo de percepção, não apenas ao peso. Se estamos conversando com alguém muito atraente numa festa e depois surge uma pessoa pouco atraente, esta nos parecerá menos atraente do que realmente é.[8]

Uma demonstração do contraste perceptivo costuma ser bastante empregada em laboratórios de psicofísica para apresentar os alunos a esse princípio. Eles se revezam sentando-se diante de três baldes de água – um frio, outro na temperatura ambiente e um quente. Após colocar uma das mãos na água fria e outra na água quente, o estudante é instruído a pôr ambas as mãos simultaneamente na água de temperatura ambiente. Os olhares espantados que se registram logo em seguida explicam tudo: embora as duas mãos estejam no mesmo balde, a mão que esteve na água fria sente como se agora estivesse em água quente, enquanto aquela que esteve na água quente sente como se agora estivesse em água fria. O fato é que se pode fazer com que a mesma coisa – neste caso, a água com temperatura ambiente – pareça bem diferente dependendo da natureza do acontecimento precedente.

Saiba que a arma de influência fornecida pelo princípio do contraste não permanece inexplorada. A grande vantagem desse princípio não é apenas sua eficácia, mas também o fato de ser praticamente imperceptível (Tormala e Petty, 2007). Aqueles que o aplicam podem lucrar com sua influência sem deixar transparecer que estruturaram a situação a seu favor. Vendedores de roupas constituem um bom exemplo. Suponha que um homem entre numa loja de roupas masculinas sofisticadas e diga que quer comprar um terno de três peças e um suéter. Se você fosse o vendedor, qual item mostraria primeiro para induzi-lo a gastar mais dinheiro? As lojas de roupas instruem seus vendedores a mostrar o artigo mais caro primeiro. O senso comum sugeriria o inverso: se um homem acabou de gastar um dinheirão com um terno, poderá relutar em gastar mais na compra de um suéter. Mas os vendedores de roupas sabem mais do que nós. Eles se comportam de acordo com o princípio do contraste: venda o terno primeiro, porque isso fará com que os suéteres, mesmo os mais caros, não *pareçam* tão caros em comparação. O mesmo princípio se aplica a um homem que deseja comprar acessórios (camisa, sapatos, cinto) para combinar com o terno novo.

Para os vendedores é bem mais rentável apresentar o artigo mais caro primeiro. Não agir assim significa perder a influência do princípio do contraste, além de fazer com que o princípio funcione ativamente contra eles. Mostrar um produto barato primeiro e depois um caro fará com que este último pareça ainda mais caro. Assim como é possível fazer com que o mesmo balde de água pareça mais quente ou mais frio dependendo da temperatura da água sentida antes, é possível fazer com que o preço do mesmo artigo pareça mais alto ou mais baixo dependendo do preço do artigo mostrado anteriormente.

O uso inteligente do contraste perceptivo não se limita apenas aos vendedores de roupas (vide Anexo 1.1, a seguir). Deparei com uma técnica que envolvia o princípio do contraste enquanto investigava as táticas de concorrência das imobiliárias. Para aprender os truques do setor, acompanhei um corretor mostrando casas para compradores potenciais durante um fim de semana. O corretor – vamos chamá-lo de Phil – deveria me dar dicas para que eu me saísse bem no período de experiência. Um fato que logo notei foi que, sempre que Phil começava a mostrar propriedades a um novo grupo de clientes, começava por umas casas em péssimo estado. Indaguei-lhe a respeito, e ele riu. Eram o que ele chamava de imóveis "de preparação". A imobiliária mantinha em sua lista uma ou duas casas em más condições a preços exagerados. A intenção não era vendê-las aos clientes, mas apenas mostrá-las, para que outras propriedades se beneficiassem da comparação. Nem todos os corretores se valiam das casas de preparação, mas Phil, sim. Ele dizia que gostava de ver os olhos de seus clientes "se iluminarem" quando mostrava os imóveis que realmente queria vender depois de terem conhecido as espeluncas.

Mamãe e papai queridos,

Desde que vim para a faculdade tenho sido negligente com as cartas e peço desculpas por não ter dado notícias antes. Vou contar as novidades agora, mas, antes de lerem, por favor, sentem-se. Não continuem se não estiverem sentados.

Bem, estou me virando direitinho. A fratura do crânio e a concussão que sofri ao saltar da janela do meu dormitório, que pegou fogo logo após a minha chegada, estão quase curadas. Passei apenas duas semanas no hospital e agora já consigo enxergar quase normalmente e só sinto aquelas dores de cabeça horríveis uma vez por dia. Por sorte, o incêndio no dormitório e o meu salto foram testemunhados por um frentista do posto de gasolina próximo ao dormitório, e foi ele quem chamou os bombeiros e a ambulância. Ele também me visitou no hospital e, como eu não tinha onde morar porque o dormitório foi destruído, fez a gentileza de me convidar para ficar no seu apartamento. Na verdade é um quarto no porão, mas bem legalzinho. Ele é um bom rapaz e nos apaixonamos perdidamente. Planejamos nos casar. Não marcamos a data exata ainda, mas será antes que minha gravidez se torne aparente.

Sim, mamãe e papai, estou grávida. Sei quanto vocês queriam ser avós e que darão ao bebê o amor, a devoção e o carinho que me deram quando eu era criança. A razão do atraso em nosso casamento é que meu namorado tem uma infecçãozinha que nos impede de passar pelos exames de sangue pré-nupciais, e eu, por descuido, a contraí também. Sei que vocês irão recebê-lo na nossa família de braços abertos. Ele é simpático e, embora não tenha formação acadêmica, é ambicioso.

Agora que já dei as notícias, quero dizer que não houve incêndio no dormitório, não tive uma concussão nem uma fratura no crânio, não estive no hospital, não estou grávida, não estou noiva, não estou infectada e não tenho namorado. Porém, tirei 4 em História e 2 em Química, e quero que vejam estas notas a partir de uma perspectiva adequada.

Sua filha,

Sharon

Anexo 1.1 *Contraste perceptivo e a faculdade*

Sharon pode estar quase reprovada em química, mas tirou 10 em psicologia.

Os vendedores de automóveis lançam mão do princípio do contraste esperando até que o preço de um carro esteja fechado para então sugerir itens opcionais. Depois de chegar a um acordo envolvendo milhares de dólares, os 200 dólares extras por um luxo, como um rádio sofisticado, parecem um valor quase trivial. O truque está em mencionar as opções independentemente umas das outras, para que cada precinho pareça irrisório se comparado com o valor bem maior já fechado. Como compradores experientes de carros podem confirmar, muitos preços finais de veículos econômicos se tornam desproporcionais depois do acréscimo dessas opções aparentemente insignificantes. Enquanto os clientes, já com o contrato assinado na mão, ficam perplexos com o total a pagar, só podendo culpar a si mesmos, o vendedor do carro exibe o sorriso triunfante do mestre de jiu-jítsu.

DEPOIMENTO DE LEITOR 1.2
De um aluno da faculdade de administração da Universidade de Chicago

Enquanto aguardava para embarcar no aeroporto O'Hare, ouvi um funcionário anunciar que meu voo estava com overbooking e que os passageiros dispostos a pegar um voo posterior seriam recompensados com um voucher no valor de 10 mil dólares! Claro que estava brincando. Sua intenção era fazer as pessoas rirem – e deu certo. Mas observei que, quando ele revelou a oferta *real* (um voucher de 200 dólares), ninguém aceitou. Na verdade, ele teve que aumentar a oferta duas vezes, para 300 dólares e depois 500 dólares, até conseguir adesões.

Eu estava lendo seu livro na época e percebi que, embora os passageiros tenham rido da piada, segundo o princípio do contraste o funcionário pisou na bola. Dispôs as coisas de modo que, comparadas com 10 mil dólares, algumas centenas de dólares parecessem uma mixaria. Aquilo custou caro à companhia aérea: 300 dólares extras por passageiro.

Nota do autor: Alguma ideia de como o funcionário poderia ter usado o princípio do contraste a seu favor e não contra ele? Talvez começando a piada oferecendo 5 dólares e só depois revelando a verdadeira quantia (agora bem mais atraente) de 200 dólares. Sob essas circunstâncias, estou certo de que teria garantido não só o riso, como também mais adesões.

RESUMO

- Os etologistas, pesquisadores que estudam o comportamento dos animais em seu habitat natural, observaram que em muitas espécies o comportamento com frequência ocorre segundo padrões rígidos e mecânicos. Chamadas de padrões fixos de ação, essas sequências mecânicas de conduta são dignas de nota em sua semelhança com certas reações automáticas (*clique, zum*) dos seres humanos. Para humanos e não humanos, os padrões de comportamento automático tendem a ser desencadeados por uma característica isolada das informações pertinentes à situação. Essa característica isolada, ou característica desencadeadora, pode muitas vezes se mostrar valiosa, permitindo ao indivíduo decidir por uma linha de ação correta sem ter que analisar, de forma minuciosa e completa, cada uma das outras informações da situação.

- A vantagem dessa reação de atalho está em sua eficiência e economia. Ao reagir automaticamente a uma característica desencadeadora informativa, o indivíduo poupa tempo, energia e capacidade mental. A desvantagem dessa reação reside em sua vulnerabilidade a erros tolos e custosos. Ao reagir a apenas uma informação isolada disponível, o indivíduo aumenta as chances de se equivocar, sobretudo quando faz algo de forma automática, sem pensar. A probabilidade de erro aumenta ainda mais quando outros indivíduos procuram se beneficiar estimulando (por meio da manipulação de características desencadeadoras) um comportamento desejado em momentos inapropriados.

- Grande parte do processo de persuasão (pelo qual uma pessoa é compelida a concordar com a solicitação de outra) pode ser entendida como uma tendência humana pela reação automática na forma de atalho. A maioria dos indivíduos em nossa cultura desenvolveu um conjunto de características desencadeadoras para o consentimento, ou seja, um conjunto de informações específicas que normalmente apontam quando acatar um pedido pode ser correto e benéfico. Cada uma dessas características pode ser usada como uma arma (de influência) para estimular as pessoas a concordarem com pedidos.

PERGUNTAS DE ESTUDO

Domínio do conteúdo

1. O que são padrões fixos de ação entre animais? Como se assemelham a certos tipos de comportamento humano? Como diferem?
2. O que torna a reação automática tão atraente aos seres humanos? O que a torna tão perigosa?

Pensamento crítico

1. Vamos supor que você fosse um advogado representando uma mulher que quebrou a perna numa loja de departamentos e está processando a

loja em 100 mil dólares por perdas e danos. Com seus conhecimentos sobre o contraste perceptivo, o que você poderia fazer durante a negociação para que o valor pretendido seja visto como uma indenização razoável ou até mesmo baixa?

2. A solicitação de caridade do Anexo 1.2 (abaixo) parece bem normal, exceto pela sequência estranha das quantias de doações. Explique por que, segundo o princípio do contraste, colocar a doação menor entre dois valores maiores constitui uma tática eficaz para motivar doações maiores.

SOCIEDADE PARA A PREVENÇÃO DAS ERVAS DANINHAS

As indesejadas ervas daninhas podem ser derrotadas – mas somente com a ajuda de cidadãos conscientes como você. Sua contribuição generosa possibilita pesquisas para que possamos atingir a meta de um mundo livre de ervas daninhas. Junte-se a nós e faça sua doação à Sociedade para a Prevenção das Ervas Daninhas. Um envelope de resposta foi incluído para sua conveniência!

Sim, quero apoiar os esforços da Sociedade por um mundo livre de ervas daninhas. Segue minha contribuição no montante de:

____$25   ____$10   ____$5   ____$15 $____

Nome _____

Endereço _____

Cidade _____ Estado _____ CEP _____

Sociedade para a Prevenção das Ervas Daninhas
Caixa Postal 12345

Anexo 1.2 *Solicitação de doação*

2
RECIPROCIDADE

O velho "É dando que se recebe"...
e se recebe de novo

Pague todas as dívidas, como se Deus tivesse escrito a conta.
– RALPH WALDO EMERSON

Vários anos atrás, um professor universitário fez um pequeno experimento. Enviou cartões de Natal a uma amostra de pessoas desconhecidas. Embora esperasse alguma reação, o resultado o surpreendeu – recebeu uma enxurrada de cartões de boas-festas de pessoas que não o conheciam. A grande maioria daquelas que responderam aos cartões jamais indagou a identidade do professor desconhecido. Elas receberam seu cartão de felicitação, *clique*, e, *zum*, automaticamente retribuíram os cartões (Kunz e Woolcott, 1976).

Embora de pequeno alcance, esse estudo mostra o efeito de uma das armas de influência mais potentes à nossa disposição: a regra da reciprocidade. A regra diz que devemos tentar retribuir, na mesma moeda, o que outra pessoa nos concedeu. Se uma mulher nos faz um favor, temos que fazer outro em troca. Se um homem nos dá um presente de aniversário, temos que lembrar seu aniversário dando um presente também. Se um casal nos convida para uma festa, temos que convidá-lo quando dermos uma festa. Em virtude da regra da reciprocidade, somos *obrigados* a retribuir no futuro os favores, presentes, convites e itens semelhantes. A própria expressão de agradecimento "muito obrigado" reflete o dever decorrente do recebimento dessas coisas.

O aspecto mais impressionante da reciprocidade acompanhada da sensação de obrigação é sua penetração na cultura humana. Ela é tão generalizada que, após um estudo amplo, Alvin Gouldner (1960), em parceria com outros sociólogos, relatou que todas as sociedades seguem essa regra.[1] O eminente arqueólogo Richard Leakey atribui a essência do que nos torna humanos ao sistema de reciprocidade. Ele alega que somos humanos porque nossos ancestrais aprenderam a compartilhar comida e habilidades "numa rede honrada de obrigações" (Leakey e Lewin, 1978). Os antropólogos culturais consideram essa "rede de gratidão" um mecanismo adaptativo singular dos seres humanos, permitindo a divisão do trabalho, a troca de diversas formas de produtos e serviços e a criação de interdependências que conectam os indivíduos em unidades altamente eficientes (Ridley, 1997; Tiger e Fox, 1989).

A sensação de obrigação futura amplamente compartilhada e rigorosamente obedecida fez uma diferença enorme na evolução social humana porque significou que uma pessoa podia dar algo (comida, energia, cuidados) para outra com a certeza de que a dádiva não estava se perdendo. Pela primeira vez na história evolucionária, o indivíduo podia se desfazer de uma variedade de recursos sem de fato se desfazer deles. O resultado foi a diminuição das inibições naturais contra transações que precisam *começar* com uma pessoa oferecendo recursos pessoais a outra. Sistemas sofisticados e coordenados de ajuda, presentes, defesa e comércio se tornaram possíveis, trazendo benefícios enormes para as sociedades que os possuíam. Com essas consequências claramente adaptativas para a cultura, não surpreende que a regra de reciprocidade esteja tão arraigada em nós por meio do processo de socialização pelo qual passamos.

Embora as obrigações se estendam para o futuro, seu alcance não é ilimitado. Em especial quando se trata de favores relativamente pequenos, o desejo de retribuir parece diminuir com o tempo (Burger et al., 1997; Flynn, 2002). Mas quando os benefícios são mais notáveis, a duração do desejo de retribuir é prolongada.

O melhor exemplo que conheço de como as obrigações recíprocas podem se estender ao longo do tempo envolve a incrível história dos 5 mil dólares em ajuda humanitária trocados entre o México e a Etiópia. Em 1985, a Etiópia era o país que enfrentava os maiores sofrimentos e privações do mundo. Sua economia estava em ruínas. O suprimento de comida havia sido devastado por anos de seca e guerra civil. Os habitantes morriam aos milhares de doenças e fome. Diante dessas circunstâncias, eu não me surpreenderia com uma ajuda humanitária de 5 mil dólares do México para aquele país tão carente. Lembro-me de minha sensação de espanto, porém, quando uma matéria sucinta de jornal insistiu em dizer que a ajuda se deu na direção oposta. Funcionários nativos da Cruz Vermelha etíope tinham decidido enviar o dinheiro para ajudar a vítimas dos terremotos daquele ano na Cidade do México.

Ao mesmo tempo uma maldição pessoal e uma bênção profissional é o fato de que, sempre que fico perplexo com algum aspecto do comportamento humano, sinto-me impelido a investigá-lo mais a fundo. Naquele caso, consegui encontrar um relato mais completo da história. Felizmente, um jornalista que ficara tão pasmo quanto eu com as ações dos etíopes pediu uma explicação. A resposta que recebeu ofereceu uma validação eloquente da regra da reciprocidade: apesar das enormes carências predominantes na Etiópia, o dinheiro estava sendo enviado ao México porque, em 1935, o México havia mandado ajuda à Etiópia quando esta foi invadida pela Itália ("Ethiopian Red Cross", 1985). Continuei impressionado, mas não estava mais perplexo. A necessidade de retribuir havia transcendido grandes diferenças culturais, longas distâncias, uma fome cruel, muitos anos e interesses imediatistas. Meio século depois, contra todas as forças contrárias, a obrigação triunfou.

Se uma obrigação de meio século parece inusitada, explicada talvez por algum aspecto singular da cultura etíope, vamos analisar a solução de outro caso inicialmente desconcertante. Em 27 de maio de 2007, Christiaan Kroner, uma autoridade em Washington, falou a um repórter com orgulho indisfarçável sobre a ação governamental que se seguiu ao desastre do furacão Katrina, detalhando como "bombas de água, navios, helicópteros, engenheiros e ajuda humanitária" haviam sido enviados de maneira rápida e competente à cidade inundada de Nova Orleans e a muitos outros locais em estado de calamidade (Hunter, 2007).

O Sr. Kroner tinha toda a razão em se sentir satisfeito com os esforços de seu governo, porque não era uma autoridade dos Estados Unidos. Tratava-se do embaixador holandês, e ele estava falando do auxílio notável que a Holanda prestou à costa do Golfo devastada pelo Katrina.

Com essa questão resolvida, outra pergunta intrigante pode ser levantada: por que a Holanda? Outros países haviam oferecido ajuda após a tempestade, mas nenhum nem de longe se comprometera de maneira tão imediata e prolongada com a região quanto os holandeses. De fato, o Sr. Kroner prosseguiu assegurando às vítimas da inundação que seu governo estaria com elas no longo prazo. Ele também sugeriu uma razão reveladora para aquela disposição extraordinária em ajudar: a Holanda tinha uma dívida com Nova Orleans – de mais de meio século.

Em 31 de janeiro de 1953 um vendaval lançou as águas do mar do Norte 100 mil hectares país adentro, derrubando diques, barragens e milhares de casas, matando 2 mil habitantes. Logo depois, autoridades holandesas solicitaram e receberam ajuda e assistência técnica de seus congêneres em Nova Orleans, o que resultou na construção de um novo sistema de bombas de água que, desde então, vem protegendo o país de inundações igualmente destrutivas. É estranho que o nível de apoio a Nova Orleans oferecido por autoridades de um governo estrangeiro tenha sido tão superior ao oferecido pelo governo nacional. Talvez as autoridades desse governo não achassem que deviam tanto a Nova Orleans.

Nesse caso, as autoridades podem esperar que os moradores de Nova Orleans agora pensem que devem pouco ao governo – como eleitores, voluntários, contribuintes e, mais lamentavelmente, como cidadãos cumpridores da lei. Talvez não seja tão surpreendente que, em 2007, apesar da vigilância constante da Guarda Nacional, da polícia estadual e de duas turmas recém-formadas de policiais municipais, a taxa de homicídios de Nova Orleans tenha aumentado 30%, batendo todos os recordes e tornando a cidade a mais violenta do país. Em termos mais gerais, podemos dizer que a regra da reciprocidade assegura que, quer o fruto de nossas ações seja doce, quer seja amargo, colhemos o que plantamos.

COMO A REGRA FUNCIONA

Não se engane: as sociedades humanas obtêm uma grande vantagem competitiva da regra da reciprocidade e, portanto, zelam para que seus membros sejam educados para obedecê-la e acreditar nela. Cada um de nós foi ensinado a cumprir essa regra e conhece as sanções sociais e o menosprezo reservados para quem quer que a viole. Por conta da aversão geral por quem recebe sem fazer nenhum esforço por retribuir, costumamos nos esmerar para não sermos considerados parasitas, ingratos ou aproveitadores. No processo, porém, podemos ser explorados por indivíduos que procuram tirar vantagem de nossa gratidão.

Para entender como a regra da reciprocidade pode ser explorada por alguém que a reconheça como uma verdadeira arma de influência, examinemos um experimento conduzido pelo psicólogo Dennis Regan (1971). Como parte de uma pesquisa de "apreciação artística", dois voluntários deveriam avaliar a qualidade de algumas pinturas. Um dos avaliadores – podemos chamá-lo de Joe – estava apenas se fingindo de voluntário e era, na verdade, o assistente do Dr. Regan.

O experimento ocorreu sob duas condições diferentes. Em alguns casos, Joe prestava um pequeno favor não solicitado ao verdadeiro voluntário. Durante um breve período de descanso, Joe deixava a sala por alguns minutos e retornava com duas garrafas de Coca-Cola, uma para o voluntário e outra para ele, dizendo: "Perguntei ao pesquisador se podia pegar um refrigerante e ele disse que sim, por isso comprei um para você também." Em outros casos, Joe não fazia um favor ao voluntário – ele retornava do intervalo de dois minutos de mãos vazias. Em todos os outros aspectos, porém, Joe se comportava de forma idêntica.

Mais tarde, depois que todas as pinturas haviam sido avaliadas e o pesquisador deixava a sala, Joe pedia ao voluntário que *lhe* fizesse um favor. Contava que estava vendendo bilhetes de rifa de um carro novo e que, se vendesse mais que os outros, ganharia um prêmio de 50 dólares. O pedido de Joe era que o voluntário comprasse alguns bilhetes da rifa por 25 centavos de dólar cada: "Um só já vai ajudar. Mas quanto mais melhor."

A principal descoberta do estudo diz respeito ao número de bilhetes que os voluntários compraram sob as duas condições. Sem dúvida, Joe teve mais sucesso ao vender seus bilhetes de rifa aos voluntários beneficiados antes pelo favor. Aparentemente sentindo que lhe deviam algo, esses voluntários compraram duas vezes mais bilhetes do que os voluntários que não receberam o favor. Embora o estudo de Regan represente uma demonstração simples do funcionamento da regra da reciprocidade, ilustra diversas características importantes da regra que, a uma análise mais profunda, nos ajudam a entender como ela pode ser usada com proveito.

A regra é esmagadora

Uma das razões para a eficácia da reciprocidade como um dispositivo para obter o consentimento de outra pessoa é sua força esmagadora, muitas vezes capaz de produzir uma resposta positiva a um pedido que, não fosse a sensação de gratidão, com certeza seria recusado.

Um indício de como a força da regra consegue se sobrepor à influência de outros fatores que costumam determinar a satisfação de um pedido pode ser visto num segundo resultado do estudo de Regan. Além do seu interesse no impacto da regra da reciprocidade sobre o consentimento, Regan também estava investigando como a simpatia ou a afinidade por uma pessoa afeta nossa disposição de satisfazer um pedido seu. Para medir como a simpatia por Joe afetava as decisões dos voluntários de comprar seus bilhetes de rifa, Regan pediu que preenchessem diversas escalas classificatórias indicando quanto haviam gostado de Joe. Ele então comparou suas respostas com o número de bilhetes que haviam comprado. Foi descoberta uma tendência significativa: os voluntários que mais gostaram de Joe foram os que mais bilhetes compraram. Este dado em si não é uma descoberta surpreendente, já que a maioria de nós teria imaginado que as pessoas estão mais propensas a fazer um favor a alguém de quem gostam.

DEPOIMENTO DE LEITOR 2.1
De uma secretária do estado de Nova York

Trabalho para uma empresa na cidade de Rochester. Certa vez, fiquei até de noite para terminar um trabalho importante. Ao sair da minha vaga, meu carro derrapou no gelo e acabou preso numa pequena ribanceira. Estava tarde, fazia frio e todos os meus colegas de escritório haviam ido embora. Mas um funcionário de outro departamento passou por mim e tirou meu carro de lá.

Cerca de duas semanas mais tarde, como eu trabalhava em assuntos ligados a recursos humanos, tomei conhecimento de que aquele mesmo funcionário seria acusado de uma grave violação da política da empresa. Embora ignorasse a moralidade daquele homem, decidi ir até o presidente da empresa a fim de interceder por ele. Até hoje, embora muita gente tenha vindo questionar o caráter daquele homem, sinto-me em dívida com ele e disposta a defendê-lo.

Nota do autor: Como no experimento de Regan, parece que as características pessoais do homem influenciaram menos a decisão da leitora de ajudá-lo do que o simples fato de que ele lhe fizera um favor.

A descoberta interessante do experimento de Regan, no entanto, foi que a relação entre gostar e consentir foi completamente ignorada no caso em que os voluntários haviam ganhado um refrigerante de Joe. Para aqueles que lhe deviam um favor, não fazia nenhuma diferença se gostavam ou não dele. Eles sentiram uma sensação de obrigação de retribuir, e assim procederam. Os voluntários que indicaram que não gostavam de Joe compraram tantos bilhetes quanto aqueles que indicaram que gostavam dele. A regra da reciprocidade foi tão forte que sobrepujou a influência de um fator – a simpatia pelo solicitante – que em geral afeta a decisão de concordar.

Pense nas implicações disso. Pessoas de quem normalmente não gostamos – telefonistas insuportáveis, parentes desagradáveis, representantes de organizações suspeitas ou impopulares – podem aumentar muito as chances de fazermos o que desejam só ao nos prestarem um pequeno favor antes de enunciarem seus pedidos. Tomemos um exemplo histórico recente. A Sociedade Hare Krishna é uma seita religiosa oriental com raízes antigas, que remontam à cidade indiana de Calcutá. Sua espetacular história moderna começou na década de 1970, quando experimentou um crescimento notável não apenas em seu número de seguidores, mas também em riqueza e propriedades. O crescimento econômico era financiado por uma série de atividades, sendo a principal e mais visível os pedidos de doações dos membros da sociedade a pessoas comuns em locais públicos. Na época da chegada do grupo aos Estados Unidos, a solicitação de contribuições era feita da seguinte maneira: grupos de devotos de Krishna – geralmente de cabeça raspada, usando trajes indianos e tocando instrumentos musicais – percorriam uma rua da cidade entoando cânticos e dançando enquanto pediam dinheiro.

Embora altamente eficaz como técnica para chamar a atenção, essa prática não funcionava muito bem para angariar fundos. Os americanos comuns consideravam os Krishna estranhos, para dizer o mínimo, e relutavam em doar dinheiro para sustentá-los. Logo ficou claro para aquela sociedade que havia um grave problema de relações públicas. As pessoas às quais eles pediam doações não gostavam de sua aparência, de suas roupas nem de suas atitudes. Se a sociedade fosse uma organização comercial normal, a solução teria sido simples: mudar as coisas de que o público não gosta. Mas os Krishna são uma organização religiosa e sua aparência, suas roupas e atitudes estão em parte ligadas a fatores religiosos.

Como fatores religiosos costumam ser resistentes a mudanças exigidas por motivos mundanos, a liderança dos Hare Krishna se viu diante de um dilema. De um lado estavam as crenças, o modo de vestir e o corte de cabelo que tinham um significado religioso. De outro lado – e ameaçando a viabilidade financeira da organização – estavam as percepções nada positivas do público americano em relação àqueles fatores. O que a seita deveria fazer?

A solução dos Krishna foi brilhante. Eles optaram por uma tática de arrecadação de fundos que não exigia sentimentos positivos de seus alvos em relação à seita. Começaram a empregar um procedimento de pedido de doações envolvendo a regra da reciprocidade. Esta, como demonstrado pelo estudo de Regan, era forte o suficiente para superar a aversão pelos solicitantes.

A nova estratégia continuava envolvendo a solicitação de contribuições em locais públicos com intenso movimento de pedestres (aeroportos estavam entre os favoritos), mas, antes que uma doação fosse pedida, a pessoa visada recebia um "brinde": um livro (geralmente o *Bhagavad-Gita*), a revista *Back to Godhead* da sociedade ou, na versão mais econômica, uma flor. O transeunte desprevenido que, de repente, visse flores em suas mãos ou presas na lapela do paletó não podia, de modo algum, devolvê-las, ainda que afirmasse que não as queria. "Não – é nosso presente para você", dizia o solicitante, recusando-se a recebê-las de volta. Tendo aplicado a regra da reciprocidade àquela situação, aí sim o membro dos Krishna pedia uma contribuição à sociedade.

Essa estratégia de doar antes de pedir rendeu ótimos frutos para a Sociedade Hare Krishna, produzindo ganhos econômicos em grande escala e financiando a posse de templos, empresas, casas e propriedades em 321 centros nos Estados Unidos e em outros países.

Como um comentário à parte, é interessante notar que a regra da reciprocidade vem perdendo a utilidade para os Hare Krishna, não porque a regra em si tenha se tornado menos potente socialmente, mas porque descobrimos formas de impedir que os Krishna a utilizem contra nós. Tendo sido vítimas de suas táticas no passado, muitos viajantes ficaram alertas para a presença de solicitantes com mantos da Sociedade Krishna em aeroportos e estações ferroviárias, ajustando seus caminhos para evitar um encontro e preparando-se de antemão para recusar o "presente" do ofertante. Como resultado, os Krishna experimentaram um baque financeiro. Na América do Norte, quase 30% de seus templos foram fechados por razões econômicas e o número de devotos ocupando os templos restantes despencou de um ápice de 5 mil para algo em torno de 800.

Outros tipos de organizações também aprenderam a empregar o poder de um pequeno presente para estimular ações que normalmente não seriam tomadas. Pesquisadores de opinião descobriram que enviar um presente monetário num envelope com um questionário anexo aumenta bastante o índice de respostas à pesquisa, em comparação com a oferta da mesma quantia como recompensa posterior (Singer, Van Holwyk e Maher, 2000; Warriner, Goyder, Gjertsen, Horner e McSpurren, 1996). De fato, um estudo mostrou que enviar um cheque "presente" de 5 dólares junto com uma pesquisa de seguro foi duas vezes mais eficiente do que oferecer um pagamento de 50 dólares após a devolução da pesquisa respondida (James e Bolstein, 1992). De forma semelhante, garçons descobriram que oferecer aos clientes um bombom ou uma bala de hortelã ao entregar a conta aumenta bastante as gorjetas (Strohmetz, Rind, Fisher e Lynn, 2002). Em geral, os negociantes constatavam que, após aceitarem um presente, os clientes ficam dispostos a comprar produtos e serviços que, de outra forma, recusariam (Gruner, 1996).

Parece que o "é dando que se recebe" das interações sociais é reconhecido bem antes da fase adulta. Uma professora de inglês do quinto ano me escreveu sobre um teste que aplica aos seus alunos sobre o emprego correto dos tempos verbais. À pergunta "O futuro de 'eu dou' é _____" um garoto respondeu: "Eu recebo." Ele pode ter se confundido com aquela regra gramatical específica, mas entendeu bem uma regra social mais ampla.

Política

A política é outra área em que se revela o poder da regra da reciprocidade. Suas táticas aparecem em todos os níveis:

- No topo, as autoridades eleitas se envolvem na "troca de favores" que faz da política o cenário de estranhas alianças. O voto inusitado de um representante eleito para uma lei ou medida pode ser entendido como um favor devolvido ao responsável por aquele projeto. Os analistas políticos ficavam surpresos com o sucesso de Lyndon Johnson em conseguir a aprovação do Congresso americano para muitos de seus programas no início do seu governo. Até congressistas considerados fortes oponentes daquelas propostas estavam votando a seu favor. Um exame mais detido feito por cientistas políticos descobriu que a causa não era a habilidade política de Johnson, e sim a variedade de favores que ele pôde prestar aos demais legisladores durante seus muitos anos de poder na Câmara e no Senado. Como presidente, conseguiu aprovar uma quantidade notável de leis em pouco tempo cobrando aqueles favores. O interessante é que esse mesmo processo talvez explique os problemas de Jimmy Carter em obter a aprovação de seus programas pelo Congresso no início do seu governo, mesmo tendo apoio da maioria. Carter chegou à presidência como um "estranho no ninho". Sua campanha se baseou em sua posição independente de Washington. Ele sempre fez questão de afirmar que não devia nada a ninguém. Grande parte de sua dificuldade legislativa ao assumir o poder pode ser explicada pelo fato de que ninguém devia nada a *ele*.

- Em outro nível, podemos notar a força reconhecida da regra da reciprocidade na propensão das empresas e dos indivíduos a oferecerem presentes e favores às autoridades judiciais e legislativas – e na série de restrições legais contra esse comportamento. Mesmo defendendo contribuições políticas legítimas, o acúmulo de obrigações muitas vezes está por trás do propósito declarado de apoiar um candidato favorito. Um exame das listas de organizações que contribuem com as campanhas de *ambos* os candidatos majoritários em eleições importantes fornece indícios dessas motivações. Um cético que queira provas concretas da troca de favores esperada pelos financiadores políticos talvez se contente com a admissão descarada do empresário Roger Tamraz nas audiências do Congresso americano sobre a reforma do financiamento das campanhas. Quando indagado se sentia que recebeu um bom retorno por sua contribuição de 300 mil dólares, ele sorriu e respondeu: "Acho que da próxima vez darei 600 mil."

Esse tipo de honestidade é raro na política. Em sua maioria, doadores e beneficiários fazem coro para desmentir a ideia de que contribuições para campanhas, viagens grátis e ingressos para torneios esportivos possam predispor as opiniões de autoridades públicas "equilibradas e ponderadas". Como insistiu o líder de um lobby, não há motivo para preocupação porque "essas autoridades são homens e mulheres inteligentes, maduros e sofisticados no auge de suas profissões, predispostos pela formação a serem perspicazes, críticos e alertas" (Barker, 1998).

Desculpem-me se, como cientista, acho graça dessa declaração. Os cientistas "equilibrados e ponderados" já sabem que são tão suscetíveis quanto quaisquer outros a esse processo. Vamos analisar o caso da controvérsia médica em torno da segurança dos bloqueadores dos canais de cálcio, uma classe de medicamentos para doença cardíaca. Um estudo descobriu que 100% dos cientistas que descobriram e publicaram resultados em apoio aos remédios haviam recebido favores anteriores (viagens grátis, financiamento de pesquisas ou empregos) das empresas farmacêuticas. Mas apenas 37% daqueles que criticaram os remédios haviam recebido apoio (Stelfox, Chua, O'Rourke e Detsky, 1998). Se cientistas "predispostos pela formação a serem perspicazes, críticos e alertas" podem ser dominados pela contracorrente insistente da troca de favores, devemos esperar que os políticos também possam.

E teríamos razão. Por exemplo, repórteres da Associated Press que acompanharam os congressistas americanos que receberam mais dinheiro de grupos de interesses em seis questões-chave no ciclo de campanhas de 2002 descobriram que aqueles representantes eram sete vezes mais suscetíveis a votar a favor do grupo que havia contribuído com mais dinheiro para suas campanhas. Como resultado, esses grupos conseguiram o voto favorável 83% das vezes (Salant, 2003). Muitas autoridades eleitas e nomeadas se consideram acima das regras aplicáveis ao resto de nós. Mas concordar com essa extravagância quanto à regra da reciprocidade não é apenas risível; é perigoso.

A amostra não tão grátis assim

Obviamente o poder da reciprocidade pode ser observado também no comércio. Embora o número de exemplos seja grande, vale a pena examinarmos alguns mais familiares. Como técnica de marketing, a amostra grátis ostenta um longo histórico de eficácia. Na maioria dos casos, uma quantidade pequena de um produto é fornecida a clientes potenciais para ver se gostam. Certamente este é um desejo legítimo do fabricante: expor o público às qualidades do produto. A vantagem da amostra grátis, porém, é que também se trata de um presente e, como tal, pode envolver a regra da reciprocidade. Bem à maneira do jiu-jítsu, quem oferece amostras grátis pode liberar a força de gratidão natural inerente a um presente, quando parece ter apenas a intenção inocente de fazer uma divulgação.

Um dos locais favoritos para distribuição de amostras grátis é o supermercado. Muitas pessoas acham difícil aceitar amostras do atendente sorridente, devolver apenas os palitos ou as xícaras, e ir embora sem comprar. Em vez disso, elas compram um pouco do produto, ainda que não tenham gostado tanto. Uma variante bastante eficaz desse procedimento de marketing é ilustrada no caso, citado por Vance Packard em *The Hidden Persuaders* (1957), do funcionário de um supermercado de Indiana que certo dia vendeu a quantidade incrível de 450 quilos de queijo em poucas horas expondo o produto e convidando os clientes a cortarem fatias para si como amostras grátis.

Uma versão diferente da tática da amostra grátis é usada pela americana Amway, empresa que produz e distribui produtos de limpeza e cuidados pessoais numa vasta rede nacional de vendas de porta em porta. A empresa, que cresceu a partir de uma operação de fundo de quintal e se tornou um conglomerado com vendas anuais no valor de 1,5 bilhão de dólares, faz uso da amostra grátis por meio de um dispositivo chamado BUG. O BUG consiste em um kit de produtos Amway – lustra-móveis, detergentes, xampus, desodorantes, inseticidas, limpa-vidros – levado à casa de um cliente numa bandeja especial ou num simples saco plástico. O vendedor da Amway é instruído a deixar o BUG com o cliente por 24, 48 ou 72 horas, sem nenhum custo ou obrigação para ele. Basta dizer que gostaria que ele experimentasse os produtos. (Uma oferta irrecusável.) Ao final do período de experiência, o representante da Amway deve retornar e receber pedidos dos produtos que o cliente deseja comprar. Como poucos clientes esgotam o conteúdo dos recipientes de produtos num tempo tão curto, o vendedor pode então levar o que restou no BUG para o próximo cliente potencial ali perto e recomeçar o processo. Muitos representantes da Amway mantêm vários BUGs circulando em seu bairro.

Claro que, a essa altura, você e eu sabemos que o cliente que aceitou e usou os produtos do BUG foi capturado pela regra da reciprocidade. Muitos desses clientes cedem a uma sensação de obrigação e encomendam os produtos parcialmente testados e consumidos – e claro que a Amway sabe muito bem disso. Mesmo numa empresa com um excelente crescimento como esta, o dispositivo BUG causou sensação quando fez sua estreia. Relatórios de distribuidores locais à matriz registram um efeito notável:

> *Inacreditável! Nunca vimos tanta empolgação. Os produtos estão sendo vendidos num ritmo incrível e estamos só no começo. [...] Os distribuidores locais pegaram os BUGs e tivemos um aumento excelente nas vendas. (Do distribuidor de Illinois.)*

> *A ideia de varejo mais fantástica que já tivemos! [...] Em média os clientes compraram cerca de metade da quantidade total dos BUGs quando foram recolhidos. [...] Em resumo, extraordinário! Nunca vimos uma resposta como esta dentro de nossa organização. (Do distribuidor de Massachusetts.)*

Os distribuidores da Amway parecem estar perplexos – satisfeitos, mas ainda assim perplexos – com o poder incrível do BUG. Claro que, a essa altura, você e eu não deveríamos estar.

A regra da reciprocidade governa muitas situações de natureza puramente interpessoal nas quais nem dinheiro nem a troca comercial estão em jogo. O cientista europeu Eibl-Eibesfeldt (1975) relata um ótimo exemplo disso. Durante a Primeira Guerra Mundial, por causa da natureza da guerra de trincheiras na época, era dificílimo para os exércitos cruzarem a terra entre as linhas de frente opostas, mas não era tão difícil para um soldado isolado rastejar por lá e penetrar numa posição da trincheira inimiga. Cada tropa dispunha de especialistas que regularmente capturavam dessa forma soldados inimigos, que eram então levados para interrogatório.

Certa vez, um especialista alemão, com experiências bem-sucedidas em missões desse tipo, transpôs com habilidade a área entre as frentes e surpreendeu um soldado inimigo solitário em sua trincheira. O soldado desatento, que estava comendo naquele momento, foi facilmente desarmado. Amedrontado, com apenas um pedaço de pão na mão, ele realizou o que pode ter sido o ato mais importante de sua vida: ofereceu ao inimigo parte do pão. O alemão ficou tão comovido pela oferta que foi incapaz de completar sua missão. Deu as costas ao seu benfeitor e voltou de mãos vazias para enfrentar a ira dos superiores.

Mais estranho ainda é o caso mais recente de um assaltante armado que invadiu uma festa em Washington empunhando um revólver e exigindo dinheiro, mas que mudou de ideia, pediu desculpas e foi embora depois que lhe ofereceram parte do vinho e do queijo que restavam ("Guess who's coming to dinner", 2007).

Outra demonstração convincente do poder da reciprocidade vem do relato de uma mulher que salvou a própria vida não por meio de uma *concessão*, como fez o soldado capturado, mas *recusando* uma concessão e as obrigações poderosas que a acompanhavam. Em novembro de 1978, o reverendo Jim Jones, líder da comunidade de Jonestown, na Guiana, induziu seus seguidores ao suicídio em massa. A maioria bebeu docilmente o refresco envenenado e morreu em seguida. Mas Diane Louie desobedeceu à ordem de Jones e fugiu de Jonestown para a selva. Ela atribuiu sua disposição em agir assim à sua recusa anterior de aceitar favores especiais do reverendo quando passou por necessidades. Ela renegou sua oferta de comida especial quando estava doente, porque "eu sabia que, uma vez que ele me desse aqueles privilégios, teria controle sobre mim. Eu não queria lhe dever nada" (Anderson e Zimbardo, 1984).

A regra reforça dívidas não solicitadas

Já dissemos que o poder da reciprocidade é tão grande que, mesmo pessoas estranhas, malvistas ou importunas podem aumentar a chance de conseguir nosso consentimento se primeiro nos fizerem um favor. No entanto existe outro aspecto da regra que permite a ocorrência desse fenômeno. Uma pessoa pode desencadear uma sensação de gratidão fazendo-nos um favor não solicitado (Paese e Gilin, 2000). Lembre-se de que a regra afirma somente que devemos fazer aos outros o tipo de concessão que nos fizeram. Ela não requer que tenhamos pedido o que recebemos para nos sentirmos na obrigação de retribuir. Por exemplo, a organização de apoio aos veteranos de guerra American Disabled Veterans informa que seu pedido de doações por carta gera uma taxa de resposta de uns 18%. Mas quando a carta também inclui um presente não solicitado (etiquetas adesivas personalizadas de endereço), o grau de sucesso quase dobra, chegando a 35%. Não estou dizendo que não temos uma sensação de obrigação mais forte por um favor que solicitamos, mas que uma solicitação não é necessária para produzir em nós o sentimento de gratidão.

Se refletirmos por um momento sobre o propósito social da regra da reciprocidade, poderemos ver por que isso ocorre. A regra foi criada para promover o desenvolvimento de relacionamentos recíprocos entre indivíduos, de modo que uma pessoa pudesse *iniciá-los* sem medo de sair perdendo. Se a regra precisa servir a esse propósito, um favor inicial não solicitado deve ter a capacidade de criar uma obrigação. Lembre-se também de que os relacionamentos recíprocos conferem uma vantagem extraordinária às culturas que os promovem e que, por isso, serão fortes as pressões para assegurar que essa regra seja cumprida. Não admira, portanto, que o influente antropólogo francês Marcel Mauss (1954), ao descrever as pressões sociais na cultura humana em torno do processo de presentear, afirme que existe uma obrigação de dar, uma obrigação de receber e uma obrigação de retribuir.

Embora a obrigação de retribuir constitua a essência da regra da reciprocidade, a obrigação de receber é que torna a regra tão fácil de ser explorada. A obrigação de receber reduz nossa capacidade de escolher o beneficiário de nossa gratidão, colocando o poder nas mãos dos outros. Vamos reexaminar alguns exemplos anteriores para ver como o processo funciona.

Primeiro, no estudo de Regan, constatamos que o favor que leva os voluntários a comprar o dobro do número de rifas de Joe não foi solicitado. Joe havia deixado a sala e voltado com uma Coca-Cola para ele e outra para o voluntário. Nenhum voluntário recusou a oferta, e é fácil ver por que isso seria constrangedor: Joe já havia gastado seu dinheiro. Um refrigerante era um favor apropriado na situação, até porque o próprio Joe tinha um. Teria sido considerado grosseiro rejeitar a gentileza. Mesmo assim, receber aquela Coca-Cola produziu um sentimento de gratidão que se tornou claro quando Joe anunciou seu desejo de vender alguns bilhetes de rifa. Observe a importante assimetria aqui: todas as escolhas genuinamente livres foram de Joe. Ele escolheu a forma do seu favor inicial e escolheu a forma do favor de retribuição. Claro que se poderia dizer que o voluntário teve a opção de recusar ambas as ofertas de Joe, mas teriam sido manobras difíceis. Dizer "não" nos dois momentos exigiria que os voluntários contrariassem as forças culturais naturais favoráveis à reciprocidade.

DEPOIMENTO DE LEITOR 2.2
De um estudante universitário

Ano passado, no feriado de Ação de Graças, senti a força da reciprocidade na pele quando meu pneu furou no caminho para casa. Uma motorista com uniforme de enfermeira parou e se ofereceu para me dar uma carona. Eu disse várias vezes que minha casa ficava a 40 quilômetros dali e na direção oposta a que ela se dirigia. Mas ela insistiu em me ajudar mesmo assim e não quis aceitar meu dinheiro. Sua recusa em me deixar pagar criou a sensação desagradável que você discute em seu livro.

Os dias após o incidente acabaram causando ansiedade aos meus pais. A regra da reciprocidade e o mal-estar associado ao favor não retribuído provocaram uma pequena neurose em minha casa. Ficamos tentando descobrir a identidade da enfermeira para lhe enviar flores ou um presente, mas sem sucesso. Se a houvéssemos encontrado, acredito que teríamos oferecido a ela qualquer coisa que pedisse. Sem outra maneira de aliviarmos a obrigação, minha mãe enfim recorreu ao único caminho que nos restava: em suas orações em nossa mesa de Ação de Graças, pediu ao Senhor que recompensasse a mulher.

Nota do autor: Além de mostrar que a ajuda não solicitada pode envolver a regra da reciprocidade, este relato destaca algo mais que vale a pena saber sobre as obrigações que acompanham essa regra. Elas não se limitam aos indivíduos inicialmente envolvidos em oferecer e receber ajuda – também se aplicam aos membros dos grupos aos quais os indivíduos pertencem. Não apenas a família do estudante universitário se sentiu em dívida pela ajuda recebida por ele, como pesquisas novas indicam que, se fosse possível, teriam quitado a dívida ajudando um membro da família da enfermeira (Goldstein et al., 2007).

A capacidade que os presentes não solicitados têm de produzir sentimentos de obrigação é reconhecida por uma variedade de instituições. É comum organizações de caridade enviarem pequenos brindes pelo correio ao pedirem donativos. Recebi cinco só no ano passado. Em todos os casos havia pontos em comum na mensagem que acompanhava o pedido. Os itens anexados deviam ser considerados um presente da organização, e o dinheiro que eu desejasse enviar não seria considerado um pagamento, e sim uma oferta de retribuição. Como afirmava a carta de um dos programas de missionários, o maço de cartões de felicitações enviado visava "encorajar sua [minha] bondade" – não estava sendo cobrado. Deixando de lado a vantagem fiscal óbvia, podemos ver por que seria benéfico à organização que os cartões fossem vistos como um presente, em vez de uma mercadoria: existe uma pressão cultural forte para retribuir um presente, mesmo não solicitado. Mas não existe uma pressão parecida para adquirir um produto comercial *indesejado*.

A regra pode desencadear trocas desiguais

Existe mais um aspecto da regra da reciprocidade que permite que ela seja explorada visando o lucro. Embora tenha se desenvolvido para promover trocas iguais entre parceiros, a regra pode ser usada para produzir resultados desiguais. Ela exige que um tipo de ação seja retribuído com um tipo de ação semelhante. Um favor deve ser pago com outro favor – não com negligência e certamente não com ataque. Porém certa flexibilidade é tolerada. Um favor inicial pequeno pode fazer com que a sensação de obrigação concorde com uma retribuição bem maior. Já que, como vimos, a regra possibilita que uma pessoa escolha a natureza do primeiro favor gerador da dívida e *também* a natureza da retribuição quitadora da dívida, poderíamos ser facilmente induzidos a uma troca injusta por aqueles que queiram explorar essa regra.

Mais uma vez, buscamos indícios no experimento de Regan. Naquele estudo, Joe deu a um grupo de voluntários uma garrafa de Coca-Cola como presente inicial e, mais tarde, pediu que comprassem algumas de suas rifas por 25 centavos de dólar cada. O que até agora deixei de mencionar é que o estudo se realizou no final da década de 1960, quando uma Coca-Cola custava 10 centavos de dólar. Em média, os voluntários que ganharam um refrigerante de 10 centavos compraram duas rifas de Joe, embora alguns comprassem até sete. Mesmo que examinemos apenas a média, vemos que Joe fez um bom negócio. Um retorno de 500% num investimento não é pouca coisa!

No caso de Joe, porém, mesmo um retorno de 500% representou apenas 50 centavos. Será que a regra da reciprocidade consegue produzir diferenças significativamente grandes nos tamanhos dos favores trocados? Sob as circunstâncias certas, com certeza. Vejamos o relato de uma aluna minha sobre um dia que ela recorda com tristeza:

> *Há cerca de um ano eu estava para sair de carro mas ele simplesmente não queria pegar. Enquanto eu insistia, um rapaz no estacionamento se aproximou e conseguiu dar a partida fazendo uma chupeta. Agradeci e, quando ele estava indo embora, eu disse que, se algum dia precisasse de um favor, era só pedir. Mais ou menos um mês depois, o rapaz bateu na minha porta e pediu meu carro emprestado por duas horas, pois o dele estava na oficina. Senti certa obrigação, mas também fiquei na dúvida, já que o carro era novinho e o rapaz parecia muito jovem. Emprestei o carro assim mesmo. Mais tarde descobri que o bom samaritano era menor de idade e não possuía seguro. Ele destruiu meu carro.*

Como é possível uma mulher inteligente concordar em entregar o carro novo a um estranho (e menor de idade) por causa de um pequeno favor recebido um mês antes? Ou, em termos mais gerais, por que pequenos favores iniciais com frequência estimulam grandes favores em retribuição? Uma razão importante envolve o caráter altamente desagradável da sensação de dívida. Quase todos nós achamos péssimo estar em um estado de obrigação. Ficamos oprimidos e queremos nos livrar disso.

Não é difícil achar a origem desse sentimento. Pelo fato de os acordos recíprocos serem tão vitais aos sistemas sociais humanos, fomos condicionados a nos sentirmos mal quando devemos favores. Se ignorássemos a necessidade de retribuir a cortesia inicial de alguém, impediríamos uma sequência de reciprocidade e reduziríamos as chances de que nosso benfeitor nos ajudasse no futuro. Nenhum desses eventos é benéfico à sociedade. Por isso somos treinados desde a infância a sofrer emocionalmente sob o peso da obrigação. Ou seja: nós nos dispomos a concordar em prestar um favor maior do que aquele recebido apenas para aliviar a carga psicológica da dívida.

Existe outra razão também. Uma pessoa que viola a regra da reciprocidade, aceitando as boas ações dos outros sem procurar retribuí-las, é repudiada pelo grupo social. A exceção ocorre, é claro, quando uma pessoa é impedida de retribuir por força das circunstâncias ou por incapacidade. Na maior parte dos casos, porém, existe uma aversão genuína por um indivíduo que deixa de se conformar aos mandamentos da regra da reciprocidade (Wedekind e Milinski, 2000).[2] *Aproveitador* e *ingrato* são rótulos desagradáveis. Para evitá-los as pessoas às vezes concordam com uma troca desigual.

Combinadas, a realidade do mal-estar interno e a possibilidade da vergonha externa podem resultar num custo psicológico pesado. Por isso não surpreende notar que, em nome da reciprocidade, com frequência retribuímos com algo maior do que aquilo que recebemos. Nem é tão estranho constatar que, muitas vezes, evitamos pedir um favor necessário se não estivermos em condições de retribuir (De Paulo, Nadler e Fischer, 1983; Greenberg e Shapiro, 1971; Riley e Eckenrode, 1986). O ônus psicológico simplesmente superaria a perda material.

O risco de outros tipos de prejuízo também pode persuadir as pessoas a recusar determinados presentes e benefícios. As mulheres com frequência comentam sobre o desagradável sentimento de obrigação de retribuir os favores de um homem que lhes deu um presente caro ou pagou uma conta alta num restaurante. Mesmo algo trivial como o preço de uma bebida pode produzir uma sensação de dívida.

Uma aluna de um dos meus cursos expressou esse fato objetivamente num estudo que escreveu: "Após aprender a duras penas, não permito mais que um sujeito que eu conheça numa casa noturna me pague uma bebida, porque não quero que nenhum dos dois sinta que contraí uma obrigação sexual." As pesquisas indicam que existe uma base para sua preocupação. Uma mulher que, em vez de pagar a própria conta, permite que um homem lhe compre bebidas é julgada (tanto por homens quanto por mulheres) como mais sexualmente disponível a ele (George, Gournic e McAfee, 1988).

A regra da reciprocidade se aplica também à maioria dos relacionamentos. No entanto, em sua forma mais pura, a reciprocidade é desnecessária e indesejável em certos relacionamentos de longo prazo, como em família ou envolvendo velhas amizades. Nesses casos (Clark e Mills, 1979; Mills e Clark, 1982), o que se troca reciprocamente é a disposição em fornecer o que o outro precisa, no momento em que precisa (Clark, Mills e Corcoran, 1989). Sob essa forma de reciprocidade, não é necessário avaliar quem forneceu mais ou menos, mas apenas se ambas as partes estão cumprindo a regra mais geral (Clark, 1984; Clark e Waddell, 1985; Clark, Mills e Powell, 1986). No entanto, parece que desigualdades persistentes podem levar a insatisfações, mesmo nas amizades.

TRANSAÇÃO PERMEADA DE CULPA

A regra da reciprocidade pode ser usada por garçons de restaurantes para aumentar as gorjetas. Um estudo descobriu que garçons que ofereciam aos fregueses um bombom ao apresentar a conta aumentavam suas gorjetas em 3,3%. Se oferecessem dois bombons a cada freguês, a gorjeta aumentava 14% (Strohmetz et al., 2002).

CONCESSÕES RECÍPROCAS

Existe uma segunda forma de aplicar a regra da reciprocidade para induzir alguém a satisfazer um pedido. É mais sutil do que o caminho direto de prestar à pessoa um favor e depois pedir outro em troca, mas em certos aspectos é bem mais eficaz. Uma experiência pessoal alguns anos atrás me permitiu sentir na pele como essa técnica de consentimento funciona bem.

Eu estava andando pela rua quando fui abordado por um menino de 11 ou 12 anos. Ele se apresentou e disse que estava vendendo ingressos para o Circo Anual dos Escoteiros, que se apresentaria na noite do sábado seguinte. Perguntou se eu queria comprar um ingresso por 5 dólares. Como o último programa do mundo que eu queria para a noite do sábado era estar com os escoteiros, recusei. "Bom", ele disse, "se você não quer comprar um ingresso, que tal umas barras de chocolate? Custam só 1 dólar." Comprei duas barras e, imediatamente, percebi que algo notável havia ocorrido. Eu nunca compro barras de chocolate e dou muito valor ao meu dinheiro, mas de repente ali estava eu com aquela compra indesejada e o menino saindo com meus 2 dólares.

Para tentar entender precisamente o que tinha acontecido, fui ao meu escritório e convoquei uma reunião com meus auxiliares de pesquisa. Ao discutir a situação, começamos a ver como a regra da reciprocidade estava envolvida em minha anuência ao pedido de comprar as barras de chocolate. A regra geral diz que uma pessoa que age de certa forma conosco tem direito a uma ação similar como retribuição.

Já vimos que uma consequência da regra é a obrigação de retribuir favores recebidos. Outra consequência, porém, é a obrigação de fazer concessões a alguém que tenha feito uma concessão para nós. À medida que meu grupo de pesquisa refletia a respeito, percebíamos que foi exatamente naquela situação que o escoteiro me colocara. Seu pedido para que eu comprasse barras de chocolate de 1 dólar havia sido feito como uma concessão de sua parte, sendo apresentado como um recuo de seu pedido para que eu comprasse ingressos de 5 dólares. Para obedecer aos ditames da regra da reciprocidade, eu deveria fazer uma concessão. Como vimos, eu a fiz: mudei da recusa para o consentimento quando ele passou do pedido maior para um menor, embora eu não estivesse realmente interessado em *nenhuma* das coisas que me ofereceu.

DEPOIMENTO DE LEITOR 2.3
De uma funcionária pública do estado do Oregon

A pessoa que antes ocupava meu cargo comentou, durante o treinamento, que eu iria gostar de trabalhar para meu chefe, porque ele é muito gentil e generoso. Contou que ele sempre deu flores e outros presentes em diferentes ocasiões. Ela decidiu parar de trabalhar porque estava grávida e queria ficar em casa, cuidando do filho. Do contrário estou certa de que ela permaneceria naquele emprego por muitos anos.

Já trabalho para esse mesmo chefe há seis anos e venho experimentando o mesmo sentimento. Ele dá presentes de Natal e lembrancinhas de aniversário para mim e para meu filho. Faz dois anos que atingi meu teto de aumento salarial. Não existe promoção para o meu cargo, e minha única opção é fazer um concurso e solicitar transferência para outro departamento, ou talvez eu possa conseguir emprego numa empresa privada. Mas tenho resistido a procurar outro emprego ou mudar de departamento. Meu chefe está prestes a se aposentar e estou pensando que talvez eu possa sair depois que ele se desligar. Por enquanto me sinto na obrigação de ficar, já que ele tem sido tão legal comigo.

Nota do autor: Fico impressionado com a linguagem usada por esta leitora ao descrever suas opções de emprego atuais, dizendo que talvez possa conseguir outro emprego depois que o chefe se aposentar. Parece que as pequenas gentilezas do chefe alimentaram nela uma forte sensação de obrigação, que a impediu de procurar um cargo mais bem remunerado. Existe uma lição óbvia aqui para gerentes que desejam estimular a fidelidade nos funcionários. Mas existe uma lição maior para todos nós também: pequenas coisas nem sempre são pequenas – principalmente quando associadas às grandes regras da vida, como a da reciprocidade.

Foi um exemplo clássico de como uma arma de influência pode dotar de poder um pedido. Eu fui levado a comprar algo, não por um sentimento favorável em relação ao item, mas porque o pedido de compra fora apresentado de modo a extrair sua força da regra da reciprocidade. O fato de eu não gostar de barras de chocolate não teve a menor importância. O escoteiro tinha feito uma concessão para mim, *clique*, e, *zum*, eu reagi fazendo também uma concessão.

Claro que a tendência a retribuir com uma concessão não é tão forte a ponto de funcionar em todos os casos e com todas as pessoas – nenhuma das armas de influência examinadas neste livro possui tamanho poder. Porém, no meu diálogo com o escoteiro, a propensão foi suficientemente poderosa para me deixar perplexo na posse de um par de barras de chocolate indesejadas e caras.

Por que eu deveria me sentir obrigado a retribuir uma concessão? A resposta está, outra vez, no benefício de uma tendência como essa para a sociedade. É do interesse de qualquer grupo humano que seus membros colaborem para a realização das metas compartilhadas. Porém, em muitas interações sociais, os participantes começam com exigências e pedidos que são mutuamente inaceitáveis. Desse modo, a sociedade deve fazer com que esses desejos iniciais incompatíveis sejam desprezados em prol da cooperação socialmente benéfica. Isso se dá por procedimentos que promovam o compromisso. A concessão mútua é um deles.

A regra da reciprocidade promove a concessão mútua de duas formas. A primeira é óbvia: ela pressiona o beneficiário de uma concessão a reagir de forma equivalente. A segunda, embora menos óbvia, é importantíssima. Como o beneficiário tem obrigação de retribuir, as pessoas se sentem livres para fazer a concessão *inicial* e, assim, iniciar o processo benéfico de troca. Afinal, se não houvesse obrigação social de retribuir uma concessão, quem iria querer fazer o primeiro sacrifício? Fazê-lo assim mesmo seria arriscar abrir mão de algo sem obter nada em troca. Entretanto, com a regra em vigor, podemos nos sentir seguros em realizar o primeiro sacrifício por nosso parceiro, que é obrigado a oferecer um sacrifício em retribuição.

REJEIÇÃO SEGUIDA DE RECUO

Como a regra da reciprocidade governa o processo de compromisso, é possível usar uma concessão inicial como parte de uma técnica de persuasão altamente eficaz que chamaremos de técnica da rejeição seguida de recuo (também conhecida como técnica porta na cara).

Vamos supor que você queira que eu concorde com certo pedido. Uma forma de aumentar suas chances é primeiro fazer um pedido maior, que eu provavelmente rejeitarei. Depois de minha recusa, você faz o pedido menor, no qual estava interessado de fato desde o princípio. Se você estruturou seus pedidos com habilidade, vou ver seu segundo pedido como uma concessão e me sentirei inclinado a responder com uma concessão de minha parte – a anuência ao seu segundo pedido.

Será que foi assim que o escoteiro me fez comprar suas barras de chocolate? Seu recuo de um pedido de 5 dólares para o de 1 dólar teria sido artificial, planejado desde o início? Como alguém que ainda guarda seu primeiro distintivo de mérito dos escoteiros, torço para que a resposta seja negativa. Quer a sequência do pedido grande seguido do pequeno tenha sido ou não planejada, seu efeito foi o mesmo: funcionou!

Por conta dessa eficácia, a técnica da rejeição seguida de recuo pode ser usada *de propósito* por certas pessoas para obterem o que querem. Primeiro vamos examinar seu emprego como um dispositivo confiável de persuasão. Depois veremos como ela já vem sendo usada. Por fim abordaremos duas características pouco conhecidas dessa técnica que a tornam uma das táticas de convencimento mais influentes.

Lembre-se de que, após meu encontro com o escoteiro, reuni meus auxiliares de pesquisa para tentar entender o que havia acontecido comigo. Projetamos um experimento para testar a eficiência do procedimento de passar para um pedido desejado depois da recusa a um pedido preliminar maior.

Nosso primeiro objetivo era ver se o procedimento funcionava com outras pessoas além de mim. (Não há dúvida de que a tática foi eficaz comigo naquele dia, mas tenho um histórico de ser facilmente convencido.) Portanto a pergunta continuou sendo: "A técnica da rejeição seguida de recuo funciona em um número suficiente de pessoas para torná-la um procedimento útil de obtenção de consentimento?" Em caso positivo, seria bom ficar de olho nela no futuro.

Nossa segunda razão para realizar o estudo era determinar o poder dessa técnica como dispositivo de persuasão. Ela seria capaz de obter a anuência a um pedido realmente grande? Em outras palavras, o pedido *menor* para o qual o solicitante recuou tinha que ser necessariamente um pedido *pequeno*? Se nossa conclusão sobre a causa da eficácia da técnica estivesse correta, o segundo pedido não precisaria ser de fato pequeno. Precisava apenas ser menor do que o inicial. Suspeitávamos que o aspecto mais relevante quando um solicitante recuava de um favor maior para um menor era sua aparente concessão. Logo, o segundo pedido poderia ser objetivamente grande – desde que fosse menor que o primeiro pedido – para que a técnica continuasse funcionando.

Após certa reflexão, decidimos testar a técnica com um pedido que achamos que poucas pessoas concordariam em satisfazer. Fingindo-nos de representantes do "Programa Municipal de Aconselhamento a Jovens", abordamos estudantes universitários no campus e perguntamos se estariam dispostos a acompanhar um grupo de delinquentes juvenis a um passeio no zoológico. A ideia de ser responsável por um grupo de menores infratores de idades desconhecidas durante horas num local público sem receber pagamento não pareceria muito atraente para aqueles estudantes.

Como esperávamos, a grande maioria (83%) recusou. No entanto, obtivemos resultados bem diferentes de uma amostra semelhante de estudantes universitários quando fizemos a mesma pergunta com uma diferença. Antes de convidarmos os universitários a servirem de acompanhantes não remunerados em um passeio ao zoológico, pedimos um favor ainda maior: que passassem duas horas por semana como orientadores de menores infratores durante no mínimo dois anos. Somente depois que recusaram esse pedido extremo (100% deles) fizemos o pedido menor do passeio ao zoológico. Ao apresentar o passeio como um recuo de nosso pedido inicial, nosso índice de sucesso aumentou substancialmente. O triplo dos estudantes abordados dessa forma se ofereceu para servir de acompanhante ao zoológico (Cialdini, Vincent, Lewis, Catalan, Wheeler e Darby, 1975).

Esteja certo de que qualquer estratégia capaz de triplicar a porcentagem de consentimento a um pedido substancial (de 17% a 50% em nosso experimento) será muito usada numa variedade de cenários corriqueiros. Negociadores sindicais, por exemplo, costumam recorrer à tática de fazer exigências extremas que não esperam obter, mas das quais possam recuar para extrair concessões realistas do outro lado da mesa. Aparentemente esse procedimento seria mais eficaz quanto maior o pedido inicial, já que haveria mais margem disponível para concessões ilusórias. Mas isso só é verdade até certo ponto.

Pesquisas realizadas na Universidade Bar-Ilan em Israel sobre a técnica da rejeição seguida de recuo mostram que, se o primeiro conjunto de exigências é extremo a ponto de parecer absurdo, a tática falha (Schwarzwald, Raz e Zvibel, 1979). Nesses casos, quem fez o pedido extremo inicial é visto como um negociador agindo de má-fé. Qualquer recuo subsequente àquela posição inicial irreal não é considerado uma concessão genuína e, portanto, não é retribuído. O negociador realmente hábil, então, é aquele cuja posição inicial é exagerada apenas o suficiente para permitir uma série de pequenas concessões recíprocas e contrapropostas que irá gerar uma oferta final desejável pelo oponente (Thompson, 1990).

Presenciei outra forma da técnica da rejeição seguida de recuo em minha observação das vendas de porta em porta. As empresas usavam uma versão menos elaborada e mais oportunista da tática. Claro que o objetivo mais importante para um vendedor de porta em porta é efetuar uma venda. Mas os programas de treinamento de cada uma das empresas que investiguei enfatizavam que uma segunda meta importante era fazer com que os compradores indicassem amigos, parentes ou vizinhos que o vendedor pudesse procurar. Por uma variedade de razões, que discutiremos no Capítulo 5, a porcentagem de vendas bem-sucedidas de porta em porta aumenta substancialmente quando o vendedor consegue mencionar o nome de um conhecido que "indicou" a visita.

Quando realizei os treinamentos para esse tipo de venda, nunca me disseram para fazer com que minha oferta fosse recusada para eu poder então recuar a um pedido de indicações. Mas em vários desses programas fui instruído a tirar vantagem da oportunidade de conseguir indicações oferecida pela recusa de compra de um cliente: "Bom, se você acha que uma boa enciclopédia não lhe serve no momento, talvez possa me ajudar indicando nomes de outras pessoas que queiram aproveitar a ótima oferta de nossa empresa. Quem você indicaria?" Muitos indivíduos que normalmente não sujeitariam seus amigos a isso concordam em fornecer as indicações quando o pedido é apresentado como uma concessão em relação a uma solicitação de compra que acabou de ser recusada.

Concessões recíprocas, contraste perceptivo e o mistério de Watergate

Já discutimos um motivo para o sucesso da técnica da rejeição seguida de recuo: sua incorporação da regra da reciprocidade. Essa estratégia de pedido maior seguido de um menor é eficaz também por vários outros motivos. O primeiro envolve o princípio do contraste perceptivo que vimos no Capítulo 1. Esse princípio explicava, entre outras coisas, a tendência de um homem gastar mais dinheiro num suéter *após* ter comprado um terno: depois de ser exposto ao preço do artigo mais caro, o preço do artigo menos caro *parece* menor em comparação.

Do mesmo modo, o procedimento do pedido maior seguido do menor usa o princípio do contraste para fazer com que este pareça ainda menor em comparação com o primeiro. Se eu quero que você me empreste 5 dólares, posso fazer o pedido parecer menor pedindo antes que você me empreste 10 dólares. Uma das virtudes dessa tática é que, ao pedir 10 dólares e depois recuar para 5 dólares, terei simultaneamente envolvido a força da regra da reciprocidade e o princípio do contraste. Não apenas meu pedido de 5 dólares será visto como uma concessão a ser retribuída, como também parecerá um pedido menor do que se eu tivesse pedido de cara 5 dólares.

Combinadas, as influências da reciprocidade e do contraste perceptivo podem representar uma força temível e poderosa. Corporificados na sequência de rejeição seguida de recuo, são capazes de efeitos impressionantes. Acredito que forneçam a única explicação realmente plausível para uma das ações políticas mais desastrosas de nossa época: a decisão de invadir os escritórios do Complexo Watergate do Comitê Nacional Democrata que levou a presidência de Richard Nixon à ruína.

Para entender o absurdo dessa ideia, recordemos alguns fatos:

- O plano foi de G. Gordon Liddy, que estava no comando das operações de inteligência para o Comitê pela Reeleição do Presidente. Liddy ganhara, nos altos escalões do governo, a reputação de excêntrico e havia dúvidas sobre sua estabilidade e seu discernimento.
- A proposta de Liddy era caríssima, exigindo um orçamento de 250 mil dólares em dinheiro não rastreável.
- No final de março, quando a proposta foi aprovada numa reunião do diretor do Comitê pela Reeleição, John Mitchell, e seus assessores Jeb Stuart Magruder e Frederick LaRue, as perspectivas de vitória de Nixon na eleição de novembro não poderiam ser melhores. Edmund Muskie, o único candidato anunciado que, pelas primeiras pesquisas de opinião, tinha uma chance de derrubar o presidente, havia se saído mal nas primárias. Tudo indicava que o candidato mais derrotável, George McGovern, venceria a indicação do Partido Democrata. Uma vitória republicana parecia certa.
- O plano de invasão em si era uma operação arriscadíssima, exigindo a participação e o sigilo de 10 homens.
- O Comitê Nacional Democrata e seu presidente, Lawrence O'Brien, cujo escritório em Watergate deveria ser invadido e grampeado, não dispunha de nenhuma informação suficientemente devastadora para derrotar o presidente no poder. Tampouco os democratas obteriam alguma, a não ser que o governo fizesse algo *muito* estúpido.

Apesar de claramente contraindicada pelas razões que acabamos de mencionar, a proposta cara, arriscada, inútil e potencialmente desastrosa de um homem cujo julgamento era questionável foi aprovada. Como foi possível que homens inteligentes como Mitchell e Magruder fizessem algo *tão* insensato?

Talvez a resposta resida num fato pouco discutido: o plano de 250 mil dólares que aprovaram não foi a proposta inicial de Liddy. Na verdade, representava uma grande concessão de sua parte em relação a duas propostas anteriores de proporções imensas. O primeiro desses planos, traçado dois meses antes numa reunião com Mitchell, Magruder e John Dean, descrevia um programa de 1 milhão de dólares que incluía (além da invasão de Watergate) um avião de comunicações especialmente equipado, arrombamentos, sequestros e esquadrões de assalto, além de um iate com "garotas de programa de alto nível" para chantagear políticos democratas. Um segundo plano de Liddy, apresentado uma semana depois ao mesmo grupo, eliminava parte do programa e reduzia o custo para 500 mil dólares. Somente depois que essas propostas iniciais haviam sido rejeitadas por Mitchell, Liddy submeteu seu plano "simplificado" de 250 mil dólares, dessa vez para Mitchell, Magruder e Frederick LaRue. Dessa vez o plano, um pouco menos estúpido do que os anteriores, foi aprovado.

Será possível que eu, um velho trouxa, e John Mitchell, um político veterano e sagaz, tenhamos sido tão facilmente induzidos a maus negócios pela mesma tática de consentimento – eu por um escoteiro vendendo chocolates e ele por um homem vendendo um desastre político?

Se examinarmos o depoimento de Jeb Magruder, considerado pela maioria dos investigadores de Watergate o relato mais fiel da reunião na qual o plano de Liddy foi enfim aceito, encontraremos algumas pistas esclarecedoras. Primeiro, Magruder (1974) informa que "ninguém ficou especialmente impressionado com o projeto", mas "após começarmos com a quantia grandiosa de 1 milhão de dólares, achamos que 250 mil seria uma cifra aceitável. [...] Estávamos relutantes em despachá-lo sem nada". Mitchell, dominado pela "sensação de que deveríamos deixar alguma coisinha para Liddy [...] concordou com aquilo no sentido de dizer: 'Ok, vamos dar um quarto de milhão de dólares e ver do que ele é capaz'". No contexto das solicitações extremas iniciais de Liddy, parece que "um quarto de milhão de dólares" passou a ser "alguma coisinha" a ser deixada como uma concessão em retribuição.

Com a clareza proporcionada pela visão retrospectiva, ao recordar a abordagem de Liddy, Magruder forneceu a ilustração mais sucinta que já ouvi da técnica da rejeição seguida de recuo. "Se ele tivesse nos abordado no início e dito 'Tenho um plano de invadir e grampear o escritório de Larry O'Brien', poderíamos ter rejeitado a ideia peremptoriamente. Em vez disso, ele nos propôs seu esquema elaborado de garotas de programa, sequestros, agressões, sabotagem e grampos. [...] Ele havia pedido o pão inteiro quando se satisfaria com metade ou mesmo 25%."

Também é instrutivo que, embora acabasse acatando a decisão do seu chefe, apenas um membro do grupo, Frederick LaRue, tenha expressado qualquer oposição direta à proposta. Dizendo com óbvio bom senso que não achava que o plano valia o risco, ele deve ter estranhado que seus colegas Mitchell e Magruder não compartilhassem sua perspectiva. Claro que várias diferenças entre LaRue e os outros dois homens podem ter explicado sua divergência sobre a conveniência do plano de Liddy, mas uma se destaca: dos três, somente LaRue não esteve presente nos dois encontros anteriores, em que Liddy havia delineado seus planos bem mais ambiciosos. Talvez naquele momento apenas LaRue fosse capaz de ver o absurdo da terceira proposta e reagir objetivamente a ela, já que não havia sido influenciado pelas forças da reciprocidade e do contraste perceptivo que agiram sobre os outros.

O azar é todo seu

Anteriormente dissemos que a técnica da rejeição seguida de recuo tinha, além da regra da reciprocidade, dois outros fatores agindo a seu favor. Já discutimos o primeiro deles: o princípio do contraste perceptivo. A vantagem adicional da técnica não é realmente um princípio psicológico, como no caso dos outros dois fatores. Em vez disso, é um aspecto mais estrutural da sequência do pedido. Digamos mais uma vez que quero lhe pedir 5 dólares emprestados.

Começando por um pedido de 10 dólares, só posso sair ganhando. Se você concordar, terei recebido de você o dobro do que me satisfaria. Se, por outro lado, você recusar meu pedido inicial, poderei recuar para o favor de 5 dólares que eu desejava de saída e, graças aos princípios da reciprocidade e do contraste, aumentar bastante minhas chances de sucesso. Das duas formas, eu me beneficio.

Dadas as vantagens da técnica da rejeição seguida de recuo, pode-se pensar que talvez também haja alguma desvantagem substancial. As vítimas da estratégia podiam se ressentir por terem sido induzidas à anuência. O ressentimento pode se manifestar de várias maneiras.

Primeiro, a vítima pode decidir não honrar o acordo verbal feito com o solicitante. Segundo, a vítima pode passar a desconfiar do solicitante manipulador, decidindo nunca mais lidar com tal pessoa. Se algum desses acontecimentos ou ambos ocorressem com certa frequência, o solicitante pensaria duas vezes antes de aplicar o procedimento da rejeição seguida de recuo. Mas as pesquisas indicam que, quando a técnica da rejeição seguida de recuo é usada, essas reações das vítimas não ocorrem com mais frequência. De forma espantosa, parece que ocorrem com *menos* frequência! Antes de tentarmos entender o porquê, vamos examinar os indícios.

"Aceito doar sangue – e pode pedir de novo"

Um estudo publicado no Canadá (Miller, Seligman, Clark e Bush, 1976) teve como objetivo questionar o seguinte aspecto: uma vítima da técnica da rejeição seguida de recuo honrará o acordo de prestar ao solicitante um segundo favor? Além de registrar se os alvos disseram sim ou não ao pedido (trabalhar como voluntário num passeio ao zoológico), esse experimento também registrou se eles apareceram depois para prestar os favores prometidos. Como sempre, o procedimento de começar com um pedido maior (duas horas semanais de trabalho voluntário para uma instituição de saúde mental por pelo menos dois anos) produziu mais concordância verbal ao recuo para o pedido menor (76%) do que o procedimento de fazer o pedido menor sozinho (29%). O resultado importante, porém, envolveu a taxa de comparecimento *dos que se apresentaram como voluntários*. E de novo o procedimento de rejeição seguida de recuo foi o mais eficaz (85% versus 50%).

Um experimento diferente examinou se a sequência de rejeição seguida de recuo fez com que as vítimas se sentissem manipuladas a ponto de recusarem quaisquer pedidos novos. Nesse estudo (Cialdini e Ascani, 1976), os alvos foram estudantes universitários a quem se pediu que colaborassem com a campanha anual de doação de sangue do campus. Os alvos de um grupo receberam o pedido de doar sangue a cada seis semanas por no mínimo três anos. Aos outros alvos se pediu que doassem sangue uma única vez. Aos dois grupos que concordaram e apareceram no centro de hematologia foi solicitado depois que informassem seus telefones para que pudessem ser convocados para futuras doações. Quase todos os estudantes que iam doar sangue como resultado da técnica da rejeição seguida de recuo concordaram em doar novamente (84%), ao passo que menos da metade dos outros estudantes que compareceram ao centro de hematologia concordaram (43%). Mesmo para favores futuros, a estratégia da rejeição seguida de recuo se mostrou superior.

Os agradáveis efeitos colaterais

O estranho é que parece que a técnica da rejeição seguida de recuo, além de incitar as pessoas a concordarem com um pedido, na verdade faz com que cumpram a promessa de satisfazê-lo e, finalmente, se disponibilizem para novas solicitações. De que forma essa técnica torna as pessoas tão passíveis de continuarem cooperando?

Para obtermos uma resposta, poderíamos examinar o ato de concessão do solicitante, que está no núcleo do procedimento. Já vimos que, desde que não seja vista como um truque óbvio, a concessão provavelmente estimulará outra concessão em retribuição. O que ainda não examinamos, porém, são dois subprodutos positivos pouco conhecidos do ato de concessão: a sensação de maior responsabilidade pelo acordo e a de maior satisfação com ele. É este conjunto de agradáveis efeitos colaterais que permite que a técnica faça as vítimas cumprirem seus acordos e se envolverem em outros semelhantes.

Os efeitos colaterais desejáveis de fazer concessões durante uma interação com outras pessoas são evidenciados nos estudos de como as pessoas pechincham. Um experimento (Benton, Kelley e Liebling, 1972) conduzido por psicólogos sociais da Universidade da Califórnia oferece uma demonstração bastante adequada. Um voluntário foi instruído a negociar com o oponente a divisão entre eles de certa quantia de dinheiro fornecida pelos pesquisadores. Ele foi também informado de que, se os dois não chegassem a um acordo mútuo após certo período de negociação, ninguém receberia valor algum. Sem que o voluntário soubesse, o oponente era na verdade um auxiliar de pesquisa que havia sido previamente orientado a negociar de três maneiras. Com alguns dos voluntários, o oponente fazia uma exigência inicial extrema, atribuindo quase todo o dinheiro a si mesmo e persistindo naquela posição durante as negociações. Com outro grupo, o oponente começava com uma exigência moderadamente favorável a si mesmo. Ele também se recusava a mudar de posição durante as negociações. Com um terceiro grupo, o oponente começava com uma exigência extrema e depois recuava aos poucos para uma moderada no decorrer da negociação.

Três constatações importantes ajudaram a entender por que a técnica da rejeição seguida de recuo é tão eficaz. A primeira foi que, em comparação com as duas outras abordagens, a estratégia de começar com uma exigência extrema e depois recuar para uma mais moderada foi a que mais dinheiro gerou para quem a empregou. Esse resultado não é muito surpreendente à luz dos indícios que vimos do poder das táticas do pedido maior seguido de um menor para obter acordos rentáveis. São as duas constatações adicionais do estudo que mais impressionam.

Responsabilidade

A concessão do solicitante dentro da técnica da rejeição seguida de recuo, além de levar os alvos a dizerem "sim" com mais frequência, também fez com que se sentissem mais responsáveis por haverem "determinado" o acordo final. Desse modo, a capacidade incomum da técnica de fazer seus alvos cumprirem seus compromissos se torna compreensível: a pessoa que se sente responsável pelas cláusulas de um contrato fica mais inclinada a cumpri-lo.

Satisfação

Embora em média tenham dado mais dinheiro ao oponente que usou a estratégia das concessões, os voluntários alvos dessa estratégia foram os mais satisfeitos com o acordo final. Parece que um compromisso forjado por meio das concessões do oponente é bastante satisfatório. Com isso em mente, podemos começar a explicar a segunda característica da técnica da rejeição seguida de recuo: a intrigante capacidade de levar suas vítimas a concordar com novos pedidos. Como a tática usa uma concessão para obter o consentimento, como resultado a vítima tende a se sentir mais satisfeita com o acordo. É lógico que pessoas satisfeitas estão mais predispostas a aceitar acordos semelhantes. Como mostrou um estudo de vendas varejistas, sentir-se responsável por obter um acordo melhor levou a uma satisfação maior com o processo e a mais recompras do produto (Schindler, 1998).

DEFESA

Ante um solicitante que emprega a regra da reciprocidade, você e eu enfrentamos um inimigo poderoso. Ao nos apresentar um favor inicial ou uma concessão inicial, ele terá mobilizado um forte aliado na campanha por nosso consentimento. À primeira vista, nossa sorte numa situação desse tipo pareceria desoladora. Poderíamos satisfazer o seu desejo e, com isso, sucumbir à regra da reciprocidade. Ou poderíamos nos recusar a concordar, sofrendo o impacto da regra sobre nossos sentimentos profundamente condicionados de justiça e obrigação. Render-se ou sofrer fortes baixas são perspectivas nada animadoras.

Felizmente essas não são nossas únicas opções. Com a compreensão apropriada da natureza do nosso oponente, podemos sair do campo de batalha da persuasão incólumes e, às vezes, até em melhores condições do que antes. É essencial reconhecer que o solicitante que invoca a regra da reciprocidade (ou qualquer outra arma de influência) para nos convencer não é o verdadeiro oponente. Ele só optou por se tornar um lutador de jiu-jítsu que se alinha com o poder arrebatador da reciprocidade e, depois, libera esse poder ao oferecer um primeiro favor ou concessão. O verdadeiro oponente é a regra. Se não quisermos sofrer seu abuso, precisamos tomar medidas para neutralizar sua energia.

Rejeitando a regra

Como fazer para neutralizar o efeito de uma regra social como a da reciprocidade? Uma vez ativada, ela parece generalizada demais para escaparmos e forte demais para dominarmos. Talvez a resposta seja impossibilitar sua ativação. Talvez possamos evitar um confronto com a regra impedindo que um solicitante mobilize sua força contra nós desde o princípio. Ou podemos evitar o problema rejeitando o favor inicial do solicitante ou suas concessões para conosco. Talvez sim, talvez não. Rejeitar sempre a oferta de um favor ou o sacrifício inicial do solicitante funciona melhor na teoria do que na prática. O problema principal é que, quando inicialmente apresentada, é difícil saber se a oferta é honesta ou se é o primeiro passo de uma tentativa de exploração. Se toda vez pressupormos o pior, não será possível receber os benefícios de quaisquer favores ou concessões legítimas oferecidos por indivíduos sem nenhuma intenção de explorar a regra da reciprocidade.

Um colega lembra com indignação como os sentimentos de sua filha de 10 anos foram feridos por um homem cujo método para evitar as garras da regra da reciprocidade foi recusar a bondade da menina. As crianças da turma dela estavam promovendo uma festa para seus avós, e a função da filha era oferecer uma flor a cada visitante que chegava à escola. O primeiro homem que ela abordou com uma flor grunhiu: "Fique com ela." Sem saber o que fazer, ela a estendeu de novo ao homem, que perguntou o que teria que dar em troca. Quando ela respondeu baixinho "Nada, é presente", ele a fitou com um olhar incrédulo, reiterando que "conhecia bem aquele truque", e se afastou apressado. A menina ficou tão abalada com a experiência que não conseguiu abordar mais ninguém e teve que ser liberada de sua função – que ela aguardara com tanto carinho.

Difícil saber quem é o maior culpado: o homem insensível ou os exploradores que, de tanto abusar de sua tendência de retribuir um presente, fizeram com que sua reação mudasse para uma recusa grosseira. Não importa quem você considere mais culpado, a lição é clara: sempre encontraremos indivíduos generosos de verdade, assim como muitas pessoas que tentam seguir honestamente a regra da reciprocidade em vez de explorá-la. Elas sem dúvida se sentirão insultadas por alguém que rejeite seus esforços, e isso poderá resultar em atritos e isolamento social. Uma política de rejeição indiscriminada, portanto, parece desaconselhável.

Outra solução parece mais promissora. Ela nos aconselha a aceitar as ofertas dos outros, mas apenas pelo que são, não pelo que simulam ser. Se alguém oferece um favor de boa-fé, podemos muito bem aceitá-lo, reconhecendo o compromisso de retribuí-lo em algum ponto no futuro. Envolver-se nesse tipo de acordo com outra pessoa não quer dizer ser explorado por ela por meio da regra da reciprocidade. Em vez disso, significa participar de maneira positiva de uma "rede honesta de obrigações" que tão bem nos tem servido, tanto a nível individual quanto social, desde os primórdios da humanidade.

No entanto, se o favor inicial se revela um mecanismo, um truque, um artifício visando especificamente estimular nossa anuência a um favor retribuidor maior, a história é bem diferente. Nesse caso, nosso parceiro não é um benfeitor, mas um aproveitador, e devemos reagir à ação exatamente da mesma forma. Tendo concluído que a oferta inicial não se trata de um favor, e sim de uma tática de persuasão, precisamos apenas reagir de forma correspondente para nos livrarmos de sua influência. Na medida em que percebemos a má intenção, o ofertante não tem mais a regra da reciprocidade como aliada: a regra diz que favores devem ser retribuídos com favores. Ela não exige que truques sejam retribuídos com favores.

Desmascarando o inimigo

Um exemplo prático pode tornar as coisas mais concretas. Vamos imaginar a seguinte história: uma mulher telefonou para você um dia e se apresentou como membro da Associação de Prevenção a Incêndios Domiciliares de sua cidade. Ela então perguntou se você estaria interessado em aprender sobre prevenção de incêndios domiciliares, verificar os riscos de incêndio em sua casa e receber um extintor de incêndio – tudo de graça. Você se interessou por essas ofertas e marcou uma visita com um inspetor da associação. Quando ele chegou, entregou um pequeno extintor e começou a examinar possíveis riscos de incêndio em sua casa. Depois passou algumas informações úteis, embora assustadoras, sobre os riscos de incêndio em geral, além de uma avaliação da vulnerabilidade de seu imóvel. Por fim sugeriu que você obtivesse um sistema de alarme de incêndio e partiu.

Esse conjunto de eventos não é implausível. Várias cidades americanas possuem associações sem fins lucrativos, em geral formadas por bombeiros trabalhando no tempo livre, que oferecem esse tipo de inspeção domiciliar gratuita de prevenção a incêndios. Se esse fosse o caso, você teria recebido um favor do inspetor. De acordo com a regra da reciprocidade, estaria mais propenso a prestar um favor em retribuição se o visse necessitando de ajuda em algum momento no futuro. Uma troca de favores dessa espécie estaria dentro da melhor tradição da regra da reciprocidade.

Um conjunto semelhante de acontecimentos, mas com um final diferente, também é possível. Em vez de partir após recomendar um sistema de alarme contra incêndio, o inspetor inicia uma apresentação de vendas para convencê-lo a comprar um caro sistema de alarme, acionado pelo calor, fabricado pela empresa que ele representa. Empresas de alarme contra incêndio domiciliar, com vendas de porta em porta, costumam recorrer a essa abordagem. Normalmente seu produto, ainda que eficaz, estará com preço exagerado. Confiando que você não esteja familiarizado com o valor de mercado de um sistema desses e que se sentirá em dívida com a empresa que ofereceu um extintor e uma inspeção domiciliar grátis, essas empresas irão pressioná-lo para uma venda imediata. Usando esse estratagema de informações e inspeção grátis, organizações de vendas de proteção contra incêndio têm florescido nos Estados Unidos.[3]

DEPOIMENTO DE LEITOR 2.4
De um ex-vendedor de TVs e aparelhos de som

Trabalhei durante um tempo para um grande varejista no departamento de TV e som. A permanência no emprego dependia da capacidade de vender contratos de manutenção, que eram extensões da garantia. Assim, bolei o seguinte plano que usava a técnica da rejeição seguida de recuo, embora eu não soubesse seu nome na época.

No momento da venda, o cliente tinha a oportunidade de comprar de um a três anos de garantia estendida, embora o reconhecimento que eu obtinha fosse o mesmo independentemente da duração da cobertura. Percebendo que, em sua maioria, as pessoas não estavam dispostas a adquirir três anos de cobertura, no início eu oferecia ao cliente o plano mais longo e caro. Com isso, depois de rejeitada minha tentativa sincera de vender o plano de três anos, eu tinha uma excelente oportunidade de recuar para a extensão de um ano com preço relativamente baixo. Essa técnica se mostrou bastante eficaz, já que eu vendia garantias estendidas para em média 70% dos meus clientes, que pareciam bem satisfeitos, enquanto outros no meu departamento atingiam a marca de cerca de 40%. Até agora eu nunca havia revelado a ninguém como alcancei aquele nível.

Nota do autor: Observe como em geral o uso da técnica da rejeição seguida de recuo também envolve a ação do princípio do contraste. Não apenas o pedido inicial maior fez com que o menor parecesse um recuo, como também fez o segundo pedido parecer menor.

Se você se encontrasse numa situação dessas e percebesse que o motivo principal da visita do inspetor tinha sido vender um sistema de alarme dispendioso, sua próxima ação mais eficaz seria uma manobra simples e privada: o ato mental de redefinição. Defina aquilo que você recebeu do inspetor – extintor, informações de segurança, inspeção de riscos – não como presentes, mas como dispositivos de venda, e você estará livre para recusar (ou aceitar) a oferta de compra sem violar a regra da reciprocidade: um favor, e não uma estratégia de vendas, deve gerar outro favor. Se o inspetor reagir à sua recusa pedindo que você ao menos forneça os nomes de alguns amigos que ele possa visitar, volte a usar sua manobra mental. Reconheça esse recuo a um pedido menor como aquilo que realmente é: uma tática de persuasão. Feito isso, não haverá pressão para fornecer os nomes como uma concessão em retribuição, já que o pedido reduzido não foi visto como uma concessão real. A essa altura, sem o estorvo de uma sensação inadequada de obrigação, você poderá de novo cooperar ou não, conforme desejar.

Se for sua vontade, você tem a possibilidade até de voltar a arma de influência contra o próprio inspetor. Lembre-se de que, segundo a regra da reciprocidade, uma pessoa que agiu de certa maneira tem direito a uma dose do mesmo remédio. Se você constatou que os presentes não foram usados como ofertas autênticas, e sim para lucrar, poderá usá-los para obter lucro também. Simplesmente pegue o que o inspetor está disposto a oferecer – informações de segurança, extintor de incêndio –, agradeça e dispense-o. Afinal, a regra da reciprocidade afirma que, para que haja justiça, tentativas de exploração devem ser exploradas.

RESUMO

- De acordo com sociólogos e antropólogos, uma das normas mais generalizadas e básicas da cultura humana está corporificada na regra da reciprocidade. Ela requer que uma pessoa tente retribuir, na mesma moeda, o que outra pessoa lhe forneceu. Ao obrigar o beneficiário de um ato a retribuí-lo no futuro, a regra permite que um indivíduo dê algo a outro com a certeza de que não sairá perdendo. Essa sensação de obrigação futura possibilita o desenvolvimento de diferentes tipos de relacionamentos duradouros, transações e trocas que são benéficos à sociedade. Consequentemente, todos os membros da sociedade são treinados desde a infância a cumprir essa regra ou correm o risco de sofrer uma forte desaprovação social.

- A decisão de satisfazer o pedido do outro costuma ser influenciada pela regra da reciprocidade. Uma tática apreciada e rentável de certos profissionais da persuasão é dar algo antes de pedir um favor como retribuição. Essa tática é bastante explorada por causa de três características dessa regra. Primeira, ela é extremamente poderosa, muitas vezes sobrepujando a influência de outros fatores que em geral determinariam a anuência a um pedido. Segunda, a regra se aplica mesmo a favores iniciais não solicitados, reduzindo assim nossa capacidade de decidir a quem queremos ficar devendo e pondo a escolha nas mãos dos outros. Por fim, ela pode desencadear trocas desiguais – para se livrar da sensação desagradável de dívida, um indivíduo muitas vezes concordará com um pedido de um favor substancialmente maior do que aquele que recebeu.

- Outra forma pela qual a regra da reciprocidade pode aumentar a cooperação envolve uma variação simples sobre o tema básico: em vez de prestar um primeiro favor que estimule um favor em retribuição, um indivíduo pode fazer uma concessão inicial que estimule uma concessão retribuidora. A chamada técnica da rejeição seguida de recuo depende fortemente da pressão para retribuir concessões. Ao começar com um pedido extremo, que com certeza será rejeitado, um solicitante pode então recuar para um pedido menor (aquele que era desejado desde o início), que provavelmente será aceito porque parece ser uma concessão. Pesquisas indicam que, além de aumentar as chances de aprovação, a técnica da rejeição seguida de recuo também aumenta as possibilidades de que a pessoa vá cumprir a promessa e concordar com pedidos semelhantes no futuro.
- Nossa melhor defesa contra as pressões da reciprocidade para obter nosso consentimento não é a rejeição sistemática a qualquer oferta inicial. Em vez disso, devemos aceitar favores ou concessões iniciais com boa-fé, mas temos que estar prontos para redefini-los como truques, caso se revelem como tais. Uma vez redefinidos, não mais sentiremos a necessidade de responder com um favor ou uma concessão de nossa parte.

PERGUNTAS DE ESTUDO

Domínio do conteúdo

1. O que é a regra da reciprocidade? Por que ela é tão poderosa em nossa sociedade?
2. Quais são as três características da regra da reciprocidade que a tornam tão explorável pelos profissionais da persuasão?
3. Descreva como o estudo de Regan ilustra cada uma das três características dessa regra.
4. Como a técnica da rejeição seguida de recuo usa a pressão da reciprocidade a fim de aumentar a cooperação?

5. Por que a técnica da rejeição seguida de recuo deveria aumentar a propensão de uma pessoa complacente a (a) cumprir um acordo e (b) se oferecer para prestar favores futuros?

Pensamento crítico

1. Vamos supor que você queira que um professor passe uma hora ajudando-o numa matéria para um trabalho de final de semestre. Escreva um roteiro mostrando como você poderia usar a técnica da rejeição seguida de recuo a fim de aumentar a chance de anuência ao seu pedido. O que você deve tentar evitar ao fazer o pedido inicial?
2. Um estudo (Berry e Kanouse, 1987) descobriu que, pagando-se aos médicos primeiro, estes se mostravam bem mais propensos a preencher e devolver um longo questionário remetido pelo correio. Se um cheque de 20 dólares acompanhasse o questionário, 78% dos médicos o preenchiam e o enviavam conforme solicitado. Mas se fossem informados de que o cheque de 20 dólares seria enviado após a devolução do questionário, apenas 66% o devolviam.

   Outra descoberta interessante envolveu os médicos que receberam o cheque junto com o questionário mas não responderam. Somente 26% descontaram o cheque (em comparação com 95% daqueles que responderam ao questionário). Explique como a regra da reciprocidade pode explicar ambas as descobertas.
3. Pesquise o termo *noblesse oblige*, explique o que significa e como o conceito da reciprocidade poderia desempenhar um papel nesse caso. Dica: John F. Kennedy certa vez disse: "A quem muito se dá, muito se pede."

3
COMPROMISSO E COERÊNCIA
Pequenos diabos da mente

É mais fácil resistir no princípio do que no final.
– LEONARDO DA VINCI

Um estudo realizado por uma dupla de psicólogos canadenses (Knox e Inkster, 1968) descobriu algo fascinante sobre os apostadores de corridas de cavalos: logo após fazerem as apostas, eles estão muito mais confiantes nas chances de vitória do que antes. Claro que nada muda nas chances reais do cavalo: trata-se do mesmo animal, na mesma pista, no mesmo hipódromo. Mas na cabeça desses apostadores, as perspectivas melhoram substancialmente depois de terem adquirido o bilhete.

Embora um tanto intrigante à primeira vista, a razão dessa mudança súbita tem a ver com uma arma comum de influência social. Como as outras, essa arma também reside dentro de nós, dirigindo nossas ações silenciosamente. Trata-se apenas do nosso desejo de ser (e parecer) coerentes com o que já fizemos. *Depois que fazemos uma opção ou tomamos uma posição, deparamos com pressões pessoais e interpessoais exigindo que nos comportemos de acordo com esse compromisso.* Essas pressões nos farão reagir de maneiras que justifiquem nossas decisões anteriores. Simplesmente nos convencemos de que fizemos a escolha certa e, sem dúvida, nos sentimos melhor quanto à nossa decisão (Fazio, Blascovich e Driscoll, 1992).

Como ilustração, examinemos a história de minha vizinha Sara e seu companheiro Tim. Depois de se conhecerem, namoraram por um tempo e, mesmo após Tim perder seu emprego, foram morar juntos. As coisas nunca foram perfeitas para Sara: ela queria que Tim se casasse com ela e parasse de beber. Tim resistiu às duas ideias. Após um período especialmente difícil de conflitos, Sara rompeu o relacionamento e Tim saiu de casa. Na mesma época, um ex-namorado ligou para ela. Eles começaram a sair e logo se apaixonaram e marcaram o casamento. Chegaram ao ponto de marcar uma data e enviar convites, quando Tim ligou. Ele se arrependera e queria voltar. Quando Sara contou sobre seus planos de se casar, ele implorou que ela mudasse de ideia. Queria estar junto dela como antes. Sara o rejeitou, explicando que não queria mais viver daquela maneira. Tim até chegou a falar em casamento, mas ela disse que preferia o atual namorado. Finalmente, Tim propôs parar de beber caso ela cedesse. Sentindo que, naquelas condições, preferia ficar com Tim, Sara decidiu romper seu compromisso, cancelar o casamento e aceitar Tim de volta.

Um mês depois, Tim disse a Sara que não achava necessário parar de beber. Mais um mês depois, decidiu que eles deveriam "esperar mais um pouco" antes de se casarem. Dois anos já se passaram e Tim e Sara continuam morando juntos exatamente como antes. Tim continua a beber e ainda não há planos de casamento, mas mesmo assim Sara está mais dedicada a ele do que nunca. Diz que ser forçada a escolher mostrou que Tim é mesmo o homem de sua vida. Assim, depois de tomada sua decisão, Sara tornou-se mais feliz, ainda que as condições sob as quais fez sua escolha nunca se cumprissem.

Obviamente, os apostadores em corridas de cavalo não estão sozinhos na disposição em acreditar na adequação de uma escolha difícil depois que já foi feita. De fato, todos nos enganamos de vez em quando para manter nossos pensamentos e crenças coerentes com o que já fizemos ou decidimos (Briñol, Petty e Wheeler, 2006; Mather, Shafir e Johnson, 2000; Rusbult et al., 2000). Por exemplo, logo após votarem, os eleitores ficam mais confiantes de que seu candidato vencerá (Regan e Kilduff, 1988).

MANTENDO A COERÊNCIA

Não é de hoje que os psicólogos compreendem o poder do princípio da coerência em direcionar a ação humana. Teóricos pioneiros importantes, como Leon Festinger (1957), Fritz Heider (1946) e Theodore Newcomb (1953), consideraram o desejo de coerência um motivador central do comportamento. Será que essa tendência é mesmo forte o suficiente para nos compelir a fazer o que normalmente não gostaríamos? Não há dúvida sobre isso. O impulso de ser (e parecer) coerente constitui uma arma muito potente de influência social, muitas vezes nos levando a agir contra nossos melhores interesses.

Vejamos o que aconteceu quando pesquisadores encenaram furtos numa praia de Nova York para descobrir se os observadores arriscariam a pele a fim de impedir o crime. No estudo, um cúmplice dos pesquisadores abria uma toalha de praia a um metro e meio da de um indivíduo escolhido aleatoriamente – a cobaia do experimento. Após vários minutos relaxando na toalha e ouvindo música num rádio portátil, o cúmplice se levantava e ia caminhar pela praia. Logo depois, um pesquisador, fingindo ser um ladrão, se aproximava, pegava o rádio e tentava fugir.

Como você pode imaginar, sob condições normais as cobaias relutavam muito em se arriscar e desafiar o ladrão – apenas quatro pessoas fizeram isso nas 20 vezes em que o furto foi encenado. Mas quando o mesmo procedimento foi tentado mais 20 vezes com uma ligeira mudança os resultados foram bem diferentes. Nessas encenações, antes de deixar a toalha o cúmplice pedia à cobaia para "dar uma olhada nas coisas" dele, algo com que todos concordaram. Então, impelidos pela regra da coerência, 19 das 20 cobaias praticamente se tornaram vigias, indo atrás do ladrão, exigindo uma explicação, muitas vezes detendo-o fisicamente ou arrebatando o rádio de suas mãos (Moriarty, 1975).

Para entender por que a coerência é uma motivação tão poderosa, deveríamos reconhecer que, na maioria das circunstâncias, ela é valorizada e versátil. A incoerência é comumente vista como um traço de personalidade indesejado (Allgeier, Byrne, Brooks e Revnes, 1979; Asch, 1946). A pessoa cujas crenças, palavras e ações não condizem é vista como confusa, hipócrita e até mentalmente doente. Por outro lado, um alto grau de coerência costuma estar associado a força pessoal e intelectual. É a base da lógica, da racionalidade, da estabilidade e da honestidade.

Uma citação atribuída ao grande químico Michael Faraday sugere o grau em que ser coerente é julgado importante – às vezes mais do que estar certo. Quando lhe perguntaram, após uma palestra, se ele quis dizer que um detestado rival acadêmico estava sempre errado, Faraday olhou furioso para o autor da pergunta e respondeu: "Ele não é tão coerente assim."

Certamente, a coerência pessoal é muito valorizada em nossa cultura – e é assim que deve ser. Na maior parte das vezes, nós nos sairemos melhor se nossa abordagem dos fatos estiver acompanhada de coerência. Sem ela nossas vidas seriam difíceis, instáveis e desconexas (Sheldon, Ryan, Rawsthorne e Ilardi, 1997).

A solução rápida

Já que, em geral, é do nosso interesse sermos coerentes, incorremos no hábito de sê-lo automaticamente, mesmo em situações em que este não é o caminho mais sensato. Quando agimos sem pensar, a coerência pode ser desastrosa. No entanto a coerência cega tem lá suas atrações.

Primeiro, como todas as outras formas de reação automática, a coerência oferece um atalho em meio às complexidades da vida moderna. Depois que tomamos uma decisão, a coerência obstinada nos permite um requinte bem atraente: não mais quebrar a cabeça com o assunto. Não temos que examinar o bombardeio de informações diárias para identificar fatos relevantes. Não há necessidade de despender energia mental para avaliar os prós e os contras. Não precisamos tomar novas decisões difíceis. Em vez disso, tudo que temos que fazer quando somos confrontados com as questões é, *clique*, ligar nossa fita da coerência para, *zum*, sabermos em que acreditar, o que dizer ou o que fazer. Basta agirmos de forma coerente com nossa decisão anterior.

O fascínio desse requinte não deve ser minimizado. Ele oferece um método conveniente, relativamente simples e eficiente de lidar com as complexidades da vida diária, que tanto exigem de nossas energias e capacidades mentais. Não é complicado entender, então, por que a coerência automática é uma reação difícil de refrear. Ela nos oferece um meio de escapar dos rigores do pensamento constante. Com nossas fitas da coerência operando, podemos seguir em frente, felizes por não precisarmos pensar tanto. Como observou o pintor inglês Joshua Reynolds: "Não há expediente ao qual um homem não venha a recorrer para evitar o trabalho de pensar."

A fortaleza insensata

Existe também uma segunda atração, mais perversa, da coerência mecânica. Às vezes, não é o esforço do trabalho cognitivo difícil que nos faz evitar a atividade pensante, mas suas penosas consequências. Ter que encarar o conjunto desagradavelmente claro e indesejável de respostas fornecidas pelo raciocínio pode estimular nossa opção pela preguiça mental. Existem certas coisas perturbadoras que preferiríamos não perceber. Por ser um método pré-programado e maquinal de reação, a coerência automática tem a capacidade de oferecer um abrigo seguro das percepções preocupantes. Protegidos pela fortaleza da coerência rígida, podemos ser impermeáveis aos ataques da razão.

Durante uma palestra introdutória do programa de Meditação Transcendental (MT), testemunhei um exemplo de como as pessoas se escondem dentro das muralhas da coerência para se proteger das consequências incômodas do ato de raciocinar. A palestra foi ministrada por dois jovens sérios e visava recrutar novos membros para o curso. Os instrutores garantiram que o curso oferecia um tipo singular de MT que nos permitiria atingir todo tipo de coisas desejáveis, variando da simples paz interior a capacidades mais espetaculares – voar e atravessar paredes – nos estágios mais avançados (e mais caros) do curso.

Eu havia decidido comparecer ao evento para observar os tipos de táticas de consentimento usadas naquele recrutamento e levara comigo um amigo interessado, um professor universitário cujas áreas de especialização eram estatística e lógica simbólica. À medida que a palestra avançava e os palestrantes explicavam a teoria por trás da MT, percebi meu amigo cada vez mais inquieto. Parecendo aflito e se mexendo o tempo todo na cadeira, finalmente não conseguiu resistir. Quando os palestrantes convidaram o público a fazer perguntas, ele levantou a mão e, educadamente porém de maneira firme, destruiu a apresentação que acabáramos de ouvir. Em menos de dois minutos, apontou exatamente por que o argumento complexo dos palestrantes era contraditório, ilógico e absurdo. O efeito sobre os palestrantes foi devastador. Após um silêncio confuso, cada um tentou uma resposta, mas pararam na metade, consultaram colegas e, por fim, admitiram que os pontos do meu amigo eram válidos e "exigiam um estudo posterior".

Mais interessante para mim, porém, foi o efeito sobre o resto do público. Ao final da sessão de perguntas, os dois recrutadores se viram diante de uma multidão de membros do público pagando 75 dólares para ingressar no curso de MT. Cutucando-se, dando de ombros e deixando escaparem risadinhas enquanto recolhiam os pagamentos, os recrutadores exibiram sinais de puro espanto. Após o que havia parecido um golpe constrangedor, a palestra acabou se tornando um grande sucesso, gerando níveis anormais de aprovação. Embora um tanto intrigado, atribuí a reação do público à incompreensão da lógica dos argumentos do meu colega. Mas descobri que aconteceu o *inverso*.

Fora da sala de conferências, após o evento, fomos abordados por três pessoas que já haviam pago sua matrícula. Queriam saber por que tínhamos assistido à palestra. Explicamos e lhes devolvemos a pergunta. Um deles era um aspirante a ator que queria desesperadamente vencer em sua carreira e havia ido à reunião para ver se a MT lhe daria o autocontrole indispensável ao domínio de sua arte. Os recrutadores tinham lhe assegurado que sim. O segundo se descreveu como um insone profundo que esperava que a MT proporcionasse o relaxamento necessário para conseguir dormir. O terceiro servia como um porta-voz não oficial. Estava se dando mal na faculdade porque o tempo de estudo nunca era suficiente. Havia ido à reunião para descobrir se a meditação poderia fazer com que precisasse de menos horas de sono à noite. O tempo ganho poderia ser então usado para estudar. É interessante observar que os recrutadores lhe informaram, assim como para o insone, que as técnicas apresentadas poderiam resolver seus respectivos problemas, embora opostos.

Ainda pensando que os três se matricularam porque não entenderam as objeções do meu amigo, comecei a questioná-los sobre aspectos do argumento dele. Para minha surpresa, descobri que haviam entendido perfeitamente seus comentários. Foi justamente a consistência de seu argumento que os levou a se inscreverem correndo no curso. O porta-voz explicou bem: "Eu não pretendia gastar nada esta noite porque estou quebrado. Ia esperar até a próxima reunião. Mas quando seu colega começou a falar, senti que, se eu não entregasse o dinheiro agora, quando voltasse para casa começaria a pensar no que ele disse e *jamais* me inscreveria."

De repente, as coisas começaram a fazer sentido. Aquelas eram pessoas com problemas reais buscando desesperadamente uma solução que, se fôssemos acreditar nos líderes da discussão, seria encontrada na MT. Movidos por suas necessidades, queriam acreditar que a meditação era sua resposta.

Eis que, por intermédio de meu colega, intromete-se a voz da razão, mostrando que a teoria subjacente à sua solução recém-descoberta era ilógica. E então o pânico se instalou! Algo precisa ser feito logo antes que a racionalidade se imponha, deixando-os de novo sem esperanças. Muralhas urgentes contra a razão são necessárias; não importa que a fortaleza a ser erguida seja insensata. "Rápido, um abrigo contra o pensamento! Aqui, tome o dinheiro. Ufa, escapei por um triz. Já não preciso pensar no problema." A decisão foi tomada e, de agora em diante, a fita da coerência pode ser tocada sempre que necessário. "MT? Claro que acho que vai me ajudar. Com certeza vou ter sucesso. Acredito piamente na MT. Já paguei minha inscrição, certo?" Ah, os confortos da coerência maquinal! "Agora vou ter um pouco de sossego. Bem melhor que a preocupação e o cansaço daquela busca difícil."

Esconde-esconde

Se, ao que parece, a coerência automática funciona como um escudo contra o pensamento, não surpreende que ela possa também ser explorada por aqueles que prefeririam que respondêssemos aos seus pedidos sem pensar. Para os aproveitadores, interessados em nossa reação mecânica e impensada às suas solicitações, nossa tendência à coerência automática é uma mina de ouro. Eles são tão exímios em fazer com que executemos nossas fitas da coerência quando isso os favorece que é raro percebermos que fomos dominados. À maneira do jiu-jítsu, eles estruturam suas interações conosco de modo que nossa própria necessidade de coerência resulte diretamente em seu benefício.

Alguns grandes fabricantes de brinquedos recorrem a essa abordagem para reduzir um problema criado pelos padrões de compras sazonais. Todo mundo sabe que o período de pico para os fabricantes ocorre antes e durante o período natalino. O problema é que depois as vendas de brinquedos sofrem uma queda brusca pelos próximos meses. Seus clientes já esgotaram seu orçamento de presentes e resistem firmemente aos pedidos das crianças.

Desse modo, eles enfrentam um dilema: como manter as vendas altas durante a estação mais lucrativa e, ao mesmo tempo, conservar uma boa demanda por brinquedos nos meses seguintes? Sua dificuldade certamente não está em motivar as crianças a quererem mais brinquedos depois do Natal. O problema está em motivar os pais, que já gastaram muito dinheiro, a comprar mais um brinquedo para seus filhos.

O que os fabricantes poderiam fazer para produzir esse comportamento improvável? Alguns criaram campanhas publicitárias, outros reduziram os preços durante o período de baixa, mas nenhum desses dispositivos comuns de venda surtiu efeito. Ambas as táticas são dispendiosas e têm sido ineficazes para aumentar as vendas aos níveis desejados. Os pais não estão a fim de comprar brinquedos, e as influências da publicidade ou dos preços mais baixos não são suficientes para convencê-los.

Alguns grandes produtores de brinquedos, porém, acreditam terem encontrado a solução. Ela é criativa e envolve apenas uma despesa publicitária normal e a compreensão do efeito poderoso da necessidade de coerência. Minha primeira pista de como a estratégia das empresas de brinquedos funcionava surgiu depois que eu caí na armadilha uma vez e, como um verdadeiro trouxa, tornei a cair.

Era janeiro e eu estava na maior loja de brinquedos da cidade. Depois de comprar ali um montão de presentes para meu filho um mês antes, havia jurado não entrar naquela loja, ou em qualquer outra semelhante, por um bom tempo. No entanto, lá estava eu, não apenas naquele lugar diabólico, mas também no processo de comprar outro brinquedo caro para meu filho – um grande autorama. Diante da vitrine encontrei um ex-vizinho que estava comprando o mesmo brinquedo para seu filho. Não nos víamos fazia exatamente um ano, desde o dia em que, na mesma loja, ambos compramos para nossos filhos outro presente caro pós-Natal – daquela vez, um robô que andava, falava e causava destruição. Rimos do fato de nos vermos apenas uma vez por ano, na mesma hora, no mesmo local, fazendo a mesma coisa. Mais tarde naquele dia mencionei a coincidência a um amigo que já havia trabalhado no ramo de brinquedos.

– Não foi coincidência – disse ele, como entendedor do assunto.

– O que você quer dizer?

– Deixe-me fazer umas perguntas sobre o autorama que comprou este ano. Primeiro, você prometeu ao seu filho que ele ganharia um autorama no Natal?

– Sim, prometi. Christopher viu uma série de comerciais no programa infantil de sábado de manhã e disse o que queria ganhar de Natal. Vi alguns anúncios também e achei divertido.

– Agora minha segunda pergunta. Quando você foi comprar, descobriu que estava esgotado em todas as lojas?

– Isso mesmo! Os vendedores disseram que tinham encomendado, mas não sabiam quando chegaria mais. Por isso tive que comprar para Christopher alguns outros brinquedos no lugar do autorama. Mas como você sabia disso?

– Só mais uma pergunta. O mesmo tipo de coisa aconteceu no ano anterior com o robô?

– Espere aí... você tem razão. Foi exatamente o que aconteceu. É incrível. Como adivinhou?

– Não tenho poderes paranormais. Acontece que sei como várias empresas de brinquedos aumentam suas vendas em janeiro e fevereiro. Elas começam lançando antes do Natal anúncios na TV de certos brinquedos especiais. As crianças, naturalmente, querem o que veem e fazem seus pais prometerem que lhes darão aquilo no Natal. É aí que entra em ação o plano maquiavélico das empresas: elas entregam às lojas quantidades *insuficientes* dos brinquedos que os pais prometeram dar. A maioria dos pais descobre que estão esgotados e é forçada a substituí-los por outros de mesmo valor. Por isso os fabricantes de brinquedos fazem questão de abarrotar as lojas com esses brinquedos substitutos. Depois do Natal, as empresas voltam a exibir os anúncios dos brinquedos especiais. As crianças não resistem e vão correndo aos seus pais reclamando: "Vocês prometeram! Vocês prometeram!", e não resta aos adultos outra saída a não ser irem à loja para cumprir sua promessa.

– Onde eles encontram outros pais que não viam havia um ano caindo na mesma armadilha, certo? – concluí, indignado.

– Certo. Ei, aonde você está indo?

– Vou devolver o autorama à loja – respondi, quase gritando de tão aborrecido que estava.

– Espere. Pense um minuto. Por que você o comprou esta manhã?

– Porque não queria decepcionar Christopher e queria lhe ensinar que promessas devem ser cumpridas.

– E isso mudou? Olhe, se você tirar o brinquedo dele, ele não vai entender por quê. Só saberá que seu pai quebrou uma promessa. É isso que você quer?

– Não – admiti, bufando. – Acho que não. Bem, você está me dizendo que as empresas de brinquedos dobraram seus lucros comigo nos últimos dois anos sem que eu percebesse. E agora que percebi, continuo prisioneiro, só que de minhas próprias palavras.

Ele assentiu com a cabeça.

Desde então tenho observado uma variedade de ondas de compra de brinquedos semelhantes à que experimentei durante aquela temporada específica. Historicamente, porém, a que mais se enquadra no padrão é a das Cabbage Patch Kids, bonecas de 25 dólares que foram bastante promovidas durante as épocas natalinas de meados da década de 1980, mas cujo suprimento nas lojas foi insuficiente.

Algumas das consequências dessa manobra foram: uma acusação de propaganda enganosa por parte do governo contra o fabricante das Kids por continuarem anunciando bonecas que não estavam disponíveis; grupos de adultos ensandecidos brigando nas lojas de brinquedos ou pagando até 700 dólares em leilões de bonecas para honrar a *promessa* feita às filhas; e 150 milhões de dólares em vendas que se estenderam bem além do mês do Natal.

No Natal de 1998, o brinquedo menos disponível, que todo mundo queria, era o Furby, criado por uma divisão da Hasbro, uma gigante dos brinquedos. Quando perguntaram o que os pais, frustrados por não conseguirem obter o Furby, deveriam dizer aos filhos, um porta-voz da empresa aconselhou que fizessem o tipo de promessa que tem beneficiado os fabricantes de brinquedos há décadas: "Vou tentar comprar, mas, se não conseguir agora, comprarei depois" (Tooher, 1998).

O SEGREDO É O COMPROMISSO

Assim que percebemos o incrível poder da coerência em direcionar a ação humana, uma importante pergunta prática nos vem à mente: como essa força é mobilizada? O que produz o *clique* que ativa o *zum* da poderosa fita da coerência? Os psicólogos sociais acham que sabem a resposta: compromisso. Se consigo levar você a assumir um compromisso (ou seja, a tomar uma posição, a expressar sua opinião), terei preparado o terreno para sua coerência automática e imponderada com aquele compromisso anterior. Uma vez tomada uma posição, existe uma tendência natural a nos comportarmos de maneiras que são obstinadamente coerentes com ela. Mesmo inclinações preliminares que ocorrem antes que uma decisão final precise ser tomada podem nos predispor a escolhas coerentes posteriores (Brownstein, 2003; Brownstein, Read e Simon, 2004; Russo, Carlson e Meloy, 2006).

Como já vimos, os psicólogos sociais não são os únicos a entender a ligação entre compromisso e coerência. As estratégias de compromisso são usadas contra nós por todo tipo de profissional da persuasão. Cada uma delas pretende nos convencer a praticar determinada ação ou fazer alguma declaração que nos induzirá ao consentimento posterior por meio das pressões por coerência.

Os procedimentos que visam à criação de compromissos assumem diversas formas. Alguns são bem diretos; outros estão entre as táticas de persuasão mais sutis que encontraremos. No primeiro caso se enquadra a abordagem de Jack Stanko, gerente de vendas de carros usados de uma concessionária em Albuquerque. Ao dar uma palestra numa convenção da Associação Nacional de Concessionárias de Veículos em São Francisco, ele aconselhou o seguinte a 100 concessionárias ávidas por vendas: "Faça com que se comprometam no papel. Garanta a assinatura do cliente. Cobre o dinheiro adiantado. Controle-os. Comande o negócio. Pergunte se comprariam o carro na hora se o preço estiver bom. Não deixe o cliente escapar" (Rubinstein, 1985). Obviamente, o Sr. Stanko – um especialista nesses assuntos – acredita que o caminho para obter o consentimento do cliente é seu compromisso.

Práticas de compromisso bem mais sutis podem ser igualmente eficazes. Vamos supor que você queira aumentar o número de pessoas em seu bairro que concordem em ir de porta em porta arrecadando doações para sua instituição de caridade favorita. Você faria bem em estudar a abordagem adotada pelo psicólogo social Steven J. Sherman. Ele convocou uma amostra dos moradores de Bloomington, no estado de Indiana, como parte de uma pesquisa que vinha fazendo e solicitou que previssem o que diriam se alguém pedisse que passassem três horas coletando dinheiro para a Sociedade Americana de Câncer. Claro que, para não parecerem insensíveis diante dos pesquisadores ou de si mesmos, muitas dessas pessoas disseram que concordariam. A consequência daquele procedimento sutil de compromisso foi um aumento de 700% no número de adesões quando, alguns dias depois, um representante da Sociedade de fato procurou voluntários na área (Sherman, 1980).

Usando a mesma estratégia, mas dessa vez pedindo aos cidadãos que previssem se votariam no dia da eleição, outros pesquisadores conseguiram aumentar significativamente o comparecimento às urnas entre aqueles entrevistados (Greenwald, Carnot, Beach e Young, 1987; Spangenberg e Greenwald, no prelo).

Uma técnica de compromisso ardilosa foi desenvolvida por solicitantes de contribuições para caridade pelo telefone. Você já observou que muitos deles começam a conversa indagando sobre sua saúde e seu bem-estar? "Alô, Sr. Fulano", eles dizem. "Tudo bem com o senhor?" O intuito do solicitante com esse tipo de introdução não é apenas parecer simpático e atencioso. É fazer com que você responda com um comentário educado e superficial: "Tudo bem." Depois que declarou que está bem, fica mais fácil para o solicitante induzi-lo a ajudar aqueles que não estão tão bem assim: "Graças a Deus. Fico contente em ouvir isso porque estou ligando para perguntar se o senhor está disposto a fazer uma doação para ajudar as pobres vítimas de..."

A teoria por trás dessa tática é a seguinte: as pessoas que acabaram de afirmar que estão se sentindo bem – mesmo como parte rotineira de um diálogo amigável – irão achar constrangedor parecerem mesquinhas diante de suas próprias circunstâncias reconhecidamente privilegiadas. Se tudo isso soa um tanto exagerado, vejamos as descobertas do pesquisador de consumo Daniel Howard (1990), que submeteu essa teoria a testes.

Moradores de Dallas, no Texas, foram abordados por telefone e indagados se concordariam em receber um representante do Comitê Hunger Relief. Ele tentaria lhes vender biscoitos, cuja renda seria revertida em refeições para os necessitados. Quando tentado isoladamente, aquele pedido (rotulado de abordagem de solicitação padrão) produzia apenas 18% de concordância. Entretanto, se o solicitante perguntasse de cara "Como você está se sentindo hoje?" e esperasse por uma resposta antes de prosseguir com a abordagem padrão, vários fatos notáveis aconteciam.

Primeiro, dos 120 indivíduos abordados, a maioria (108) deu a resposta favorável costumeira ("Bem", "Muito bem", etc.). Segundo, 32% das pessoas que ouviram a pergunta "Como você está se sentindo hoje?" concordaram em receber o vendedor de biscoitos em casa, quase o dobro do índice de sucesso da abordagem de solicitação padrão. Terceiro, fiéis ao princípio da coerência, quase todos (89%) que concordaram com a visita de fato adquiriram biscoitos.

O que torna um compromisso eficaz? Uma variedade de fatores influencia o poder que um compromisso tem de condicionar nosso comportamento futuro. A seguir, veremos como um programa de grande escala visando produzir o consentimento ilustra o funcionamento desses fatores. O mais incrível é saber que esse programa estava empregando sistematicamente esses elementos décadas atrás, bem antes de serem identificados pelas pesquisas científicas.

Durante a Guerra da Coreia, muitos soldados americanos capturados se viram em campos de prisioneiros de guerra comandados pelos comunistas chineses. Ficou claro no início do conflito que estes tratavam seus prisioneiros de modo diferente dos seus aliados norte-coreanos, que preferiam punições duras para obter a cooperação. Evitando a aparência de brutalidade, os comunistas chineses praticavam o que denominavam de "política clemente", que era, na realidade, um ataque psicológico coordenado e sofisticado aos seus cativos.

Após a guerra, psicólogos americanos interrogaram intensivamente os prisioneiros que retornaram para descobrir o que aconteceu, em parte por conta do sucesso perturbador de alguns aspectos do programa chinês. Os chineses eram muito eficientes em fazer com que os americanos dessem informações uns sobre os outros, em contraste gritante com o comportamento dos prisioneiros de guerra americanos na Segunda Guerra Mundial. Esse foi um dos motivos por que os planos de fuga eram rapidamente descobertos e quase sempre frustrados. "Quando uma fuga chegava a acontecer", escreveu o psicólogo Edgar Schein (1956), um importante investigador americano do programa de doutrinação chinês na Coreia, "os chineses costumavam recuperar com facilidade o fugitivo oferecendo um saco de arroz a quem o entregasse." De fato, consta que quase todos os prisioneiros americanos nos campos chineses colaboraram com o inimigo de uma forma ou de outra.[1]

DEPOIMENTO DE LEITOR 3.1
De um instrutor de vendas do Texas

A lição mais poderosa que já aprendi com seu livro foi sobre compromisso. Anos atrás, treinei pessoas num centro de telemarketing para venderem seguros. Nossa dificuldade principal era não poder fechar o negócio pelo telefone. Podíamos apenas passar um orçamento e depois encaminhar o comprador ao escritório da empresa mais perto de sua casa. O problema era que os compradores marcavam hora e não apareciam.

Peguei um grupo recém-saído do treinamento e modifiquei sua abordagem de vendas, tornando-a diferente daquela dos demais vendedores. Eles usaram a mesma apresentação "enlatada" dos outros, mas incluíram uma pergunta ao final da ligação. Em vez de simplesmente desligarem quando o cliente confirmava a hora em que apareceria, instruí os vendedores a dizer: "Será que você poderia me dizer exatamente por que optou por comprar o seguro de nossa empresa?"

De início eu estava apenas tentando coletar informações sobre o serviço ao cliente, mas constatei que aqueles vendedores novos geraram cerca de 19% mais vendas do que os outros. Quando integramos essa pergunta às apresentações de todos eles, mesmo os profissionais veteranos geraram mais de 10% de negócios adicionais.

Nota do autor: Embora empregada por acaso, a tática do leitor foi magistral porque não se limitou a comprometer os clientes com suas escolhas. Comprometeu-os, também, com as razões de suas escolhas.

Um exame do sistema no campo de prisioneiros mostra que os chineses dependiam fortemente de pressões de compromisso e coerência para obter a cooperação dos cativos. Claro que o primeiro problema enfrentado por eles foi encontrar um meio de fazer os americanos colaborarem, pois aqueles prisioneiros haviam sido treinados para fornecer apenas o nome, a patente e o número identificador. Sem violência física, como os captores poderiam esperar que aqueles homens fornecessem informações militares, delatassem colegas ou censurassem publicamente seu país? A resposta dos chineses foi elementar: comece com pouco e depois aumente.

Por exemplo, eles pediam com frequência que os prisioneiros fizessem declarações que eram tão moderadamente antiamericanas ou pró-comunistas que pareciam irrelevantes ("Os Estados Unidos não são perfeitos." "Num país comunista não há problema de desemprego."). Uma vez que tivessem concordado com aqueles pedidos pequenos, os homens se veriam pressionados a ceder a solicitações semelhantes, porém mais substanciais. A um homem que acabara de concordar que os Estados Unidos não eram um país perfeito, o interrogador chinês pediria que desse alguns exemplos de imperfeições. Depois, ele seria estimulado a fazer uma lista daqueles "problemas americanos" e assinar seu nome. Mais tarde poderiam solicitar que lesse sua lista num grupo de discussão com outros prisioneiros. "Afinal, é no que você realmente acredita, não é?" Mais adiante, seria motivado a escrever uma redação explicando a lista e analisando aqueles problemas em maiores detalhes.

Os chineses poderiam então usar nomes e redações numa transmissão radiofônica antiamericana não só para o campo inteiro, mas para outros campos de prisioneiros de guerra na Coreia do Norte, bem como para forças americanas na Coreia do Sul. De repente ele se veria como um colaborador, tendo ajudado e encorajado o inimigo. Percebendo que escrevera a redação sem sofrer ameaças ou coerções, muitas vezes um homem mudava sua autoimagem para ser coerente com aquela ação e com seu novo rótulo de colaborador, o que muitas vezes resultava em atos de apoio ainda mais sistemáticos. Desse modo, enquanto apenas poucos homens conseguiram evitar totalmente a colaboração, de acordo com Schein, "a maioria cooperou em algum momento fazendo coisas que lhes pareceram triviais, mas que os chineses souberam explorar a seu favor. [...] O método se mostrou bastante eficaz para extrair confissões, autocríticas e informações durante os interrogatórios" (1956).

Outros grupos de pessoas interessadas em persuadir também conhecem a utilidade e o poder dessa abordagem. Organizações de caridade, por exemplo, costumam usar compromissos progressivamente maiores para induzir os indivíduos a grandes atos de generosidade. Pesquisas mostraram que os compromissos iniciais triviais, como concordar em receber um entrevistador, podem começar uma "onda de consentimento" que induz comportamentos posteriores, como a concordância em doar órgãos ou medula (Carducci, Deuser, Bauer, Large e Ramaekers, 1989; Schwartz, 1970).

O comércio também emprega essa abordagem com regularidade. Para o vendedor, a estratégia é obter uma compra grande começando por uma pequena. Qualquer uma serve, porque o propósito daquela transação menor não é o lucro, mas o compromisso. Espera-se que compras futuras bem maiores resultem naturalmente dessa estratégia. Um artigo na revista especializada *American Salesman* sintetiza bem o processo:

> A ideia geral é abrir caminho para a venda de todo tipo de produtos começando por um pedido pequeno. [...] Veja a coisa nestes termos: quando uma pessoa encomenda sua mercadoria, ainda que o lucro seja tão pequeno que mal compense o tempo e o esforço da ligação do vendedor, ela já não é um cliente potencial – é um cliente real (Green, 1965, p. 14).

A tática de começar com um pedido pequeno para obter depois pedidos semelhantes porém maiores tem um nome: técnica do pé na porta. Os cientistas sociais tomaram conhecimento pela primeira vez de sua eficácia em 1966, quando os psicólogos Jonathan Freedman e Scott Fraser publicaram um conjunto impressionante de dados.

Eles relataram os resultados de um experimento em que o pesquisador, fingindo-se de voluntário, foi de porta em porta numa área residencial da Califórnia fazendo um pedido absurdo aos moradores: a permissão para que um outdoor de serviço público fosse instalado no gramado de suas casas. Para terem uma ideia do aspecto do outdoor, o pesquisador mostrava a foto de uma casa atraente cuja fachada era tampada quase por completo por um enorme outdoor, nada bonito, com os dizeres: DIRIJA COM SEGURANÇA. Embora o pedido fosse normalmente recusado por grande parte dos moradores da área (apenas 17% concordaram), um grupo específico reagiu de maneira favorável. Naquele grupo, 76% das pessoas concordaram com a instalação do outdoor no gramado.

O motivo principal de seu consentimento surpreendente está ligado a um fato ocorrido duas semanas antes: as pessoas daquele grupo haviam assumido um pequeno compromisso com a segurança ao volante. Um "voluntário" diferente tinha visitado suas casas e pedido que aceitassem e exibissem um pequeno cartaz quadrado de 8 centímetros que dizia: DIRIJA COM SEGURANÇA. Foi um pedido tão trivial que quase todos concordaram, mas seus efeitos foram impressionantes. Por terem inocentemente dito "sim" a uma solicitação banal de segurança ao volante algumas semanas antes, aqueles moradores ficaram dispostos a concordar com outro pedido semelhante, mas muito maior.

Freedman e Fraser não pararam por aí. Tentaram ainda um procedimento ligeiramente diferente com outra amostra de moradores. Primeiro, eles solicitaram que aderissem a um abaixo-assinado que defendia "Manter a Califórnia bonita". Claro que quase todos assinaram, porque a beleza do estado, como a eficiência no governo ou cuidados pré-natais corretos, é uma dessas coisas a que ninguém se opõe. Após esperarem cerca de duas semanas, Freedman e Fraser enviaram um novo "voluntário" para visitar as mesmas casas e pedir aos moradores que permitissem que outdoors grandes com os dizeres DIRIJA COM SEGURANÇA fossem instalados em seu gramado. Em alguns aspectos, a reação daqueles proprietários foi a mais espantosa de todo o estudo. Quase metade deles concordou, embora o pequeno compromisso assumido semanas antes não estivesse ligado à direção segura, mas a algo totalmente diferente: o embelezamento do estado.

De início, até Freedman e Fraser ficaram perplexos com suas constatações. Por que o pequeno ato de participar de um abaixo-assinado apoiando o embelezamento do estado fez com que as pessoas ficassem dispostas a prestar um favor diferente e bem maior? Após examinarem e descartarem outras explicações, os dois psicólogos encontraram a solução do enigma: assinar a petição pelo embelezamento mudou a visão que aquelas pessoas tinham de si mesmas. Elas passaram a se ver como cidadãos com espírito público, que agiam com base em princípios cívicos. Quando, duas semanas depois, foi pedido que prestassem outro serviço público exibindo o outdoor DIRIJA COM SEGURANÇA, elas concordaram para serem coerentes com suas autoimagens recém-formadas. De acordo com Freedman e Fraser:

> *Pode ocorrer uma mudança nas impressões da pessoa sobre se envolver ou defender uma posição. Uma vez que tenha concordado com um pedido, sua postura pode mudar. Ela pode se tornar, aos seus próprios*

olhos, o tipo de pessoa que faz esse tipo de coisas, que colabora com pedidos de estranhos, que toma atitudes em relação àquilo em que acredita, que coopera com boas causas (p. 201).

A lição das descobertas de Freedman e Fraser, portanto, é que devemos ter cuidado ao concordar com pedidos triviais, pois eles têm o poder de influenciar nossa autoimagem (Burger e Caldwell, 2003). Esse consentimento pode não só aumentar nossa suscetibilidade a pedidos semelhantes e maiores, como também pode nos tornar mais propensos a prestar uma variedade de favores maiores que estão apenas remotamente ligados ao pequeno favor anterior. É este segundo tipo mais geral de influência escondida dentro de pequenos compromissos o que mais me assusta.

ASSINE NA LINHA PONTILHADA

Você já se perguntou o que os grupos que lhe pedem para assinar suas petições fazem com todas as assinaturas obtidas? Com frequência não fazem nada com elas, já que o propósito principal da petição pode ser simplesmente comprometer os assinantes com a posição do grupo, tornando-os assim mais propensos a dar passos futuros que sejam coerentes com essas posições.

Assusta-me tanto que não me sinto mais disposto a assinar abaixo-assinados, mesmo por uma posição que eu apoie. Uma ação como essa tem o potencial de influenciar de forma indesejada não apenas o meu comportamento futuro, mas também a minha autoimagem. Além disso, uma vez alterada a autoimagem de uma pessoa, ela se torna suscetível a qualquer um que pretenda tirar vantagem desse novo aspecto.

Quem dentre os participantes do estudo de Freedman e Fraser imaginaria que o "voluntário" que pediu que assinassem uma petição pelo embelezamento do estado estava realmente interessado em levá-los a exibir um outdoor de segurança no trânsito duas semanas depois? Quem poderia ter suspeitado que sua decisão de exibir o outdoor tivesse resultado em grande parte da assinatura do abaixo-

-assinado? Ninguém, imagino. Caso se arrependessem depois que o outdoor fosse instalado, só poderiam responsabilizar *eles mesmos* e seu espírito cívico excessivo. Provavelmente nem se lembrariam do sujeito com o abaixo-assinado para "Manter a Califórnia bonita" e todo o seu conhecimento de jiu-jítsu social.

Corações e mentes

Observe que todos os especialistas na técnica do pé na porta parecem empolgados com o mesmo fato: a possibilidade de usar pequenos compromissos para manipular a autoimagem de alguém. É possível transformar cidadãos em "servidores públicos", clientes potenciais em clientes reais, prisioneiros em "colaboradores". Uma vez que você tenha manipulado a autoimagem da pessoa, ela deverá concordar *naturalmente* com toda uma gama de pedidos que sejam coerentes com aquela nova postura.

No entanto nem todos os compromissos afetam a autoimagem. Certas condições devem ser atendidas para que isso aconteça: eles devem ser ativos, públicos, trabalhosos e livremente escolhidos. A principal intenção dos chineses não era apenas extrair informações de seus prisioneiros. Era doutriná-los, mudar suas atitudes e percepções de si mesmos, de seu sistema político, do papel de seu país na guerra e do comunismo. O Dr. Henry Segal, chefe da equipe de avaliação neuropsiquiátrica que examinou os prisioneiros de guerra que retornaram ao final da Guerra da Coreia, informou que as crenças ligadas à guerra haviam sido substancialmente alteradas:

> *Muitos expressaram antipatia pelos comunistas chineses, mas ao mesmo tempo os elogiaram pelo "bom serviço que fizeram na China". Outros afirmaram que "embora o comunismo não vá funcionar nos Estados Unidos, parece ser algo bom para a Ásia"* (Segal, 1954, p. 360).

Aparentemente, o verdadeiro objetivo dos chineses era modificar, ao menos por algum tempo, os corações e as mentes de seus cativos. Se medirmos seu sucesso em termos de "deserção, deslealdade, mudança de atitudes e crenças, baixa disciplina, baixo moral, desânimo e dúvidas sobre o papel dos Estados Unidos", Segal concluiu, "seus esforços foram muito bem-sucedidos". Agora vamos examinar mais de perto como conseguiram tamanho êxito.

O passe de mágica

Os melhores sinais que recebemos dos verdadeiros sentimentos e crenças das pessoas resultam mais de suas ações do que de suas palavras. Pesquisadores descobriram que os próprios indivíduos usam esses mesmos sinais – seu comportamento – para decidir como são. Trata-se de uma fonte primária de informações sobre as crenças, os valores e as atitudes de alguém (Bem, 1972; Vallacher e Wegner, 1985).

O impacto propagador do comportamento sobre a autoimagem e a conduta futura de alguém pode ser visto em pesquisas que compararam os efeitos dos compromissos ativos e passivos (Allison e Messick, 1988; Fazio, Sherman e Herr, 1982). Em um estudo, estudantes universitários foram voluntários em um projeto de educação sobre aids em escolas locais. Os pesquisadores fizeram com que metade deles fossem voluntários ativos ao preencherem um formulário afirmando que queriam participar. Os outros eram voluntários passivos se *deixassem de* preencher o formulário afirmando que *não* queriam participar. Três a quatro dias depois, quando solicitados a começarem suas atividades como voluntários, a grande maioria (74%) dos que compareceram veio do grupo que concordou ativamente em participar. Além disso, os voluntários ativos tendiam a justificar suas decisões em termos de seus valores, preferências e características pessoais (Cioffi e Garner, 1996). No todo, parece que os compromissos ativos fornecem o tipo de informação que usamos para moldar nossa autoimagem, que depois determina as ações futuras, solidificando a nova autoimagem.

Com plena compreensão desse roteiro para alterar a autopercepção, os chineses passaram a organizar a experiência do campo de prisioneiros de modo que os cativos *agissem* coerentemente de certas maneiras. Os chineses sabiam que, em pouco tempo, aquelas ações começariam a cobrar seu preço, fazendo com que os prisioneiros mudassem suas visões de si mesmos, alinhando-as com o que haviam praticado.

Escrever era um tipo de ação comprometedora que os chineses insistiam que os prisioneiros realizassem. Não bastava que ouvissem calados ou mesmo concordassem verbalmente com a linha chinesa. Eles eram sempre induzidos a passar isso para o papel. Schein (1956) descreve uma tática de sessão de doutrinação padrão dos chineses:

> *Uma técnica adicional era fazer com que o cativo escrevesse a pergunta e depois a resposta [pró-comunista]. Caso ele se recusasse a escrever de forma voluntária, era solicitado a copiar dos cadernos de anotações, o que deve ter parecido uma concessão suficientemente inofensiva* (p. 161).

Já vimos como compromissos que parecem triviais podem levar a um comportamento compatível no futuro. Como dispositivo de compromisso, uma declaração escrita possui grandes vantagens. Primeira, fornece uma prova física de que um ato ocorreu. Tendo escrito o que os chineses queriam, seria muito difícil para o prisioneiro duvidar de que fizera aquilo. Não havia como esquecer ou negar a si mesmo o que tinha feito, ao contrário do que aconteceria com as afirmações verbais. Ali estava seu próprio texto manuscrito, um ato irrevogavelmente documentado, levando-o a compatibilizar suas crenças e sua autoimagem com o que escrevera. Segunda, um testemunho escrito pode ser mostrado a outras pessoas, ou seja, ser usado para *persuadir* alguém a mudar as próprias atitudes na direção daquela afirmação. Mais importante para o propósito do compromisso é o fato de consistir numa prova convincente de que o autor acredita mesmo no que escreveu.

As pessoas têm uma tendência natural a acreditar que uma afirmação por escrito reflete a verdadeira atitude de seu autor (Gawronski, 2003). O que surpreende é que elas continuam achando isso mesmo depois de saberem que a pessoa não optou livremente por fazê-la. Um estudo dos psicólogos Edward Jones e James Harris (1967) prova que isso ocorre de fato. Eles mostraram a várias pessoas um artigo favorável a Fidel Castro e em seguida pediram que avaliassem o verdadeiro sentimento do autor. Para algumas delas, Jones e Harris contaram que o autor tinha optado por escrever a favor de Castro; para outras, que tinha sido obrigado a escrever. O estranho foi que mesmo aquelas pessoas que sabiam que o autor fora coagido a escrever um artigo pró-Castro acharam que ele gostava de Castro. Parece que uma declaração de crença produz uma reação tipo *clique, zum* em quem a testemunha. A não ser que haja fortes indícios contrários, os observadores automaticamente supõem que alguém que faz uma declaração dessas acredita em seu conteúdo (Allison, Mackie, Muller e Worth, 1993).

Considere o duplo efeito sobre a autoimagem de um prisioneiro que escreveu uma declaração pró-chinesa ou antiamericana. Aquela era não só uma lembrança pessoal duradoura de sua ação, como também serviu para convencer aqueles à sua volta de que refletia suas crenças reais. Como veremos no Capítulo 4, o que as pessoas à nossa volta acreditam ser verdadeiro sobre nós determina em grande parte o que nós mesmos achamos que seja verdade. Por exemplo, um estudo descobriu que, uma semana após ouvirem que eram consideradas pessoas caridosas, donas de casa de New Haven, Connecticut, deram muito mais dinheiro a um arrecadador de fundos para a Associação de Esclerose Múltipla (Kraut, 1973). Aparentemente o mero conhecimento de que alguém as via como caridosas fez com que aquelas mulheres tornassem suas ações compatíveis com a impressão que passaram.

Não é de hoje que políticos astutos tiram proveito do caráter criador de compromissos dos rótulos. Um mestre nisso foi o ex-presidente do Egito Anwar Sadat. Antes de iniciar negociações internacionais, Sadat assegurava aos oponentes que eles – e os cidadãos daquele país – eram conhecidos pelo espírito de colaboração e justiça. Com esse tipo de adulação, além de criar sentimentos positivos, Sadat também associava a identidade do oponente a uma linha de ação que servia aos seus objetivos. De acordo com o mestre em negociação Henry Kissinger (1982), Sadat obtinha sucesso porque levava os outros a agir segundo seus interesses ao lhes dar uma reputação a ser resguardada.

Depois que um compromisso é assumido, a autoimagem sofre a dupla pressão pela coerência. Por dentro, existe uma pressão para tornar a autoimagem compatível com a ação. Por fora, existe uma pressão mais sorrateira – uma tendência a ajustar essa imagem de acordo com a percepção que os outros têm de nós (Schlenker, Dlugolecki e Doherty, 1994). Como eles acham que acreditamos no que escrevemos (ainda que tenhamos tido pouca escolha na questão), experimentamos outra vez uma pressão para alinhar a autoimagem com a declaração escrita.

Na Coreia, diversos dispositivos sutis foram empregados para levar os prisioneiros a escrever, sem coerção direta, o que os chineses queriam. Por exemplo, os chineses sabiam que muitos prisioneiros estavam ansiosos por informar às suas famílias que estavam vivos. Ao mesmo tempo, os homens sabiam que seus captores censuravam a correspondência e que apenas algumas cartas poderiam sair do campo. Para assegurar sua liberação, alguns prisioneiros começaram a incluir nas mensagens apelos pela paz, afirmações de que estavam sendo bem tratados e declarações simpáticas ao comunismo, na esperança de que os chineses desejassem que aquelas cartas viessem à tona e portanto permitissem sua entrega.

Claro que os chineses ficavam contentes em colaborar – aquelas cartas serviam muito bem aos seus interesses. Primeiro, seu esforço mundial de propaganda se beneficiou muito da aparição de declarações pró-comunistas por soldados americanos. Segundo, no serviço de doutrinação dos prisioneiros, os chineses haviam conseguido, sem levantar sequer um dedo, que vários homens se manifestassem em apoio à causa comunista.

Uma técnica semelhante envolveu concursos de redações políticas realizados com regularidade no campo de prisioneiros. Os prêmios pela vitória costumavam ser pequenos – alguns cigarros ou uma porção de fruta –, mas escassos o bastante para gerar grande interesse por parte dos homens. Em geral, a redação vencedora era alguma que assumisse uma posição pró-comunista, mas nem sempre. Os chineses estavam cientes de que a maioria dos prisioneiros não entraria num concurso se achasse que só poderia vencer escrevendo um panfleto comunista. Além disso, eram espertos o suficiente para saber como incutir nos prisioneiros pequenos compromissos com o comunismo que pudessem depois fazer florescer. Assim, vez por outra, a redação vencedora era de apoio aos Estados Unidos, mas se dobrando uma ou duas vezes ao ponto de vista chinês.

O efeito dessa estratégia foi exatamente o que os chineses queriam. Os homens continuaram a participar dos concursos porque viram que podiam vencer com redações favoráveis ao próprio país. Talvez sem se darem conta, porém, começaram a inclinar um pouquinho seus textos ao comunismo para terem uma chance melhor de vitória. Os chineses estavam prontos para se aproveitar de qualquer concessão ao dogma comunista e explorar as pressões pela coerência. No caso de uma declaração escrita dentro de uma redação voluntária, dispunham de um compromisso perfeito a partir do qual poderiam obter a colaboração e a conversão.

Outros profissionais da persuasão também conhecem o poder gerador de compromissos embutido nas declarações escritas. A bem-sucedida Amway, por exemplo, dispõe de um meio para incentivar seu pessoal de vendas a alcançar feitos cada vez maiores. Os membros da equipe são solicitados a estabelecer metas de vendas individuais e se comprometerem com elas, registrando-as no papel:

> *Uma última dica antes de você começar: fixe uma meta. O mais importante é defini-la – para que tenha algo a almejar – e passá-la para o papel. Existe algo mágico em anotar as coisas. Quando atingir essa meta, fixe outra e anote-a também. Assim você irá longe.*

Se o pessoal da Amway descobriu "algo mágico em anotar as coisas", outras organizações comerciais também descobriram. Algumas empresas de vendas de porta em porta usam a magia dos compromissos escritos para combater as leis de "desistência" que existem em muitos estados americanos. Essas leis visam permitir aos clientes, alguns dias após concordarem em adquirir um item, que cancelem a compra e recebam reembolso total. De início essa legislação prejudicou as empresas de vendas agressivas. Por enfatizarem táticas de alta pressão, seus clientes costumam comprar não porque desejem os produtos, mas porque são induzidos ou intimidados a adquiri-los. Quando as leis entraram em vigor, esses clientes começaram a cancelar suas compras aos montes.

Desde então essas empresas aprenderam um truque simples que reduz bastante o número de cancelamentos. Elas simplesmente fazem com que o cliente, e não o vendedor, preencha o acordo de venda. Segundo o programa de treinamento de vendas de uma empresa de enciclopédias, esse compromisso pessoal se mostrou "um auxílio psicológico importantíssimo em impedir que os clientes desistissem de seus contratos". À semelhança da Amway, essas organizações descobriram que algo especial acontece quando as pessoas põem seus compromissos no papel: elas honram aquilo que escreveram.

Outra forma comum de as empresas explorarem a "magia" das declarações por escrito ocorre por meio do uso de um dispositivo promocional de aspecto inocente. Antes de começar a estudar as armas de influência social, eu me perguntava por que grandes fabricantes como a Procter & Gamble e a General Foods estão sempre promovendo aqueles concursos culturais com frases de até 25, 50 ou 100 palavras. Em muitos deles, o participante deve compor uma breve declaração pessoal que comece com as palavras "Gosto do produto porque...", elogiando suas vantagens. A empresa julga os textos e confere prêmios aos vencedores. O que me intrigava era não saber o que as organizações ganham com o concurso. Muitas vezes elas não exigem sequer que o participante compre o produto para submeter um texto. No entanto parecem dispostas a bancar os custos de um concurso após o outro.

DEPOIMENTO DE LEITOR 3.2

Do diretor de criação de uma grande agência de publicidade internacional

No final da década de 1990, perguntei a Fred DeLucca, fundador e CEO dos restaurantes Subway, por que ele insistia em colocar a previsão "10 mil lojas em 2001" nos guardanapos de cada um dos estabelecimentos. Aquilo não parecia fazer sentido, pois eu sabia que ele estava bem distante de sua meta, que os consumidores não se importavam com seu plano e que seus franqueados estavam profundamente preocupados com a concorrência associada a uma meta como aquela. Sua resposta foi: "Se eu colocar minhas metas por escrito e torná-las conhecidas pelo mundo, estarei comprometido em alcançá-las." É desnecessário dizer que não apenas alcançou, como as superou.

Nota do autor: Em 1º de janeiro de 2008, o Subway possuía mais de 28 mil restaurantes em 86 países. Portanto, como também veremos na próxima seção, compromissos por escrito e publicamente divulgados podem ser usados não apenas para influenciar os outros, mas para influenciar a nós mesmos.

Agora não estou mais intrigado. O propósito por trás do concurso – fazer com que o máximo de pessoas endosse um produto – é o mesmo propósito por trás do concurso de redações políticas: obter apoio. Em ambos os casos, o processo é o mesmo. Os participantes voluntariamente escrevem redações visando prêmios atraentes que têm apenas uma pequena chance de ganhar. Sabem que, para um texto ter qualquer chance de vencer, deve incluir elogios ao produto. Assim fazem um esforço para encontrar aspectos elogiáveis a fim de descrevê-los em suas redações. O resultado são centenas de prisioneiros de guerra na Coreia ou centenas de milhares de consumidores nos Estados Unidos atestando por escrito as vantagens dos produtos e que, portanto, experimentam aquele impulso mágico de acreditarem no que escreveram.

Compromissos públicos

Uma razão pela qual os testemunhos escritos são eficazes em provocar uma mudança pessoal genuína é sua facilidade em se tornarem públicos. A experiência dos prisioneiros na Coreia mostrou que os chineses conheciam bem um importante princípio psicológico: compromissos públicos tendem a ser duradouros. Eles constantemente faziam com que as declarações pró-comunistas de seus prisioneiros fossem vistas pelos outros. Elas eram afixadas pelo campo, lidas pelo autor a um grupo de discussão de prisioneiros ou mesmo nas transmissões radiofônicas. Para os chineses, quanto mais público melhor. Por quê?

Sempre que alguém assume uma posição diante dos outros, surge um impulso em manter aquela posição para *parecer* uma pessoa coerente (Tedeschi, Schlenker e Bonoma, 1971; Schlenker et al., 1994). Lembre-se de que no início deste capítulo descrevi que ser coerente é um traço de personalidade desejável; que alguém incoerente é considerado inconstante, incerto, complacente, distraído ou instável; e que alguém coerente é visto como racional, seguro, confiável e sensato. Dito isso, não surpreende que as pessoas tentem evitar ao máximo serem consideradas incoerentes. Para salvar as aparências, então, quanto mais pública uma posição, mais relutaremos em mudá-la.

Um experimento realizado por dois proeminentes psicólogos sociais, Morton Deutsch e Harold Gerard (1955), oferece uma ilustração de como compromissos públicos podem levar a ações adicionais compatíveis. O procedimento básico foi fazer com que estudantes universitários primeiro estimassem mentalmente o comprimento de linhas que lhes eram mostradas. Nesse ponto, uma amostra dos estudantes tinha que se comprometer publicamente com seus julgamentos iniciais, escrevendo suas estimativas, assinando embaixo e entregando-as ao experimentador. Uma segunda amostra de estudantes também se comprometeu com suas estimativas iniciais, mas em particular, anotando-as numa lousa e em seguida apagando-as antes que qualquer um pudesse ver o que haviam escrito. Um terceiro conjunto de estudantes não se comprometeu com suas estimativas iniciais, mantendo-as apenas em suas cabeças.

Dessa maneira, Deutsch e Gerard fizeram com que alguns estudantes se comprometessem publicamente e outros em particular; e ainda que outros não assumissem qualquer compromisso com suas decisões iniciais. O que Deutsch e Gerard queriam descobrir era qual dos três grupos de estudantes estaria mais inclinado a se ater aos seus julgamentos iniciais. Assim, todos os estudantes receberam informações novas de que suas estimativas iniciais estavam erradas e tiveram então a chance de mudá-las.

Os resultados foram bem claros. Os estudantes que não haviam anotado suas opções iniciais foram menos fiéis a elas. Diante de indícios novos questionando a sabedoria das decisões que tinham tomado apenas mentalmente, esses estudantes foram os mais influenciados a mudar o que antes haviam considerado a decisão correta. Comparados com esses estudantes não comprometidos, os que tinham anotado suas decisões por um momento na lousa estiveram bem menos dispostos a mudar de ideia quando tiveram a chance.

Embora só tivessem se comprometido em circunstâncias anônimas, o ato de anotar seus julgamentos iniciais fez com que resistissem à influência de novos dados contraditórios e permanecessem coerentes às escolhas preliminares. Porém, Deutsch e Gerard descobriram que os estudantes que haviam publicamente registrado suas posições iniciais foram os que mais decididamente se recusaram a mudá-las depois. O compromisso público os havia transformado nos mais obstinados de todos.

Esse tipo de obstinação pode ocorrer mesmo em situações em que a exatidão deve ser mais importante do que a coerência. Num estudo em que corpos de jurados de 6 ou 12 pessoas simulavam um processo judicial, os impasses foram bem mais frequentes quando os jurados tiveram que expressar suas opiniões levantando a mão, e não por votação secreta. Uma vez que os jurados haviam declarado publicamente seus pontos de vista, relutavam em mudá-los (Kerr e MacCoun, 1985).

A descoberta de Deutsch e Gerard de que somos mais fiéis às nossas decisões quando nos comprometemos publicamente pode ter boas aplicações. Vejamos as organizações dedicadas a ajudar pessoas a se livrarem de maus hábitos. Várias clínicas de emagrecimento, por exemplo, percebem que muitas vezes a decisão privada de uma pessoa de perder peso será fraca demais diante das tentações do cotidiano. Portanto fazem com que a decisão seja respaldada pelos pilares do compromisso público, exigindo que os clientes anotem uma meta imediata de perda de peso e *mostrem* essa meta ao maior número possível de amigos, parentes e vizinhos. Os responsáveis pelas clínicas informam que, com frequência, essa técnica simples funciona quando todas as demais falharam.

Claro que não há necessidade de pagar uma clínica especial para transformar um compromisso visível em um aliado. Uma mulher de San Diego me descreveu como se valeu de uma promessa pública para conseguir parar de fumar:

> *Lembro que foi após ouvir falar de mais um estudo científico mostrando que fumar provoca câncer. Sempre que uma pesquisa dessas*

era divulgada, eu ficava determinada a largar o cigarro, mas não conseguia. Dessa vez, porém, decidi que teria que fazer algo. Sou uma pessoa orgulhosa. Não gosto que façam uma imagem negativa a meu respeito. Portanto pensei: "Talvez eu possa explorar meu orgulho para largar esse vício maldito." Fiz então uma lista de todas as pessoas que eu realmente queria que me respeitassem. Depois comprei uns cartões e escrevi no verso de todos eles: "Prometo a você que nunca mais fumarei outro cigarro."

Após uma semana, eu havia entregado ou enviado um cartão a cada um da minha lista: meu pai, meu irmão no outro lado do país, meu chefe, minha melhor amiga, meu ex-marido – todo mundo menos o meu namorado. Eu era louca por ele e não queria decepcioná-lo. Pensei duas vezes antes de lhe entregar um cartão, porque sabia que, se não conseguisse manter minha promessa a ele, eu morreria. Porém, um dia no escritório – ele trabalhava no mesmo prédio que eu – simplesmente fui até a mesa dele, entreguei-lhe o cartão e me afastei sem dizer nada.

Deixar de fumar "na marra" foi a coisa mais difícil que já fiz. Deve ter havido mil ocasiões em que quase desisti. Mas sempre que esmorecia, eu imaginava o que todas as pessoas da minha lista pensariam de mim se eu não cumprisse minha palavra. E deu certo: nunca mais pus um cigarro na boca.[2]

O esforço a mais

Está provado que, quanto maior o esforço envolvido num compromisso, maior será sua capacidade de influenciar as atitudes da pessoa que o assumiu. Podemos encontrar esses indícios bem perto de nós ou nas regiões remotas do mundo primitivo.

Comecemos perto de casa, com a seção de entretenimento dos jornais, em que uma informação importante é omitida dos anúncios de shows de música: o preço. Por que será que os promotores de concertos escondem dos fãs o valor do ingresso? Talvez temam que seus valores cada vez maiores espantem os compradores. Mas os fãs interessados descobrirão logo o preço de um ingresso, certo? Certo, mas os promotores perceberam que o público potencial fica mais propenso a comprar ingressos *depois* disso. Mesmo um simples telefonema de consulta de preço constitui um compromisso inicial com o show. Após despenderem tempo e esforço na tentativa de completarem a ligação e serem atendidos, no momento em que descobrem o preço do ingresso, os fãs estão exatamente como os promotores querem: ao final de um compromisso ativo, público e trabalhoso com o evento.

DEPOIMENTO DE LEITOR 3.3
De um professor universitário canadense

Acabei de ler uma matéria no jornal sobre como um proprietário de restaurante, por meio de compromissos públicos, solucionou um grande problema de clientes que reservavam mesas mas não apareciam. Não sei se ele leu ou não seu livro, mas o fato é que fez algo que se enquadra perfeitamente no princípio de compromisso e coerência que você aborda. O homem pediu às recepcionistas que deixassem de dizer "Por favor, ligue se mudar seus planos" e começassem a indagar "Você vai nos ligar se mudar seus planos?", esperando pela resposta. Sua taxa de desistências caiu de 30% para 10%.

Nota do autor: Que elemento nessa mudança sutil provocou uma diferença tão drástica? Para mim, foi a pergunta da recepcionista (e a pausa esperando a promessa). Ao incitar os clientes a assumir um compromisso público, a abordagem aumentou as chances de que o cumprissem.

Existe também um exemplo mais remoto do poder dos compromissos árduos. Uma tribo do sul da África, Thonga, exige que cada menino passe por uma elaborada cerimônia de iniciação antes de ser considerado um homem da tribo. Como acontece com os meninos em muitas outras tribos primitivas, o menino Thonga passa por várias provas antes de ser admitido como membro do grupo dos adultos. Os antropólogos Whiting, Kluckhohn e Anthony (1958) descreveram esse período sofrido de três meses em termos breves porém eloquentes:

Meninos na faixa etária de 10 a 16 anos são enviados pelos pais à "escola da circuncisão", que é promovida a cada quatro ou cinco anos. Ali, na companhia dos colegas da mesma faixa etária, sofrem várias humilhações dos homens adultos daquela sociedade. A iniciação começa com cada menino percorrendo um corredor polonês onde é espancado com porretes. Ao final da experiência, suas roupas são tiradas e seus cabelos, cortados. Em seguida aparece um homem coberto com juba de leão, e o menino é colocado sentado sobre uma pedra, encarando-o. Alguém então bate em suas costas e, quando o menino vira para ver quem é, seu prepúcio é agarrado e, em dois movimentos, cortado fora pelo "homem leão". Depois ele é isolado por três meses no "pátio dos mistérios", onde só pode ser visto pelos iniciados.

No decorrer dessa iniciação, o menino enfrenta seis grandes provações: espancamentos, exposição ao frio, sede, ingestão de alimentos repugnantes, punições e ameaça de morte. Ao menor pretexto, pode ser espancado por um dos recém-iniciados incumbido da tarefa pelos mais velhos da tribo. Ele dorme sem proteção e sofre terrivelmente no frio do inverno. É proibido de beber água durante os três meses. Muitas vezes relva semidigerida do estômago de um antílope é misturada à comida, dando-lhe um aspecto repugnante. Se ele é pego quebrando qualquer regra importante que governa a cerimônia, recebe punição severa. Por exemplo, num dos castigos, varetas são colocadas entre os dedos do transgressor e um homem forte aperta a mão do novato, praticamente esmagando seus dedos. Para que se submeta, assustam-no com relatos de meninos que, por tentarem escapar ou revelarem os segredos a mulheres ou a não iniciados, foram enforcados e tiveram os corpos reduzidos a cinzas (p. 360).

À primeira vista, esses ritos parecem extraordinários e bizarros. Mas ao mesmo tempo são bastante semelhantes, em princípio e mesmo nos detalhes, às cerimônias de iniciação comuns nas fraternidades acadêmicas americanas. Durante a tradicional Semana Infernal, promovida todo ano nos campi das universidades, os candidatos às fraternidades precisam enfrentar uma série de atividades impostas pelos veteranos para testar os limites de esforço físico, tensão psicológica e constrangimento social. No final da semana, os rapazes que persistiram nos testes são aceitos como membros das fraternidades. Em geral, os únicos sinais deixados pelos trotes são um grande cansaço e um ligeiro abalo, embora às vezes os efeitos negativos sejam mais sérios (Denizet-Lewis, 2005).

O mais interessante é a grande semelhança entre as tarefas específicas da Semana Infernal e os ritos da iniciação tribal. Lembre-se de que os antropólogos identificaram seis grandes provas a serem suportadas por um iniciado Thonga durante sua permanência no "pátio dos mistérios". Um exame das reportagens de jornais mostra que cada uma dessas provas também ocorre nos rituais de ingresso nas fraternidades americanas:

- *Espancamentos.* Michael Kalogris, de 14 anos, passou três semanas num hospital de Long Island se recuperando de lesões internas sofridas durante uma cerimônia de iniciação da Noite Infernal da fraternidade de seu colégio, a Ômega Gama Delta. Seus possíveis colegas de fraternidade o submeteram à "bomba atômica": ele deveria erguer as mãos acima da cabeça e mantê-las ali enquanto o socavam no estômago e nas costas simultânea e repetidamente.
- *Exposição ao frio.* Numa noite de inverno, Frederick Bronner, um calouro da Califórnia, foi abandonado por seus "colegas" de fraternidade na montanha de um parque nacional, a uma altura de 900 metros e uma distância de 16 quilômetros floresta adentro. Vestindo apenas um blusão e uma calça finos, Fat Freddy (Freddy Gorducho), como era chamado, tremeu no vento gelado até despencar numa ravina escarpada, fraturando ossos e ferindo a cabeça. Impedido pelos ferimentos de prosseguir, encolheu-se todo para se proteger, mas acabou morrendo de frio.
- *Sede.* Dois calouros da Ohio State University foram parar na "masmorra" da fraternidade que os testava após quebrarem a regra que exigia que todos os candidatos entrassem rastejando no refeitório durante a Semana Infernal. Trancados na despensa da casa, receberam apenas alimentos salgados durante qua-

se dois dias. Nenhuma bebida foi fornecida, exceto um par de copos plásticos em que podiam recolher a própria urina.
- *Comidas repugnantes*. Na sede da Kapa Sigma, no campus da Universidade de Southern California, 11 candidatos arregalaram os olhos ao verem a tarefa nojenta com que se defrontavam. Onze bifes de 100 gramas de fígado cru jaziam numa bandeja. Cada rapaz teria de engolir um bife inteiro, cortado bem grosso e embebido em óleo. Com ânsia de vômito e engasgando, o jovem Richard Swanson falhou três vezes na tentativa. Determinado a ter sucesso, enfim conseguiu meter a carne oleosa na garganta, onde esta se alojou, engasgando-o, e, apesar de todos os esforços para removê-la, o pobre rapaz acabou morrendo.
- *Punições*. Em Wisconsin, um candidato que esqueceu sua parte de uma fórmula ritual que deveria ser memorizada por todos os iniciados foi punido por seu erro. Obrigaram-no a manter seus pés sob os pés traseiros de uma cadeira dobradiça, enquanto o membro mais pesado da fraternidade se sentava e bebia uma cerveja. Embora o candidato não gritasse durante a punição, fraturou um osso de cada pé.
- *Ameaças de morte*. Um candidato à fraternidade Zeta Beta Tau foi levado a uma área de praia em Nova Jersey e recebeu ordem de cavar sua "própria sepultura". Segundos após acatar a ordem de se deitar no buraco recém-aberto, as laterais desmoronaram, sufocando-o antes que seus futuros colegas de fraternidade conseguissem retirá-lo dali.

Existe outra semelhança impressionante entre os ritos de iniciação das sociedades tribais e os das fraternidades: eles simplesmente não desaparecem. Resistindo a todas as tentativas de eliminação, essas práticas humilhantes vêm perdurando. As autoridades, na forma de governos coloniais ou administrações universitárias, tentaram ameaças, pressões sociais, ações legais, expulsões, subornos e proibições para persuadir os grupos a remover os riscos e as humilhações de suas cerimônias de iniciação. Nada disso teve sucesso. Pode até haver uma mudança enquanto a autoridade está vigiando de perto, mas costuma ser mais aparente do que real – os trotes mais pesados continuam sendo praticados em segredo, esperando que a pressão desapareça para ressurgirem.

Em alguns campi universitários, os dirigentes tentaram assumir o controle direto sobre os rituais de iniciação ou substituir os trotes perigosos por uma "Semana Assistencial" de serviço cívico. Quando essas tentativas não são contornadas às escondidas pelas fraternidades, são alvos da resistência física direta. Depois que Richard Swanson morreu engasgado na Southern California, o reitor da universidade impôs novas regras, exigindo que todas as atividades de admissão nas fraternidades fossem previamente aprovadas pelas autoridades da faculdade e que conselheiros adultos estivessem presentes durante as cerimônias de iniciação. De acordo com uma revista nacional, "as novas regras desencadearam um tumulto tão violento que a polícia e o corpo de bombeiros temeram entrar no campus".

Resignando-se com o inevitável, representantes de outras faculdades desistiram da possibilidade de abolir as degradações da Semana Infernal. "Se os ritos de iniciação humilhantes são uma atividade humana universal, e todos os sinais apontam para essa conclusão, dificilmente serão banidos. Se sua prática aberta for proibida, irão se tornar clandestinos. Não dá para proibir o sexo, não dá para proibir o álcool e provavelmente não dá para proibir os ritos de iniciação" (Gordon e Gordon, 1963).

O que torna as práticas humilhantes de iniciação tão valiosas para essas sociedades? O que faz com que os grupos tentem burlar, sabotar ou contestar qualquer esforço para banir os aspectos degradantes e perigosos de suas cerimônias de iniciação?

Algumas pessoas argumentam que os próprios grupos são compostos de degenerados psicológicos ou sociais cujas necessidades deturpadas exigem que colegas sejam prejudicados e humilhados. Os dados, porém, não respaldam esse ponto de vista. Estudos de traços de personalidade de membros de fraternidades, por exemplo, mostram que eles são até um pouco mais bem ajustados psicologicamente do que outros colegas (vide C. S. Johnson, 1972). De forma semelhante, as fraternidades são conhecidas pela disposição em se envolver em projetos comunitários benéficos para a sociedade. O que essas fraternidades não estão dispostas a fazer, porém, é substituir suas cerimônias de iniciação por esses projetos. Uma pesquisa na Universidade de Washington (Walker, 1967) descobriu que, dentre as fraternidades examinadas, a maioria tinha um tipo de tradição de Semana Assistencial, só que *adicional* à Semana Infernal. Somente em um caso esse serviço estava diretamente relacionado aos procedimentos de iniciação.

O quadro que emerge dos perpetradores das práticas de iniciação é de indivíduos normais que tendem a ser psicologicamente estáveis e socialmente responsáveis, mas que se tornam implacáveis como grupo numa única ocasião: logo antes da admissão de novos membros à sociedade. Os indícios, então, apontam para a cerimônia como a real culpada. Deve haver algo em seus rigores que seja vital ao grupo, alguma função em sua crueldade que a sociedade lutará por preservar. O que seria?

Acredito que a resposta tenha surgido em 1959 nos resultados de um estudo pouco conhecido fora do campo da psicologia social. Uma dupla de jovens pesquisadores, Elliot Aronson e Judson Mills, decidiu testar sua observação de que "pessoas que passam por muitos contratempos ou sofrimentos para alcançarem algo tendem a valorizá-lo mais do que aquelas que obtêm a mesma coisa com um mínimo de esforço". A verdadeira inspiração foi sua escolha da cerimônia de iniciação como o melhor evento para examinar essa possibilidade.

Eles descobriram que alunas universitárias que tiveram que suportar uma cerimônia de iniciação constrangedora para ingressarem no grupo de discussão de sexo se convenceram de que seu novo grupo e suas discussões eram extremamente valiosos, embora Aronson e Mills tivessem ensaiado os demais membros a serem o mais "inúteis e desinteressantes" possível. Outras colegas que passaram por uma cerimônia de iniciação mais leve ou não passaram por iniciação alguma mostraram bem menos confiança no grupo novo e "inútil". Pesquisas adicionais revelaram os mesmos resultados quando os alunos tiveram que suportar dor, em vez de constrangimento, para ingressar no grupo (Gerald e Mathewson, 1966). Quanto mais choques elétricos uma mulher recebia como parte da cerimônia de iniciação, mais convencida se mostrava depois de que seu novo grupo e suas atividades eram interessantes, inteligentes e desejáveis.

Com isso os constrangimentos, os esforços e até os espancamentos dos rituais de iniciação começam a fazer sentido. O membro da tribo Thonga observando com lágrimas nos olhos seu filho de 10 anos tremer a noite inteira no chão frio do "pátio dos mistérios" e o veterano universitário rindo nervoso ao humilhar o candidato à fraternidade na Semana Infernal: estes não são atos de sadismo. São atos de sobrevivência do grupo. Funcionam, por estranho que pareça, para estimular os futuros membros da sociedade a achar o grupo mais atraente e válido.

Enquanto as pessoas gostarem daquilo que lutam por conseguir, esses grupos continuarão promovendo ritos de iniciação desagradáveis. A fidelidade e a dedicação dos novos membros aumentarão muito as chances de coesão e sobrevivência do grupo. De fato, um estudo de 54 culturas tribais descobriu que aquelas com as cerimônias de iniciação mais dramáticas e rigorosas exibiam a maior solidariedade grupal (Young, 1965). Dada a demonstração de Aronson e Mills de que a severidade de uma cerimônia de iniciação aumenta substancialmente o *comprometimento* do novo membro com o grupo, não surpreende que os grupos venham a se opor a todas as tentativas de eliminar esse vínculo crucial para sua força futura.

Grupos e organizações militares não estão isentos desses mesmos processos. As agonias das iniciações dos campos de treinamento são famosas e eficazes. O romancista William Styron atestou sua eficiência ao narrar o sofrimento de seu próprio "treinamento-pesadelo" – tipo campo de concentração – com os fuzileiros navais dos Estados Unidos:

Não há nenhum ex-fuzileiro que eu conheça que não veja o treinamento como uma prova da qual emergiu de certa forma mais resistente, mais valente e pronto para tudo (Styron, 1977, p. 3).

Embora os rigores do treinamento básico sejam aprovados pela altas patentes, existe uma política de "tolerância zero" para incidentes anormalmente rígidos, como aqueles contidos em dois vídeos revelados pela TV em 1997. Os vídeos mostravam a prática de "alfinetar para sangrar", em que fuzileiros paraquedistas que completaram 10 saltos de treinamento recebem seus distintivos. Os distintivos, com duas pontas afiadas na parte de trás, são colocados na camisa do iniciado e depois esmurrados, batidos e socados enquanto ele se contorce e grita de dor (Gleick, 1997). Apesar das declarações de indignação e repugnância dos líderes militares, somente 1 dos 30 fuzileiros flagrados infligindo o tormento teve sua dispensa recomendada. Alguns poucos foram encaminhados para orientação psicológica, ao passo que a participação da maioria (20) foi simplesmente ignorada. Mais uma vez, parece que, para grupos preocupados em fomentar uma sensação duradoura de solidariedade e superioridade, as atividades de iniciação penosas não serão eliminadas com facilidade.

A escolha interior

A análise de atividades tão diferentes, como as práticas de doutrinação dos comunistas chineses e os rituais de iniciação das fraternidades universitárias, proporciona algumas informações valiosas sobre compromisso. Parece que os mais eficientes em mudar a autoimagem e o comportamento futuro das pessoas são aqueles ativos, públicos e trabalhosos. Porém existe outra propriedade do compromisso eficaz que é mais importante que as outras três combinadas. Para entendermos qual é, precisamos primeiro resolver dois enigmas nas ações dos interrogadores comunistas e dos membros das fraternidades universitárias.

O primeiro enigma está na recusa das fraternidades em permitir que atividades de serviço público façam parte das cerimônias de iniciação. Recordemos a pesquisa de Walker (1967), que informou que projetos comunitários, embora frequentes, quase sempre eram separados do programa de iniciação dos membros. Por quê? Se o que as fraternidades buscam em seus ritos de admissão é um compromisso trabalhoso, elas poderiam estruturar atividades cívicas suficientemente desagradáveis e penosas para seus candidatos. Fazer reparos em asilos, trabalhar nos pátios de centros de saúde mental e limpar urinóis de hospitais, por exemplo, constituem atividades repulsivas o bastante. Além disso, esses tipos de tarefas de espírito comunitário contribuiriam para melhorar a imagem pública desfavorável dos ritos da Semana Infernal das fraternidades. Uma pesquisa (Phalen, 1951) mostrou que, para cada matéria de jornal positiva envolvendo a Semana Infernal, havia cinco outras negativas. Ainda que apenas por razões de relações públicas, seria do interesse das fraternidades incorporar serviços comunitários às suas práticas de iniciação. Mas elas não o fazem.

Para examinar o segundo enigma, precisamos retornar aos campos chineses de prisioneiros na Coreia e aos concursos de redações políticas promovidos entre os prisioneiros americanos. Os chineses queriam que o maior número possível de americanos entrasse nesses concursos para que, no processo, pudessem escrever comentários favoráveis ao ponto de vista comunista. Se, porém, a ideia era atrair um grande número de participantes, por que os prêmios eram tão modestos? Alguns cigarros extras ou uma fruta fresca eram, em geral, o que um vencedor de concurso esperaria. Naquele contexto, mesmo esses prêmios eram valiosos, mas havia recompensas bem maiores – roupas quentes, privilégios especiais de correio, mais liberdade de movimento no campo – que os chineses poderiam ter usado para aumentar o número de autores de redações. No entanto escolheram especificamente oferecer os prêmios menores, em vez dos maiores e mais motivadores.

Embora os cenários sejam bem diferentes, as fraternidades pesquisadas se recusavam a permitir atividades cívicas em suas cerimônias de iniciação pelo mesmo motivo que os chineses evitavam prêmios grandes no lugar de estímulos menos significativos. Eles queriam que os participantes fossem *responsáveis* pelo que haviam feito. Nenhuma desculpa ou escapatória eram permitidas. Um candidato que sofreu uma iniciação penosa não poderia receber a chance de acreditar que agiu por motivos beneficentes. Um prisioneiro que pontilhou sua redação política com comentários antiamericanos não poderia minimizá-los por terem sido motivados pela grande recompensa. Não, as fraternidades e os comunistas chineses queriam compromissos permanentes. Não bastava extraí-los. Era preciso fazer com que aqueles homens assumissem a responsabilidade interior por suas ações.

Os cientistas sociais descobriram que *aceitamos a responsabilidade interior por um comportamento quando achamos que optamos por adotá-lo na ausência de pressão externa forte*. Uma grande recompensa é uma pressão externa forte. Pode fazer com que realizemos certas ações, mas não fará com que aceitemos a responsabilidade interior pelos atos.[3] Como resultado, não nos sentiremos comprometidos com eles. O mesmo vale para uma ameaça forte. Ela pode motivar a anuência imediata, mas dificilmente produzirá um compromisso de longo prazo.

Tudo isso possui implicações importantes para a educação dos filhos: sugere que nunca devemos subornar ou ameaçar fortemente as crianças para fazerem as coisas nas quais queremos que acreditem. É provável que essas pressões produzam uma anuência apenas temporária aos nossos desejos. Porém, se quisermos algo mais, se quisermos que nossos filhos acreditem na justeza do que fizeram, se quisermos que continuem repetindo o comportamento desejado quando não estivermos presentes para aplicar essas pressões exteriores, então precisamos fazer com que aceitem a responsabilidade interior pelas ações que esperamos que realizem. Um experimento de Jonathan Freedman (1965) fornece algumas pistas sobre o que fazer e o que não fazer a esse respeito.

Freedman queria ver se conseguia impedir que meninos do segundo ao quarto ano se distraíssem com um brinquedo fascinante só porque, umas seis semanas antes, ele tinha dito que era errado. Quem costuma lidar com meninos de 7 a 9 anos entende a dificuldade da tarefa, mas Freedman contava com um plano. Se conseguisse primeiro fazer com que os meninos se convencessem de que era errado brincar com o brinquedo proibido, talvez aquela crença os impedisse de fazê-lo dali em diante. A dificuldade estava em convencer os meninos de que era errado se divertir com o brinquedo – um robô caríssimo com controle remoto.

Freedman sabia que seria bastante fácil fazer com que um menino obedecesse temporariamente. Era só ameaçá-lo com graves consequências caso fosse flagrado brincando com o robô. Contanto que estivesse por perto para impor o castigo severo, Freedman achou que poucos meninos se arriscariam a desobedecê-lo. Estava certo. Após mostrar a um deles uma série de cinco brinquedos e alertar que "É errado brincar com o robô. Se você fizer isso, ficarei muito zangado e terei que tomar uma providência", Freedman deixava o aposento por alguns minutos. Durante aquele intervalo, os meninos eram observados por um espelho com um lado transparente. Freedman testou esse procedimento de ameaça com 22 meninos, e 21 deles não tocaram no robô durante sua ausência.

Uma ameaça forte assim funcionou enquanto os meninos achavam que poderiam ser flagrados e punidos. Mas Freedman estava interessado mesmo em saber se a ameaça afetaria o comportamento dos meninos mais tarde, quando ele não estivesse mais por perto. Para descobrir o que aconteceria, enviou uma jovem de volta à escola cerca de seis semanas depois. Ela levou cada menino para fora da sala de aula a fim de participarem de um experimento. Sem mencionar qualquer ligação com Freedman, conduziu-os de volta à sala contendo os cinco brinquedos e entregou-lhes um teste de desenho. Enquanto dava nota ao teste, informou aos meninos que poderiam pegar qualquer brinquedo da sala. Claro que quase todos os meninos brincaram com algum brinquedo. O resultado interessante foi que, dos meninos que escolheram algum brinquedo, 77% optaram por brincar com o robô que havia sido proibido antes. A ameaça severa de Freedman, tão eficaz seis semanas antes, foi quase totalmente inócua quando ele não estava mais lá para reforçá-la com a punição.

Freedman, porém, ainda não havia terminado. Ele mudou um pouco seu procedimento com uma segunda amostra de meninos. Também àqueles meninos mostrou inicialmente o conjunto de cinco brinquedos e alertou que não brincassem com o robô durante sua breve ausência da sala porque "é errado brincar com ele". Dessa vez, Freedman não fez nenhuma ameaça forte para que os meninos obedecessem. Apenas deixou a sala e observou pelo espelho transparente se sua instrução de não brincar com o brinquedo foi suficiente. Ela foi. Como ocorreu com o outro grupo, somente 1 dos 22 meninos tocou no robô durante o breve intervalo em que Freedman se ausentou.

A diferença real entre as duas amostras de meninos surgiu seis semanas depois, quando tiveram uma chance de brincar com os brinquedos sem que Freedman estivesse por perto. Um fato surpreendente aconteceu com os meninos que não haviam sido fortemente ameaçados: quando tiveram a liberdade de brincar com qualquer brinquedo desejado, a maioria evitou o robô, embora fosse de longe o mais atraente dos cinco brinquedos disponíveis (os outros eram um submarino de plástico barato, uma luva de beisebol infantil sem a bola, um rifle e um trator). Quando aqueles meninos brincaram com algum dos cinco brinquedos, somente 33% escolheram o robô.

Algo expressivo havia acontecido com ambos os grupos. Para o primeiro, foi a ameaça severa com que Freedman reforçou sua afirmação de que brincar com o robô era "errado". Ela havia sido bem eficaz enquanto Freedman pudesse flagrá-los violando sua regra. Mais tarde, porém, quando já não estava mais presente para observar o comportamento dos meninos, sua ameaça foi impotente e sua regra foi, portanto, ignorada. Parece claro que a ameaça não ensinara aos meninos que mexer no robô era errado, mas apenas que não convinha fazê-lo enquanto existisse a possibilidade de punição.

Para os outros meninos, o evento expressivo veio de dentro, não de fora. Freedman também os havia instruído que brincar com o robô era errado, mas não acrescentara nenhuma ameaça de punição a quem o desobedecesse. Houve dois resultados importantes. Primeiro, a instrução de Freedman sozinha foi suficiente para impedir que os meninos operassem o robô enquanto se ausentou da sala. Segundo, os meninos assumiram a responsabilidade pessoal por sua escolha de não mexerem no robô durante aquele período. Concluíram que não haviam brincado com ele porque *eles* não quiseram. Afinal, não existiam punições severas associadas ao brinquedo para explicar sua conduta. Assim, semanas depois, quando Freedman já não estava por lá, continuaram ignorando o robô porque tinham sido internamente levados a acreditar que não queriam brincar com ele.

Toda pessoa que esteja educando uma criança pode extrair uma lição do estudo de Freedman. Vamos supor que um casal queira inculcar em sua filha que mentir é errado. Uma ameaça forte e clara ("É errado mentir, querida, por isso, se eu pegar você mentindo, cortarei sua língua") poderia ser bastante eficaz quando os pais estivessem presentes ou a menina achasse que poderia ser descoberta. Porém, não atingiria o objetivo maior de convencê-la de que ela não quer mentir porque *ela mesma* pensa que é errado. Para isso é preciso uma abordagem bem mais sutil. Faz-se necessário dar um motivo que seja forte o bastante para estimulá-la a ser honesta na maioria das vezes, mas não tão forte a ponto de ser visto como a razão óbvia de sua honestidade. Não é tão fácil assim, porque esse motivo ligeiramente suficiente muda de criança para criança. Para uma criança, um simples pedido talvez baste ("É ruim mentir, querida, por isso espero que você não faça isso"). Para outra, talvez seja necessário acrescentar um motivo um pouco mais forte ("... porque se você mentir, ficarei decepcionado com você"). Para uma terceira criança, uma forma branda de advertência pode ser necessária também ("... e eu provavelmente terei que fazer algo bem desagradável").

Pais sensatos saberão qual tipo de motivo funcionará com seus filhos. O importante é usar um motivo que produza de cara o comportamento desejado, ao mesmo tempo que permita à criança assumir a responsabilidade pessoal por aquela conduta. Desse modo, quanto menos pressão externa detectável aquele motivo contiver, mais eficaz ele será. Selecionar o motivo certo não é uma tarefa fácil para os pais, mas o esforço valerá a pena. Provavelmente significará a diferença entre uma obediência efêmera e o compromisso de longo prazo. Como Samuel Butler escreveu mais de 300 anos atrás: "Aquele que concorda contra sua vontade / Continua com a mesma opinião."

Pernas para se sustentar

Por dois motivos já mencionados, os profissionais da persuasão adoram compromissos que produzem mudanças interiores. Primeiro, essa mudança não é apenas específica à situação em que primeiro ocorreu; ela abrange uma série de situações análogas também.

Segundo, os efeitos da mudança são duradouros. Portanto, uma vez que as pessoas tenham sido induzidas a tomar atitudes que mudam suas autoimagens para, digamos, as de cidadãos de espírito comunitário, estarão inclinadas a exibir esse comportamento numa variedade de outras circunstâncias em que seu consentimento também possa ser desejado. E elas tenderão a manter sua conduta por muito tempo, enquanto perdurar a nova autoimagem.

Existe outro atrativo nos compromissos que levam à mudança interior: eles "desenvolvem suas próprias pernas". O profissional da persuasão não precisa realizar um esforço dispendioso e constante para reforçar a mudança – a pressão pela coerência dará conta do recado. Depois que as pessoas passam a se considerar cidadãos de espírito comunitário, automaticamente começarão a ver as coisas de modo diferente. Elas irão se convencer de que é a maneira correta de ser e passarão a prestar atenção em fatos que não haviam observado antes sobre o valor do serviço comunitário. Estarão dispostas a ouvir argumentos a favor da ação cívica que não ouviriam antes e vão achá-los mais persuasivos do que antes. Em geral, por conta da necessidade de serem coerentes com seu sistema de crenças, estarão convictas de que sua opção de tomar atitudes de espírito comunitário foi acertada.

O importante nesse processo de gerar motivos adicionais para justificar o compromisso é que os motivos são *novos*. Desse modo, mesmo que o motivo original da conduta de espírito cívico fosse retirado, esses motivos recém-descobertos poderiam ser suficientes para respaldar as percepções de que uma pessoa se comportou de maneira correta.

A vantagem para um profissional da persuasão inescrupuloso é imensa. Como desenvolvemos novos suportes para as escolhas com que nos comprometemos, um indivíduo explorador pode nos oferecer um estímulo para que façamos determinada escolha. Depois de tomada a decisão, ele pode remover aquele estímulo, sabendo que nossa decisão provavelmente se sustentará em suas próprias pernas recém-criadas. Concessionárias de automóveis com frequência tentam se beneficiar desse processo por um artifício que chamam de "técnica da bola baixa", em que um custo é subestimado de propósito. Deparei pela primeira vez com ela quando me passava por trainee de vendas numa loja da Chevrolet. Após uma semana de instrução básica, fui autorizado a observar os vendedores em ação e a técnica logo chamou a minha atenção.

Para certos clientes, um carro é oferecido a um preço muito bom, talvez até 400 dólares abaixo dos preços dos concorrentes. A pechincha, porém, não é genuína. O revendedor não pretende honrar aquele valor. Seu único propósito é fazer com que os clientes potenciais *decidam* comprar um dos carros da concessionária. Uma vez tomada a decisão, uma série de atividades desenvolvem o sentimento de compromisso pessoal do cliente com o carro: vários formulários de compra são preenchidos, condições de financiamento são providenciadas, às vezes o cliente é encorajado a dirigir aquele carro por um dia antes de assinar o contrato, "para que possa testá-lo e mostrá-lo à vizinhança e no trabalho", etc. O revendedor sabe que, durante esse período, os clientes desenvolvem um conjunto de novos motivos para respaldar sua opção e justificar os investimentos já feitos (Brockner e Rubin, 1985; Teger, 1980).

Então algo acontece. Um "erro" nos cálculos é descoberto – talvez o vendedor tenha se esquecido de acrescentar o custo do ar-condicionado e, se o cliente fizer questão dele, terá que pagar mais 400 dólares. Para que o cliente não desconfie, algumas concessionárias deixam que o banco responsável pelo financiamento descubra o equívoco. Outras vezes, a venda é desautorizada no último minuto. Quando o vendedor vai pedir o aval do chefe, este a cancela porque "a concessionária estará perdendo dinheiro". Por apenas mais 400 dólares, o carro pode ser comprado, o que, no contexto de uma transação de milhares de dólares, não faz muita diferença, já que, como o vendedor enfatiza, o preço é compatível com a concorrência e "Este é o carro que você escolheu, certo?".

Outra forma ainda mais traiçoeira da técnica da bola baixa ocorre quando o vendedor faz uma oferta exagerada pelo carro usado do cliente potencial como parte do pacote de troca. O cliente, diante da oferta generosa, fica ansioso por fechar o negócio. Mais tarde, antes que o contrato seja assinado, o gerente de carros usados informa que a estimativa do vendedor estava 400 dólares acima do preço de mercado e a corrige para seu nível real. O cliente, percebendo que a oferta reduzida é a justa, aceita-a e às vezes se sente culpado por ter tentado tirar proveito da estimativa exagerada do vendedor. Certa vez testemunhei uma mulher pedindo desculpas, constrangida, ao vendedor que havia aplicado essa versão da técnica da bola baixa, enquanto ela assinava um contrato de compra de carro novo que renderia ao vendedor uma boa comissão. Ele parecia magoado, mas deu um sorriso indulgente.

Em qualquer variedade dessa técnica, a sequência é a mesma: uma vantagem oferecida induz a uma decisão de compra favorável. Então, algum tempo após a tomada de decisão, mas antes que o negócio seja fechado, a vantagem de compra original é habilmente removida.

Parece quase inacreditável que um cliente compre um carro sob tais circunstâncias. Mas a tática funciona – não com todo mundo, é claro. No entanto sua eficácia é suficiente para ser uma abordagem de persuasão comum em muitas concessionárias. Elas passaram a entender a capacidade que um compromisso pessoal tem de desenvolver seu próprio sistema de apoio, com justificativas novas para mantê-lo. Com frequência, essas justificativas fornecem tantas pernas fortes para sustentar a decisão que, quando o revendedor retira uma única perna – a perna original –, não ocorre um colapso. A perda pode ser aceita pelo cliente que está consolado, até mesmo feliz, com a série de outros bons motivos favorecendo sua escolha. Jamais ocorre ao comprador que esses motivos adicionais jamais teriam existido se a escolha não houvesse sido feita antes.

Após observar o funcionamento impressionante da técnica da bola baixa nas concessionárias de automóveis, decidi testar sua eficácia em outro ambiente, onde pudesse ver se a ideia básica funcionaria com uma pequena mudança.

Os vendedores de carros que observei aplicavam a técnica propondo ofertas tentadoras, obtendo decisões favoráveis como resultado e depois retirando a parte tentadora das ofertas. Se minha intuição sobre a essência do procedimento estivesse correta, eu deveria ser capaz de fazer a tática funcionar de forma um pouco diferente: eu poderia oferecer um bom negócio, que produziria o compromisso decisório crucial, e depois *acrescentaria* um aspecto *desagradável* ao esquema. Como o efeito dessa técnica era levar o indivíduo a perseverar num negócio mesmo depois que as circunstâncias mudavam para pior, a tática deveria ser igualmente eficaz se um aspecto positivo do negócio fosse retirado ou um aspecto negativo fosse acrescentado.

Para testar esta última possibilidade, meus colegas John Cacioppo, Rod Bassett, John Miller e eu realizamos um experimento visando fazer com que estudantes de Introdução à Psicologia da Ohio State University concordassem em realizar uma atividade desagradável: acordar bem cedo para participar de um estudo "dos processos do pensamento" às sete da manhã.

Ao convocarmos uma amostra de estudantes, de cara informamos a eles a hora inicial. Apenas 24% se dispuseram a participar. Porém, quando convidamos uma segunda amostra de estudantes, usamos a técnica da bola baixa: primeiro perguntamos se queriam participar de um estudo dos processos de pensamento; só depois que responderam – 56% deles positivamente –, mencionamos a hora inicial e demos a chance de mudarem de ideia. *Nenhum* deles mudou. Além disso, fiéis ao compromisso de participar, 95% dos estudantes do grupo chegaram ao local indicado às sete da manhã conforme prometeram. Sei que isso aconteceu porque recrutei dois auxiliares de pesquisa para estarem no local naquela hora conduzindo os experimentos de processos de pensamento e anotando os nomes dos estudantes que compareceram.[4]

É impressionante a capacidade da tática da bola baixa de fazer com que uma pessoa se sinta satisfeita com uma escolha ruim. E os maiores fãs da técnica são aqueles que só dispõem de opções ruins para nos oferecer, em situações sociais, pessoais ou de negócios. No caso do meu vizinho Tim, por exemplo, que conseguiu reatar o namoro com Sara, ele prometeu mudar seu comportamento mas não cumpriu sua promessa. Mesmo assim, Sara se tornou mais dedicada a ele do que nunca, porque, segundo ela mesma diz, pôde se permitir enxergar todas as qualidades positivas de Tim que antes não reconhecia.

Sei que Sara caiu no mesmo truque que os clientes da concessionária. Como os novos atrativos que passou a ver em Tim são bastante reais para ela, Sara agora parece satisfeita com o mesmo esquema que era inaceitável antes de seu enorme comprometimento.

Defender o interesse coletivo

Dependendo dos motivos da pessoa que deseja usar as técnicas de persuasão discutidas neste livro, qualquer uma delas pode ser empregada para o bem ou para o mal. Não deve surpreender, portanto, que a técnica da bola baixa seja usada com propósitos socialmente mais benéficos do que vender carros novos ou reatar relacionamentos.

Um projeto de pesquisa realizado em Iowa (Pallak, Cook e Sullivan, 1980), por exemplo, mostra como o procedimento da bola baixa pode influenciar cidadãos a poupar energia. O projeto começou no início do inverno, quando os moradores que aqueciam seus lares com gás natural foram abordados por um entrevistador. Este forneceu algumas dicas de conservação de energia e pediu que tentassem poupar combustível no futuro. Embora todos concordassem em tentar, quando os pesquisadores examinaram o consumo daquelas famílias após um mês e, de novo, ao final do inverno, ficou claro que nenhuma economia real ocorrera. Os moradores que haviam prometido tentar economizar consumiram tanto gás natural quanto uma amostra aleatória de seus vizinhos que não haviam sido abordados. Boas intenções combinadas com informações sobre economia de energia não foram suficientes para mudar os hábitos.

Mesmo antes do início do projeto, Pallak e sua equipe de pesquisa haviam reconhecido que algo mais seria necessário para mudar os padrões arraigados de consumo de energia. Assim, tentaram um procedimento ligeiramente diferente com uma amostra semelhante de usuários de gás natural. Aquelas pessoas também foram abordadas por um entrevistador, que forneceu dicas de economia de energia e pediu que evitassem desperdícios. Para essas famílias, porém, o entrevistador ofereceu algo mais: os moradores que concordassem com o pedido teriam seus nomes divulgados em artigos num jornal, listados como cidadãos de espírito coletivo poupadores de energia. O efeito foi imediato. Um mês depois, quando as empresas de gás verificaram os medidores, os moradores daquela amostra haviam poupado em média 12 metros cúbicos de gás natural por residência. A possibilidade de ver seus nomes no jornal tinha motivado aquelas pessoas pelo período de um mês.

Depois o tapete foi puxado. Os pesquisadores retiraram a razão que inicialmente levou as pessoas a economizar gás. Cada família à qual haviam prometido publicidade recebeu uma carta informando que não seria mais possível divulgar seu nome.

Ao final do inverno, a equipe de pesquisa examinou o efeito da carta sobre o consumo de gás natural daquelas famílias. Teriam retornado aos seus antigos hábitos perdulários quando a chance de aparecer no jornal foi removida? Nada disso. Para cada um dos meses restantes de inverno aquelas famílias economizaram *mais* gás do que durante o período em que pensaram que seriam publicamente elogiadas. Em termos de porcentagem de energia poupada, haviam economizado 12,2% de gás durante o primeiro mês porque esperavam ver seus nomes no jornal. Porém, após a chegada da carta informando o contrário, não retornaram aos seus níveis anteriores de consumo de energia. Em vez disso, aumentaram sua economia para um nível de 15,5% pelo resto do inverno.

Embora jamais possamos estar totalmente seguros dessas coisas, uma explicação para seu comportamento persistente se apresenta de imediato. Aquelas pessoas haviam sido induzidas, pela técnica da bola baixa, a um compromisso de economia mediante uma promessa de publicidade no jornal. Uma vez assumido, ele começou a gerar seu próprio reforço: os moradores passaram a adquirir hábitos novos de consumo de energia, sentir-se bem com seus esforços de espírito coletivo, convencer-se da necessidade vital de reduzir a dependência americana em relação ao combustível estrangeiro, gostar da redução nas contas de gás, orgulhar-se de seu espírito de sacrifício e, mais importante, ver-se como pessoas conscientes da necessidade de conservar energia. Com todas essas novas razões para justificar o compromisso de poupar, é natural que este permanecesse firme mesmo depois que o motivo original (a publicidade no jornal) havia sido removido (vide Anexo 3.1, ao lado).

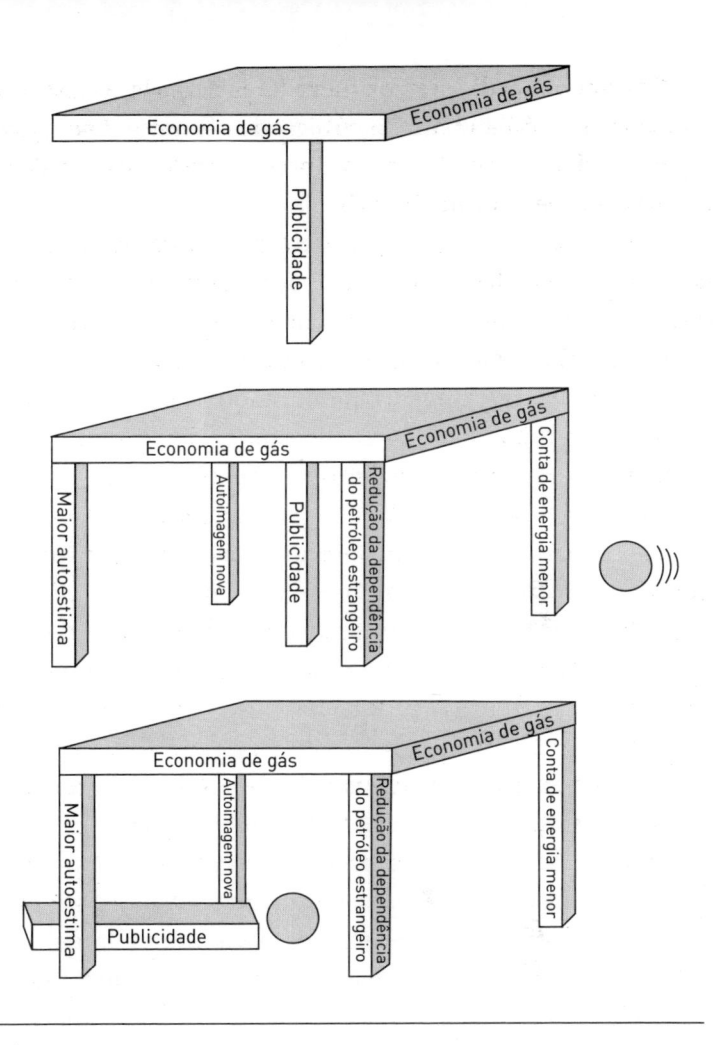

Anexo 3.1 *Técnica da bola baixa para o longo prazo*

Nesta ilustração da pesquisa de energia de Iowa, podemos ver como o esforço inicial pela economia de gás se baseava na promessa de publicidade (*no topo*). Em pouco tempo, esse compromisso fez surgirem espontaneamente novos apoios, permitindo à equipe de pesquisa lançar sua bola baixa (*no meio*). A consequência foi um nível persistente de economia que se manteve firme sobre as próprias pernas depois que o incentivo inicial da publicidade foi derrubado (*embaixo*).

Por incrível que pareça, quando o fator publicidade se tornou indisponível, aquelas famílias não apenas mantiveram o esforço de poupar combustível, mas o aumentaram. Várias interpretações poderiam ser oferecidas para esse empenho ainda maior, mas tenho uma favorita. De certo modo, a oportunidade da publicidade no jornal havia impossibilitado os moradores de se responsabilizarem plenamente por seus compromissos conservacionistas. De todos os motivos apoiando a decisão de poupar energia, foi o único com origem externa, o único que impedia que os moradores pensassem que estavam poupando gás porque acreditavam naquilo. Assim, a chegada da carta cancelando a promessa de publicidade removeu o único obstáculo à sua imagem como cidadãos preocupados em poupar energia. Essa autoimagem nova e incondicional os levou a patamares ainda maiores de economia. Assim como Sara, parece que se comprometeram com uma escolha por meio de um incentivo inicial e aumentaram ainda mais a dedicação após o incentivo ter sido removido.[5]

DEFESA

A única defesa eficaz contra as armas de influência corporificadas nos princípios combinados do compromisso e da coerência é uma consciência de que, embora a coerência costume ser positiva, até vital, existe uma variedade tola e rígida a ser evitada. Precisamos estar atentos para a tendência de sermos automática e impensadamente coerentes, porque assim ficamos expostos às manobras daqueles que querem explorar a sequência mecânica compromisso-coerência visando o lucro.

Já que a coerência automática é tão útil, permitindo quase sempre uma forma de comportamento econômica e apropriada, não podemos decidir eliminá-la de nossa vida. Os resultados seriam desastrosos. Se, em vez de nos comportarmos automaticamente movidos pelas decisões e ações anteriores, parássemos para refletir sobre os méritos de cada ação nova antes de realizá-la, jamais teríamos tempo para alcançar algo significativo. Precisamos mesmo daquele tipo perigoso e mecânico de coerência. Portanto a única saída para o dilema é saber quando a coerência tem grandes chances de nos levar a uma escolha ruim. Existem certos sinais – dois tipos distintos – para nos alertar. Registramos cada tipo numa parte diferente de nosso corpo.

Sinais no estômago

O primeiro sinal é fácil de reconhecer. Ele ocorre bem na boca do estômago, quando percebemos que fomos induzidos a concordar com um pedido que *sabemos* que não queremos satisfazer. Aconteceu comigo centenas de vezes. Um caso especialmente inesquecível, porém, ocorreu numa noite de verão bem antes que eu começasse a estudar as táticas de persuasão. Alguém tocou a campainha e, ao abrir a porta, encontrei uma jovem estonteante trajando short e uma frente única reveladora. Observei, porém, que carregava uma prancheta e estava pedindo que eu participasse de uma pesquisa. Querendo impressionar, concordei e, admito, distorci a verdade nas respostas à entrevista de modo a passar a impressão mais positiva possível. Nossa conversa transcorreu assim:

> **Jovem Estonteante:** *Oi! Estou fazendo uma pesquisa sobre os hábitos de entretenimento dos moradores da cidade e gostaria de saber se o senhor poderia responder umas perguntinhas.*
> **Cialdini:** *Claro. Pode entrar.*
> **JE:** *Obrigada. Vou me sentar aqui e começar. Quantas vezes por semana o senhor janta fora?*
> **C:** *Ah, provavelmente três, talvez quatro vezes por semana. Sempre que posso, na verdade. Adoro bons restaurantes.*
> **JE:** *Que bom. E geralmente pede vinho no jantar?*
> **C:** *Só se for importado.*
> **JE:** *Entendo. E filmes? Vai muito ao cinema?*
> **C:** *Cinema? Nunca me canso. Especialmente dos filmes de arte, legendados. E você? Gosta de ver filmes?*
> **JE:** *Hã... sim, gosto. Mas, voltando à entrevista... Vai muitas vezes a apresentações musicais, shows?*
> **C:** *Com certeza. De preferência com orquestra sinfônica. Mas também curto uma boa banda pop de qualidade.*

JE: (anotando rapidamente) *Maravilha! Uma última pergunta. E os espetáculos das companhias de teatro ou balé itinerantes? Costuma assistir quando estão na cidade?*
C: Ah, o balé – o movimento, a graça, a forma... Eu adoro. Anote aí que adoro balé. Não perco uma chance de ir.
JE: *Ótimo. Deixe-me reconferir meus dados por um momento, Sr. Cialdini.*
C: Na verdade, é Dr. Cialdini. Mas soa muito formal. Por que não me chama de Bob?
JE: *Tudo bem, Bob. Pelas informações que me deu, fico satisfeita em informar que poderá economizar até 1.200 dólares por ano ingressando no Clubamerica! Uma pequena taxa de sócio permite obter descontos em quase todas as atividades mencionadas. Com certeza alguém com uma vida social tão intensa como o senhor gostará de aproveitar a incrível economia que nossa empresa pode oferecer em todas as coisas que acabou de citar.*
C: (preso na ratoeira) Bem... é... hã... acho que sim.

Lembro que senti meu estômago contrair enquanto eu balbuciava minha concordância. Era um claro alerta ao meu cérebro: "Ei, você está sendo manipulado!" Mas eu não conseguia ver uma saída. Havia sido encurralado por minhas próprias palavras. Recusar a oferta àquela altura significaria enfrentar duas alternativas desagradáveis: se eu tentasse me safar afirmando que não era realmente o homem sofisticado que aleguei ser durante a entrevista, ficaria com imagem de mentiroso; se tentasse me esquivar sem aquela alegação, pareceria um idiota por não querer economizar 1.200 dólares. Comprei o pacote de entretenimento, mesmo sabendo que eu havia sido enganado. A necessidade de ser coerente com o que eu já tinha dito me colocou numa cilada.

Isso já não acontece mais. Hoje costumo dar ouvidos ao estômago e descobri um modo de lidar com as pessoas que tentam aplicar o princípio da coerência contra mim. Apenas digo exatamente o que estão fazendo. Essa tática se tornou o meu contra-ataque perfeito. Sempre que meu estômago diz que eu seria um idiota se concordasse com determinado pedido apenas por querer ser coerente com um compromisso anterior a que fui induzido, transmito essa mensagem ao solicitante. Não tento negar a importância da coerência. Em vez disso, aponto para o absurdo da coerência estúpida. Se, em resposta, o solicitante se encolhe com sentimento de culpa ou recua com perplexidade, fico satisfeito. Eu venci. Um explorador perdeu.

Às vezes imagino como reagiria se aquela jovem estonteante de anos atrás tentasse me vender a adesão a um clube de entretenimento. Tenho tudo na ponta da língua. Toda a interação seria a mesma, exceto o final.

> **JE:** *Com certeza alguém com uma vida social tão intensa como o senhor gostará de aproveitar a incrível economia que nossa empresa pode oferecer em todas as coisas que acabou de citar.*
> **C:** *(com muita segurança) Nada disso. Veja bem, reconheço o que aconteceu aqui. Sei que sua história de realizar uma pesquisa não passa de um pretexto para fazer com que as pessoas revelem com que frequência costumam sair e que, sob tais circunstâncias, existe uma tendência natural a exagerar. E me recuso a permitir ser aprisionado numa sequência mecânica de compromisso e coerência quando sei que está me levando na direção errada. Nada de clique, zum comigo.*
> **JE:** *Hã?*
> **C:** *Vou explicar: primeiro, seria burrice de minha parte gastar dinheiro com algo que não desejo; segundo, sei de fontes fidedignas (meu estômago) que não quero seu plano de entretenimento; terceiro, se você ainda acredita que vou comprar, provavelmente também acredita no Coelhinho da Páscoa. Com certeza alguém inteligente como você deve ser capaz de entender isso.*
> **JE:** *(presa na ratoeira) Bem... é... hã... acho que sim.*

Sinais do fundo do coração

O estômago não é um órgão especialmente perceptivo ou sutil. Somente quando é *óbvio* que estamos prestes a ser encurralados ele costuma registrar e transmitir essa mensagem. Em outras ocasiões, quando não está claro que estamos sendo manipulados, o estômago pode não captar os fatos. Diante dessas circunstâncias, precisamos achar uma pista em outro lugar.

A situação de minha vizinha Sara proporciona um bom exemplo. Ela assumiu um compromisso importante com Tim ao cancelar seus planos anteriores de casamento. O compromisso desenvolveu seus próprios suportes, de modo que, embora seus motivos originais tenham desaparecido, ela continua em harmonia com sua escolha. Sara se convenceu com motivos novos de que fez a coisa certa e, portanto, permanece com Tim. Não é difícil ver por que o estômago de Sara não se contrai por isso. O estômago nos alerta quando estamos fazendo algo que achamos errado para nós. Sara não *acha* isso. Em sua cabeça, fez a escolha certa e está se comportando de forma coerente.

No entanto, a não ser que eu esteja redondamente enganado, existe uma parte de Sara que reconhece sua escolha como um erro e seu atual modo de vida como uma forma de coerência insensata. Onde, exatamente, está localizada essa parte de Sara não sabemos ao certo, mas nossa linguagem dá um nome a ela: o fundo do coração. Ele é, por definição, o lugar onde não podemos nos enganar. É o lugar onde nenhuma de nossas justificativas, nenhuma de nossas racionalizações penetra. Sara dispõe da verdade lá, embora neste momento não consiga ouvir com clareza seu sinal através do ruído e da estática do novo aparato de apoio que construiu.

Se Sara errou ao escolher Tim, quanto tempo irá transcorrer sem que o reconheça claramente, sem que tenha um ataque do fundo do coração? Ninguém sabe. Uma coisa é certa, porém: conforme o tempo passa, as diferentes alternativas a Tim vão desaparecendo. Ela faria melhor caso decidisse logo se está cometendo um erro.

Claro que falar é mais fácil que fazer. Ela precisa responder a uma pergunta bem complicada: "Sabendo o que sei agora, se eu pudesse voltar no tempo, faria a mesma escolha?" O problema está na primeira parte da questão. O que ela sabe agora precisamente sobre Tim? Quanto de sua opinião sobre ele resulta de uma tentativa desesperada de justificar o compromisso assumido? Sara alega que, desde sua decisão de aceitá-lo de volta, ele se importa mais com ela, está se esforçando para não beber em excesso, aprendeu a preparar uma omelete maravilhosa, etc. (Tendo provado algumas de suas omeletes, tenho lá minhas dúvidas.) O importante, porém, é verificar se *ela* acredita nessas coisas não apenas racionalmente, mas do fundo do coração.

Talvez Sara possa usar um pequeno dispositivo para descobrir quanto de sua satisfação atual com Tim é real e quanto não passa de coerência insensata. Segundo indícios psicológicos, experimentamos nossos sentimentos em relação a alguma coisa uma fração de segundo antes de conseguirmos intelectualizá-la (Murphy e Zajonc, 1993; Van den Berg et al., 2006). Minha suspeita é de que a mensagem enviada pelo fundo do coração seja um sentimento puro e básico. Portanto, se nos instruirmos a prestar atenção, deveríamos registrar o sentimento um pouco antes que o aparato cognitivo entre em ação. De acordo com essa abordagem, se Sara fizesse a si mesma a pergunta crucial "eu faria a mesma escolha de novo?", deveria se concentrar e confiar no primeiro sentimento que experimentasse em resposta. Seria provavelmente o sinal do fundo de seu coração, manifestando-se sem distorção antes que ela possa enganar a si mesma.[6]

Passei a aplicar o mesmo dispositivo sempre que suspeito que possa estar agindo de forma insensatamente coerente. Certa vez eu havia parado na bomba de autoatendimento de um posto de gasolina que anunciava um preço por galão alguns centavos abaixo do valor de outros postos da área. Mas, depois de pegar a mangueira, observei que o preço indicado na bomba era dois centavos superior ao do letreiro do posto. Quando mencionei a diferença a um atendente, que mais tarde descobri ser o dono do posto, ele murmurou, sem me convencer, que o preço havia mudado alguns dias antes e não tivera tempo de corrigir o erro. Pensei no que fazer. Algumas razões para ficar vieram à mente: "preciso muito de gasolina", "esta bomba está livre e estou com pressa", "acho que meu carro funciona melhor com esta marca de combustível".

Eu precisava descobrir se aqueles motivos eram genuínos ou meras justificativas para minha decisão de parar ali. Então fiz a mim mesmo a pergunta crucial: "Sabendo o que sei sobre o verdadeiro preço desta gasolina, se eu pudesse voltar no tempo, faria a mesma escolha de novo?" Concentrando-me no primeiro lampejo de impressões sentidas, a resposta foi clara e inequívoca. Eu não teria parado ali. Reconheci então que, sem a vantagem do preço, aquelas outras razões não me atrairiam para o posto em questão. Elas não haviam criado a decisão; a decisão as havia criado.

Resolvido isso, restava enfrentar outra decisão. Como eu já estava com a mangueira em mãos, não seria melhor usá-la do que sofrer a inconveniência de ir a outro posto e pagar o mesmo preço? Felizmente, o atendente e dono do posto se aproximou e me ajudou a decidir. Ele perguntou por que eu não estava colocando gasolina no carro. Quando respondi que não havia gostado da discrepância de preço, ele foi ríspido: "Veja bem, ninguém vai me dizer como administrar meu negócio. Se acha que estou enganando você, largue esta mangueira *agora* e saia de minha propriedade o mais rápido que puder." Agora certo de que ele era um trapaceiro, fiquei feliz em ser coerente com minha crença e meus desejos. Larguei a mangueira no ato e passei com o carro por cima dela a caminho da saída mais próxima. Às vezes a coerência pode ser algo maravilhosamente recompensador.

Vulnerabilidades especiais

Será que existem tipos específicos de pessoas cuja necessidade de ser coerentes com o que já disseram e fizeram as torna especialmente suscetíveis às táticas de compromisso descritas neste capítulo? A resposta é sim. Para descobrir os traços que caracterizam esses indivíduos, seria útil examinar um incidente doloroso na vida de um astro do esporte.

Os acontecimentos em torno do incidente, conforme descritos na época em matéria da Associated Press ("Grandson's drowning", 2005), parecem intrigantes. Em 1º de março de 2005, o neto de 17 meses da lenda do golfe Jack Nicklaus se afogou numa banheira de hidromassagem. Uma semana depois, Nicklaus, ainda arrasado, negou quaisquer intenções futuras de se dedicar ao golfe, explicando o seguinte: "Acredito que, depois do que aconteceu com nossa família, meu tempo será gasto de formas bem diferentes. Não tenho planos relacionados ao jogo de golfe." Entretanto, no dia daquela declaração, ele abriu duas exceções notáveis: fez uma palestra a um grupo de sócios potenciais de um clube de golfe na Flórida e jogou num torneio beneficente organizado por seu velho rival no esporte Gary Player.

O que foi tão poderoso para afastar Nicklaus da família em luto e atraí-lo a eventos que só podiam ser vistos como frívolos se comparados com aquele que estava compartilhando com seus entes queridos? "Você assume compromissos", ele disse, "e precisa honrá-los." Sua resposta foi direta assim. Embora os pequenos eventos possam ter sido irrelevantes diante do quadro mais amplo, os compromissos que assumiu concordando em participar decididamente não eram irrelevantes – ao menos para ele. Mas por que os compromissos do Sr. Nicklaus eram tão importantes para ele? Ele possuía traços que o impeliam para uma forma extrema de coerência? Na verdade possuía dois: tinha 65 anos e era americano.

Idade. Não surpreende que pessoas com tendência particularmente forte para a coerência em suas atitudes e ações costumem ser vítimas das táticas de influência baseadas nesse princípio. De fato, realizei uma pesquisa que desenvolveu uma escala para medir a preferência pela coerência e descobri exatamente isso. Os indivíduos que mostraram um grau alto de preferência pela coerência se mostraram mais dispostos a satisfazer um solicitante que usasse a técnica do pé na porta ou da bola baixa (Cialdini, Trost e Newsom, 1995). Talvez o mais surpreendente seja que, num estudo complementar envolvendo voluntários de 18 a 80 anos, descobrimos que a preferência pela coerência aumentava com a idade, e que nossas cobaias de mais de 50 anos exibiram a maior inclinação por coerência com seus compromissos anteriores (Brown, Asher e Cialdini, 2005).

Acredito que essa descoberta possa explicar o cumprimento das promessas anteriores feitas por Jack Nicklaus, de 65 anos, mesmo em face de uma tragédia familiar diante da qual poderia perfeitamente descumpri-las: para ser fiel aos seus traços, precisava ser coerente com aquelas promessas. Também acredito que a mesma descoberta possa ajudar a explicar por que os perpetradores de fraudes contra cidadãos mais velhos costumam usar as táticas de compromisso e coerência para enganar sua presa.

Prova disso é um estudo notável da Associação Americana de Aposentados, preocupada com a incidência crescente (e o triste sucesso) de fraudes telefônicas contra seus membros de mais de 50 anos. Numa parceria com detetives de 12 estados americanos, a organização se envolveu numa operação policial para investigar os truques dos vigaristas telefônicos contra os idosos. Foi obtido um acervo de transcrições de fitas de áudio de conversas entre os vigaristas e suas vítimas. Um exame minucioso das gravações pelos pesquisadores Anthony Pratkanis e Doug Shadel (2005) revelou tentativas generalizadas dos fraudadores de obterem – ou às vezes apenas reivindicarem – um compromisso inicial pequeno de uma vítima e depois arrancarem dinheiro cobrando dela aquele compromisso. Observe que, nos trechos de conversas a seguir, o vigarista usa o princípio da coerência como um porrete contra pessoas cuja preferência pela coerência pessoal dá a essa arma uma força terrível.

"Não, não foi só uma conversa a respeito. O senhor fez o pedido. Disse que sim. Disse que sim."
"Bem, o senhor se inscreveu mês passado. Não está lembrando?"
"O senhor nos deu sua palavra a respeito mais de três semanas atrás."
"Recebi uma promessa e um compromisso seu na semana passada."
"O senhor não pode comprar um produto e voltar atrás cinco semanas depois. Não dá para fazer isso."

Individualismo. Existe outro fator além da idade que possa explicar a forte necessidade de Jack Nicklaus de se manter coerente com seus compromissos? Já aludi a esse fator antes: ele é americano, nascido e criado no interior (Ohio) de uma nação que se distingue de grande parte do resto do mundo por sua devoção ao "culto do indivíduo" (Hofstede, 1980; Vandello e Cohen, 1999). Em nações individualistas como os Estados Unidos e alguns países da Europa Ocidental, o foco recai sobre o eu, ao passo que nas sociedades mais coletivistas o foco recai sobre o grupo. Por exemplo, individualistas decidem o que devem fazer numa situação examinando basicamente suas próprias histórias, opiniões e escolhas, e não as de seus pares. Isso deve deixá-los bastante vulneráveis às táticas de influência que usam como alavancagem aquilo que uma pessoa disse ou fez antes.

Para testar essa ideia, meus colegas e eu (Petrova, Cialdini e Sills, 2007) aplicamos uma versão da técnica do pé na porta a um grupo de estudantes da minha universidade – metade nascidos nos Estados Unidos e metade estudantes de países asiáticos menos individualistas. Primeiro pedimos a eles que participassem de uma pesquisa on-line sobre "relacionamentos sociais dentro e fora da universidade" que levaria 20 minutos para ser concluída. Um mês depois, pedimos que participassem de uma pesquisa análoga que levaria 40 minutos. Daqueles que responderam à pesquisa de 20 minutos, entre os estudantes americanos mais individualistas, a propensão em concordar com o pedido de 40 minutos foi mais que o dobro (21,6% contra 9,9%) daquela dos estudantes asiáticos. Por quê? Porque eles, pessoalmente, haviam concordado com um pedido anterior semelhante, e os individualistas decidem o que devem fazer a seguir com base no que fizeram pessoalmente.

Desse modo, membros de sociedades individualistas – sobretudo os mais velhos – precisam ficar alertas para as táticas de influência que começam solicitando apenas um pequeno passo. Aqueles pequenos e cautelosos passos podem levar a saltos grandes e irracionais.

RESUMO

- Os psicólogos reconhecem um desejo na maioria das pessoas de serem e parecerem coerentes com suas palavras, crenças, atitudes e ações. Essa propensão pela coerência é alimentada por três fontes. Primeira, uma grande coerência pessoal é altamente valorizada pela sociedade. Segunda, além do seu efeito sobre a imagem pública, a conduta coerente proporciona uma abordagem benéfica à vida cotidiana. Terceira, uma orientação coerente proporciona um atalho valioso em meio à complexidade da existência moderna. Ao ser coerente com as decisões anteriores, a pessoa reduz a necessidade de processar todas as informações pertinentes em situações semelhantes futuras. Em vez disso, basta que recorde as decisões anteriores e reaja em consonância com elas.

- Dentro do domínio da persuasão, o segredo é assegurar um compromisso inicial. Após tomarem uma posição, as pessoas ficam mais dispostas a concordar com pedidos que sejam compatíveis com o compromisso anterior. Desse modo, muitos profissionais da persuasão tentam induzir as pessoas a assumir uma posição inicial que seja condizente com uma conduta que mais tarde pedirão a elas. Nem todos os compromissos são igualmente eficazes, porém, em produzir ações coerentes no futuro. Os melhores são aqueles ativos, públicos, trabalhosos e vistos como internamente motivados (não coagidos).
- As decisões de compromisso, mesmo equivocadas, têm uma tendência à autoperpetuação porque podem "desenvolver suas próprias pernas". Ou seja, é comum as pessoas acrescentarem novos motivos e justificativas para respaldar a sabedoria dos compromissos que já assumiram. Como consequência, alguns deles permanecem em vigor bem depois de as condições que os incentivaram terem mudado. Esse fenômeno explica a eficácia de certas práticas de consentimento enganadoras, como a "técnica da bola baixa".
- Para reconhecermos e resistirmos à influência indevida das pressões por coerência em nossas decisões de consentimento, devemos dar ouvidos aos sinais oriundos de dois lugares dentro de nós: o estômago e o fundo do coração. Os sinais do estômago aparecem quando percebemos que compromisso e coerência estão nos pressionando a concordar com pedidos que sabemos que não queremos satisfazer. Sob essas circunstâncias, é melhor explicar ao solicitante que o consentimento constituiria uma forma de coerência insensata em que preferimos não nos engajar. Os sinais do fundo do coração são diferentes. Sua aplicação ideal é quando não está claro para nós que um compromisso inicial era equivocado. Aqui devemos nos fazer a pergunta crucial: "Sabendo o que sei agora, se eu pudesse voltar no tempo, assumiria o mesmo compromisso?" Concentre-se na primeira coisa que sentir. As táticas de compromisso e coerência tendem a funcionar especialmente bem com membros de sociedades individualistas, sobretudo aqueles acima de 50 anos.

PERGUNTAS DE ESTUDO

Domínio do conteúdo

1. Por que queremos parecer e ser coerentes na maioria das situações?
2. Por que achamos a coerência, mesmo rígida e obstinada, desejável em muitas situações?
3. Quais são os quatro fatores que fazem com que um compromisso afete a autoimagem da pessoa e suas ações futuras?
4. O que torna os compromissos por escrito tão eficazes?
5. Qual é a relação entre a tática de consentimento da bola baixa e o termo "desenvolver suas próprias pernas"?

Pensamento crítico

1. Suponha que você esteja aconselhando soldados americanos sobre como evitar pressões pela coerência, como aquelas usadas para obter a colaboração dos prisioneiros de guerra durante a Guerra da Coreia. O que você diria a eles?
2. Referindo-se à extrema fidelidade dos proprietários de motocicletas Harley-Davidson, um comentarista observou: "Se você consegue persuadir seus clientes a tatuarem seu nome no peito, provavelmente nunca precisará temer que mudem de marca." Explique por que isso seria verdade. Em sua resposta, faça referência a cada um dos quatro fatores que maximizam o poder de um compromisso em ações futuras.
3. Imagine que você esteja desmotivado para estudar para uma prova importante daqui a menos de uma semana. Explorando seu conhecimento do processo de compromisso, descreva o que você faria para se encorajar a estudar o tempo necessário. Explique por que as ações que você escolheu deverão funcionar.
4. Pense na grande cerimônia tradicional de casamento que caracteriza a maioria das culturas. Quais aspectos desse tipo de evento podem ser vistos como dispositivos de compromisso para o casal e suas famílias?

4
APROVAÇÃO SOCIAL
Nós somos a verdade

Onde todos pensam igual, ninguém pensa muito.
– Walter Lippmann

Não conheço ninguém que goste daquelas risadas de fundo nas comédias da TV. Na verdade, ao fazer uma pesquisa de opinião com pessoas que vieram ao meu escritório um dia – diversos estudantes, dois técnicos de operadora de telefonia, vários professores universitários e o zelador –, esse aspecto da televisão foi bastante criticado. Elas acharam a incessante trilha de risadas idiota, falsa e óbvia. Embora minha amostra fosse pequena, acredito que reflita com exatidão os sentimentos negativos da maioria do público americano em relação às risadas forçadas.

Por que, então, o riso enlatado é tão popular entre os executivos da TV? Eles conseguiram seus altos cargos e ótimos salários por saberem como dar ao público o que ele quer. No entanto, empregam religiosamente as trilhas de risadas que seu público acha desagradáveis e fazem isso sob os protestos de muitos de seus artistas mais talentosos. Não é raro que diretores, roteiristas e atores aclamados exijam a eliminação das risadas nos projetos de televisão que realizam.

O que o riso enlatado possui que é tão atraente a esses executivos? Por que essas pessoas astutas e experientes defendem uma prática que seus espectadores potenciais acham detestável e que seus talentos mais criativos consideram insultante? A resposta é simples mas intrigante: eles sabem o que dizem as pesquisas. Experimentos descobriram que a alegria enlatada faz o público rir por mais tempo e mais vezes durante a apresentação de material humorístico, fazendo com que o achem mais engraçado (Provine, 2000). Além disso, existem indícios de que o riso enlatado atinge a máxima eficácia com piadas ruins (Nosanchuk e Lightstone, 1974).

À luz desses dados, as atitudes dos executivos da TV fazem todo sentido. A introdução de trilhas de risadas em sua programação cômica aumenta as reações bem-humoradas e positivas do público, mesmo – e especialmente – quando o material é de má qualidade.

Resolvido o mistério do uso generalizado de trilhas de risadas, resta uma questão mais intrigante: por que o riso enlatado funciona tão bem? Agora não são mais os executivos da televisão que parecem estranhos. Eles estão agindo de maneira lógica e em seu próprio interesse. Em vez disso, é o comportamento do público que parece esquisito. Por que deveríamos rir mais de um material cômico envolto numa alegria mecanicamente forjada?

Os executivos não estão nos enganando. Qualquer um consegue reconhecer o riso gravado. É tão flagrante, tão claramente falsificado, que não dá para confundir com a risada autêntica. Sabemos muito bem que os risos ouvidos não refletem a qualidade humorística da piada, que não são criados por um público genuíno e espontâneo, mas por técnicos num painel de controle. Porém, mesmo sendo uma falsificação grosseira, funciona conosco.

O PRINCÍPIO DA APROVAÇÃO SOCIAL

Para descobrir por que o riso enlatado é tão eficaz, precisamos primeiro entender a natureza de outra potente arma de influência: o princípio da aprovação social. Segundo ele, decidimos o que é correto descobrindo o que as outras pessoas acham que é correto (Lun et al., 2007). Aplica-se especialmente à maneira como decidimos o que constitui um comportamento adequado: *consideramos um comportamento adequado em dada situação na medida em que o vemos ser seguido pelos outros.*

A tendência a considerar apropriada uma ação quando realizada pelos outros normalmente funciona bem. Via de regra, cometeremos menos erros agindo de acordo com as evidências sociais do que contra elas. Em geral, quando muitas pessoas estão fazendo alguma coisa, trata-se da ação certa. Essa característica do princípio da aprovação social é ao mesmo tempo sua maior força e sua maior fraqueza. Como as outras armas de influência, fornece um atalho conveniente para definir o comportamento, mas, ao mesmo tempo, torna seu usuário vulnerável aos ataques dos aproveitadores que estão à espreita.

No caso do riso enlatado, o problema começa quando passamos a reagir à aprovação social de forma tão maquinal e impensada que podemos ser enganados por dados parciais ou falsos. Nossa insensatez não está em usar o riso dos outros para nos ajudar a decidir o que é engraçado; isso condiz com o bem fundamentado princípio da aprovação social. O insensato é fazer isso em reação a um riso claramente fraudulento. De algum modo, apenas um aspecto do humor – um som – opera como sua essência.

O exemplo da perua e da doninha apresentado no Capítulo 1 é bastante instrutivo. Como o piar dos filhotes de peru costuma estar associado a perus recém-nascidos, suas mães exibirão ou negarão os cuidados maternais com base apenas naquele som. Lembre-se de como, consequentemente, foi possível enganar uma perua com uma doninha empalhada na medida em que a réplica tocava o gorjeio gravado de um filhote de peru. O som simulado foi suficiente para ativar na perua a fita do comportamento maternal.

A lição da perua e da doninha ilustra de forma perturbadora o relacionamento entre o espectador comum e os executivos da TV que insistem na trilha de risadas. Nós nos acostumamos tanto a aceitar as reações bem-humoradas dos outros como sinais do que merece risos que podemos também ser levados a reagir ao som, e não à substância, da coisa real. Assim como o piar removido da realidade de um filhote consegue estimular uma perua a oferecer cuidados maternos, uma risada gravada removida da realidade de um público genuíno consegue nos estimular a rir. Os executivos da televisão estão explorando nosso gosto por atalhos, nossa tendência a reagir automaticamente com base em indícios parciais. Eles sabem que suas fitas darão a deixa para nossas fitas. *Clique, zum.*

O poder das pessoas

Os executivos da TV não estão sozinhos em seu uso da aprovação social para obter lucros. Nossa tendência a pressupor que uma ação é mais correta quando realizada por outros é explorada numa variedade de cenários. Muitos barmen põem notas de dinheiro em suas caixinhas de gorjetas no início de uma noite para simular gorjetas deixadas por clientes anteriores e, portanto, dar a impressão de que colocar dinheiro na caixinha é um comportamento apropriado num bar. As igrejas fazem parecido com as cestas de coleta de donativos pelo mesmo motivo e com o mesmo efeito positivo. Existem pastores evangélicos que incluem na plateia farsantes treinados para subir ao púlpito em determinado momento e dar depoimentos e doações.

Os publicitários adoram nos informar quando um produto é "o que mais cresce" ou "o que mais vende" porque não precisam nos convencer diretamente de que o produto é bom. Basta dizer que muitos consumidores acham isso, o que parece ser uma prova suficiente.

Os produtores de maratonas televisivas de arrecadação de doações dedicam um tempo extraordinário à listagem incessante dos espectadores que já prometeram contribuições. A mensagem comunicada aos que ainda não participaram é clara: "Veja todas essas pessoas que decidiram contribuir. Deve ser a coisa certa a fazer."

Certos proprietários de casas noturnas forjam um tipo visível de aprovação social da qualidade de seus estabelecimentos criando longas filas de espera do lado de fora quando há bastante lugar lá dentro. Vendedores são treinados a "temperar" suas ofertas com numerosos relatos de indivíduos que compraram o produto.

O consultor de vendas e motivação Cavett Robert capta perfeitamente o princípio em seu conselho aos trainees de vendas: "Como 95% das pessoas são imitadoras e apenas 5% iniciadoras, elas são mais persuadidas pelas ações dos outros do que por qualquer prova que possamos oferecer."

Pesquisadores também têm empregado procedimentos baseados no princípio da aprovação social – às vezes com resultados espantosos.[1] Um psicólogo em particular, Albert Bandura, foi pioneiro no desenvolvimento de ações desse tipo para eliminar comportamentos indesejáveis. Bandura e seus colegas mostraram como pessoas que sofrem de fobias podem se livrar desses medos extremos de forma incrivelmente simples. Num de seus estudos (Bandura, Grusec e Menlove, 1967), crianças de uma escola maternal, escolhidas porque sentiam medo de cachorros, apenas observaram todo dia, durante 20 minutos, um menininho brincando feliz com um cão. Essa exibição produziu mudanças tão marcantes nas reações das crianças medrosas que, após apenas quatro dias, 67% delas estavam dispostas a entrar num cercado com um cachorro e permanecer ali acariciando o animal enquanto todas as outras deixavam a sala. Além disso, quando os pesquisadores voltaram a testar os níveis de medo das crianças, um mês depois, descobriram que a melhora não diminuíra durante aquele tempo. Na verdade, as crianças estavam mais dispostas do que nunca a interagir com os cães.

Uma descoberta prática importante foi feita num segundo estudo de crianças com medo extremo de cachorros (Bandura e Menlove, 1968). Para reduzir seus temores, não foi necessário fornecer demonstrações ao vivo de outra criança brincando com um cão. Trechos de filmes tiveram o mesmo impacto. Os mais eficazes foram aqueles mostrando várias crianças interagindo com seus animais. Aparentemente, o princípio da aprovação social funciona melhor quando a prova é fornecida pelas ações de muitas pessoas.[2]

A influência poderosa de exemplos filmados em mudar o comportamento das crianças pode ser usada como terapia para vários outros problemas. Alguns indícios impressionantes estão disponíveis na pesquisa do psicólogo Robert O'Connor (1972) sobre crianças socialmente retraídas na pré-escola. Todos já viram crianças desse tipo: supertímidas, isoladas, à margem das brincadeiras e dos grupinhos. O'Connor temia que essa conduta prematura fosse o princípio do que poderia se tornar um padrão duradouro de isolamento, que por sua vez criaria dificuldades persistentes para a socialização na vida adulta.

Numa tentativa de reverter o padrão, O'Connor preparou um filme contendo 11 cenas diferentes num ambiente de escola maternal. Cada cena começava mostrando uma criança solitária observando alguma atividade social e depois participando de maneira ativa, para alegria de todos. O'Connor selecionou um grupo das crianças mais retraídas de quatro pré-escolas e mostrou-lhes o filme. O impacto foi impressionante. Após assistirem ao filme, as crianças isoladas imediatamente passaram a interagir com seus colegas num nível idêntico ao das crianças normais.

Ainda mais espantoso foi o que O'Connor descobriu quando voltou às escolas seis semanas depois para observar. Enquanto as crianças retraídas que não tinham visto o filme de O'Connor permaneceram tão isoladas quanto antes, aquelas que o *tinham* visto eram agora líderes em quantidade de atividade social. Parece que aquele filme de 23 minutos, assistido uma só vez, foi suficiente para reverter um padrão potencial de comportamento desajustado vitalício. Tal é o poder do princípio da aprovação social.[3]

Após o dilúvio

Quando se trata de demonstrar a força da aprovação social, uma ilustração é de longe a minha favorita. Diversos fatores contribuem para sua atratividade: ela oferece um exemplo excelente do pouco usado método da observação participante, em que um cientista estuda um processo mergulhando em sua ocorrência natural; fornece informações de interesse a grupos tão diversos como historiadores, psicólogos e teólogos; e, mais importante, mostra como os indícios sociais podem ser usados em nós – não pelos outros, mas por nós mesmos – para fazer com que pareça verdade aquilo que preferimos que seja verdade.

A história é velha, exigindo um exame de dados antigos, pois o passado está repleto de movimentos religiosos milenares. Diferentes seitas e cultos profetizaram que, numa data específica, chegaria um período de redenção e grande felicidade para quem acreditasse nos ensinamentos do grupo. Em cada caso se previu que o início de uma era de salvação seria marcado por um acontecimento importante e inegável, em geral o fim cataclísmico do mundo. Claro que essas previsões invariavelmente se mostraram falsas, para o desânimo profundo dos membros daqueles grupos.

No entanto, logo após o fracasso óbvio da profecia, a história registra um padrão enigmático. Em vez de se dispersarem desiludidos, os adeptos da seita muitas vezes se fortalecem em suas convicções. Arriscando ser ridicularizados pela população, saem às ruas, publicamente reafirmando seu dogma e buscando adeptos com um fervor que é intensificado, e não enfraquecido, pela clara revogação de uma crença central.

Assim aconteceu com os montanistas da Turquia no século II, com os anabatistas da Holanda no século XVI, com os sabatistas de Izmir no século XVII e com os milleristas (seguidores de William Miller) americanos do século XIX. E, segundo um trio de cientistas sociais interessados, o mesmo poderia ocorrer com um culto apocalíptico na Chicago de hoje. Os cientistas – Leon Festinger, Henry Riecken e Stanley Schachter –, na época colegas na Universidade de Minnesota, ouviram falar do grupo de Chicago e acharam que ele merecia um estudo atento. Sua decisão de ingressar anonimamente na seita a fim de investigá-la, bem como de colocar observadores pagos adicionais em suas fileiras, resultou num valioso relato em primeira mão dos acontecimentos antes e depois do dia da catástrofe prevista (Festinger, Riecken e Schachter, 1964).

A seita de crentes era pequena, nunca ultrapassando 30 membros. Seus líderes eram um homem e uma mulher de meia-idade, cujos nomes os pesquisadores mudaram para Dr. Thomas Armstrong e Sra. Marian Keech. O Dr. Armstrong, um médico da equipe de saúde de uma faculdade, mantinha um interesse em misticismo, ocultismo e discos voadores. Como tal, servia como uma autoridade respeitada sobre esses temas para o grupo. A Sra. Keech, porém, era o centro das atenções e atividades. No início do ano começara a receber mensagens estranhas de seres espirituais, que ela chamou de Guardiões, situados em outro planeta. Essas mensagens, fluindo pelas mãos de Marian Keech pelo dispositivo da "escrita automática", formavam o grosso do sistema de crenças religiosas da seita e eram vagamente associadas ao pensamento cristão tradicional.

As mensagens dos Guardiões adquiriram uma importância nova quando começaram a prever um grande e iminente desastre: um dilúvio que começaria no hemisfério ocidental e acabaria engolindo o mundo. Embora os membros da seita ficassem alarmados no início, mensagens posteriores asseguraram que eles, e todos aqueles que acreditassem nas lições enviadas através da Sra. Keech, sobreviveriam. Antes da calamidade, homens do espaço chegariam e levariam os crentes em discos voadores para um local seguro, supostamente outro planeta. Pouquíssimos detalhes foram passados sobre o resgate, exceto que os crentes deveriam se preparar ensaiando certas senhas que seriam trocadas e removendo todos os metais de suas roupas – porque usar ou carregar metais tornaria bastante perigosa a viagem no disco voador.

À medida que Festinger, Riecken e Schachter observavam os preparativos durante as semanas anteriores à data do dilúvio, notaram com especial interesse dois aspectos significativos na conduta dos membros. Primeiro, o nível de comprometimento com o sistema de crenças da seita era muito elevado. Prevendo o abandono da Terra condenada, os membros do grupo deram passos irreversíveis. A maioria, mesmo sofrendo a oposição da família e dos amigos, persistiu em suas convicções, ainda que isso significasse perder a afeição dessas pessoas.

Diversos membros sofreram processos na justiça, movidos por vizinhos ou familiares, para que fossem declarados mentalmente incapazes. A irmã do Dr. Armstrong entrou com um pedido para que seus dois filhos mais novos fossem retirados de sua custódia. Muitos crentes abandonaram o emprego ou negligenciaram os estudos para se dedicar 100% ao movimento. Alguns até doaram ou jogaram fora seus pertences, acreditando que em breve perderiam sua utilidade. Aquelas eram pessoas cujas convicções permitiam suportar enormes pressões sociais, econômicas e legais, e cujo comprometimento com seu dogma crescia conforme resistiam a cada pressão.

O segundo aspecto significativo nas ações dos religiosos antes do dilúvio era uma forma curiosa de inação. Para indivíduos tão convictos da validade de sua crença, surpreende que se empenhassem tão pouco em espalhar a notícia. Embora de início tenham divulgado o desastre iminente, não faziam nenhuma tentativa de converter ativamente outras pessoas. Estavam dispostos a soar o alarme e aconselhar aqueles que respondessem de forma voluntária, nada mais.

A aversão do grupo aos esforços de recrutamento era evidente não só pela falta de tentativas de persuasão pessoal. Vários assuntos eram mantidos em sigilo – cópias extras das lições eram queimadas, senhas e sinais secretos eram instituídos, o teor de certas gravações em fita não era discutido com pessoas de fora (as fitas eram tão secretas que mesmo crentes antigos estavam proibidos de anotar seu conteúdo). A publicidade era evitada. À medida que o dia do desastre se aproximava, números crescentes de repórteres de jornais, televisão e rádio convergiram para o quartel-general do grupo, na casa de Keech. A maioria foi mandada embora ou ignorada.

Embora desencorajados por um tempo, os representantes da mídia retornaram quando as atividades religiosas do Dr. Armstrong causaram sua demissão da equipe de saúde da faculdade. Um repórter especialmente insistente foi ameaçado de processo. Um cerco similar foi repelido na véspera do dilúvio, quando um enxame de jornalistas pressionou e importunou os crentes em busca de informações. Mais tarde, os pesquisadores sintetizaram em tom respeitoso a posição pré-dilúvio do grupo sobre a exposição pública e o recrutamento: "Expostos a um imenso surto de publicidade, haviam tentado ao máximo se esquivar da fama; diante de dezenas de oportunidades de fazer adeptos, tinham permanecido evasivos e reservados, comportando-se com uma indiferença quase superior" (Festinger et al., 1964).

No final, quando todos os repórteres e curiosos haviam sido retirados da casa, os crentes começaram os preparativos finais para a chegada da espaçonave, marcada para a meia-noite daquele dia. A cena, conforme vista por Festinger, Riecken e Schachter, deve ter parecido uma apresentação de teatro do absurdo. Pessoas aparentemente normais – donas de casa, estudantes universitários, um aluno do ensino médio, um editor, um médico, um balconista de loja de ferragens e sua mãe – estavam levando a sério aquela tragicomédia. Eles se orientavam por uma dupla de membros que mantinham contato constante com os Guardiões. As mensagens escritas de Marian Keech estavam sendo complementadas naquela noite por Bertha, uma ex-esteticista que era usada pelo "Criador" para passar instruções. Eles ensaiaram suas falas com seriedade, entoando em coro as respostas a serem dadas antes de adentrarem o disco voador do resgate. Discutiram se a mensagem de alguém que telefonou e se identificou como o Capitão Vídeo – um personagem de uma série de ficção científica da época – deveria ser interpretada como uma brincadeira ou uma comunicação codificada de seus salvadores.

Obedecendo à recomendação de não levarem nenhum metal no disco voador, os crentes trajavam roupas das quais todas as peças metálicas haviam sido arrancadas. Os ilhoses de metal de seus sapatos foram retirados. As mulheres estavam sem sutiã ou usavam lingerie sem as barbatanas de metal. Os homens haviam retirado o zíper da calça, presa por barbante no lugar do cinto.

Com a aproximação da hora marcada para a partida, os crentes entraram numa calma silenciosa de expectativa. Os cientistas deram um relato detalhado dos acontecimentos durante aquele momento significativo.

Os últimos 10 minutos foram preocupantes para o grupo na sala de estar. Não tinham nada a fazer exceto ficar sentados e aguardar. No tenso silêncio dois relógios tiquetaqueavam alto, um cerca de 10 minutos adiantado em relação ao outro. Quando o mais adiantado marcou meia-noite e cinco, um dos observadores fez uma observação em voz alta sobre o fato e um coro de pessoas respondeu que a meia-noite ainda não tinha chegado. Bob Eastman afirmou que o relógio mais atrasado marcava a hora certa. Ele o havia acertado somente naquela tarde. Mostrava apenas quatro minutos para a meia-noite.

Aqueles quatro minutos decorreram em completo silêncio, com exceção de uma única observação. Quando o relógio [mais atrasado] no consolo da lareira mostrou que faltava apenas um minuto para a chegada do guia do disco voador, Marian exclamou em voz tensa e estridente: "E nenhum plano deu errado." O relógio soou meia-noite e cada pancada foi dolorosamente ouvida no silêncio expectante. Os crentes estavam sentados imóveis.

Seria de se esperar alguma reação visível. Era meia-noite e nada ocorrera. O próprio cataclismo estava a menos de sete horas de distância. Mas pouco se via nas reações das pessoas na sala. Não havia conversa, nenhum som. Os crentes estavam sentados imóveis, rostos aparentemente congelados e inexpressivos. Mark Post foi a única pessoa que chegou a se mexer. Ele se deitou no sofá e fechou os olhos, mas não dormiu. Os outros nada mostravam na superfície, embora ficasse claro mais tarde que haviam sido duramente atingidos. [...]

De forma gradual e penosa, uma atmosfera de desespero e confusão dominou o grupo. Eles reexaminaram a previsão e as mensagens associadas. O Dr. Armstrong e a Sra. Keech reiteraram sua fé. Os crentes refletiram sobre sua decepção e descartaram várias explicações como insatisfatórias. A certa altura, em torno das quatro horas da madrugada, a Sra. Keech irrompeu num choro amargurado. Soluçando, disse que sabia que alguns estavam começando a duvidar, mas que o grupo deveria iluminar aqueles que mais precisavam e se manter coeso. Os demais crentes vinham perdendo o controle também. Dava para ver que estavam todos abalados, muitos à beira das lágrimas. Eram quase quatro e meia e ainda não haviam encontrado um meio de enfrentar a falha da profecia. Àquela altura, grande parte do grupo já falava abertamente sobre a ausência da espaçonave à meia-noite. O grupo parecia à beira da dissolução (Festinger et al., 1964, pp. 162-163, 168).

Em meio à dúvida crescente, com a confiança dos crentes começando a ser abalada, os pesquisadores testemunharam dois incidentes notáveis, um após o outro. O primeiro ocorreu em torno de 4h45, quando a mão de Marian Keech subitamente começou a transcrever pela "escrita automática" uma mensagem sagrada do além. Ao ser lida em voz alta, a comunicação se revelou uma explicação elegante dos acontecimentos daquela noite. "O pequeno grupo, sentado sozinho por toda a noite, havia espalhado tanta luz que Deus salvara o mundo da destruição." Embora perfeita e eficiente, aquela explicação não foi totalmente satisfatória. Após ouvi-la, um dos membros se levantou, pôs o chapéu e a jaqueta e saiu, para nunca mais voltar. Algo mais era necessário para restaurar os níveis de fé anteriores dos crentes.

Foi aí que ocorreu o segundo incidente notável para suprir essa necessidade. Mais uma vez, as palavras daqueles que estavam presentes oferecem uma descrição viva:

A atmosfera no grupo mudou abruptamente, bem como seu comportamento. Minutos após a leitura da mensagem explicando a não confirmação da profecia, a Sra. Keech recebeu outra mensagem instruindo-a a divulgar a explicação. Ela apanhou o telefone e pôs-se a discar o número de um jornal. Enquanto aguardava que a ligação se completasse, alguém perguntou: "Marian, esta é a primeira vez que você liga pessoalmente para o jornal?" Sua resposta foi imediata: "Ah, sim. É a primeira vez que ligo para eles. Não tinha nada a lhes dizer antes, mas agora sinto que é urgente." O grupo inteiro poderia ter ecoado seus sentimentos, pois todos tiveram a mesma sensação de urgência. Assim que Marian terminou sua ligação, os outros membros se revezaram ligando para jornais, agências de notícias, emissoras de rádio e revistas de circulação nacional para espalhar a explicação do fracasso do dilúvio. Em seu desejo de disseminar a notícia de forma rápida e ressonante, os crentes agora abriam à atenção pública temas que até então eram secretos. Enquanto horas antes haviam expulsado repórteres de jornais e lamentado a atenção obtida na imprensa, agora buscavam, ávidos, a publicidade (Festinger et al., 1964, p. 170).

Mudaram não apenas as antigas políticas em relação a sigilo e publicidade, mas também a atitude do grupo em relação a adeptos potenciais. Se os candidatos que antes visitavam a casa haviam quase todos sido ignorados, mandados embora ou tratados com pouca atenção, o dia seguinte à decepção viu uma história diferente. O grupo admitia todos os que telefonavam, respondia todas as perguntas e tentava converter todos aqueles visitantes.

A que podemos atribuir a reviravolta dos crentes? Em poucas horas haviam mudado de um grupo exclusivista e taciturno, que relutava em compartilhar a "revelação", para um grupo expansivo, ávido por disseminá-la. O que os teria levado a escolher um instante tão malfadado – quando o fracasso do dilúvio deveria fazer com que os céticos considerassem os crentes e seu dogma ridículos?

O acontecimento crucial se deu em algum ponto durante "a noite do dilúvio", quando se tornou cada vez mais claro que a profecia não seria cumprida. Estranhamente, não foi sua certeza anterior que levou os membros a propagar a sua crença, mas a sensação desagradável de incerteza. Foi a percepção iminente de que, se as previsões da vinda da espaçonave e do dilúvio estavam erradas, todo o sistema de crenças em que repousavam também poderia estar. Para as pessoas reunidas na sala de Keech, aquela possibilidade crescente deve ter parecido insuportável.

Os membros do grupo haviam ido longe demais e renunciado a muitas coisas. A vergonha, o custo econômico e as zombarias resultantes da destruição de suas crenças seriam insuportáveis.

Imagine o beco sem saída em que se viram o Dr. Armstrong e seus seguidores à medida que a manhã se aproximava. Tão intenso era o compromisso com suas crenças que nenhuma outra verdade era tolerável. No entanto, aquele conjunto de crenças havia recebido um golpe implacável da realidade física: nenhum disco voador havia aterrissado, nenhum homem do espaço batera na porta, nenhum dilúvio chegara, nada acontecera conforme profetizado. Como a única forma aceitável de verdade tinha sido sobrepujada pela prova física, só restava uma saída para o grupo. Outro tipo de prova para a validade de suas crenças precisava ser criado: a aprovação social.

Isso, então, explica sua súbita transformação de conspiradores sigilosos em missionários ardorosos. Explica também o momento curioso da mudança: precisamente quando a desarticulação de suas crenças os tornara menos convincentes para os não membros. Era necessário se arriscarem ao escárnio e à zombaria dos céticos, porque na publicidade e nos esforços de recrutamento restava a única esperança. Se pudessem espalhar a profecia, se pudessem informar os ignorantes, se pudessem convencer os céticos e, assim agindo, conquistar novos adeptos, suas crenças queridas, mas ameaçadas, se tornariam *mais verdadeiras*. O princípio da aprovação social sustenta: *Quanto maior o número de pessoas que acham uma ideia correta, mais um dado indivíduo irá considerá-la correta.* A missão do grupo era clara: já que os dados físicos não podiam ser mudados, mudariam os dados sociais. Convença, e você será convencido.[4]

CAUSA DE MORTE: INCERTEZA

Todas as armas de influência discutidas neste livro funcionam melhor sob certas condições. Para nos defendermos adequadamente contra elas, é essencial conhecermos suas condições ideais de operação para reconhecermos quando estamos mais vulneráveis à sua influência. Já tivemos uma pista de qual seria esse momento quando o princípio da aprovação social funcionou melhor com os crentes de Chicago. Foi uma sensação de confiança abalada que desencadeou sua ânsia por adeptos. Em geral, quando estamos inseguros, quando a situação está obscura ou ambígua, quando a incerteza domina, aumenta nossa tendência a aceitar as ações dos outros como corretas (Sechrist e Stangor, 2007; Wooten e Reed, 1998; Zitek e Hebl, 2007).

Outra maneira pela qual a incerteza se desenvolve é na falta de familiaridade com uma situação. Nessas circunstâncias, as pessoas se dispõem mais a seguir a liderança dos outros. Vejamos como essa percepção simples permitiu que um homem se tornasse multimilionário.

Após adquirir diversas pequenas mercearias em 1934, Sylvan Goldman percebeu que seus clientes paravam de comprar quando suas cestas de compra ficavam pesadas demais. Isso o inspirou a inventar o carrinho de compras, que em sua forma inicial era uma cadeira dobrável equipada com rodas e um par de cestas de metal pesadas. O invento tinha um aspecto tão estranho que, de início, nenhum dos fregueses de Goldman estava disposto a usá-lo – mesmo depois de ele fabricar um suprimento mais do que adequado, colocar diversos carrinhos num local visível da loja e instalar cartazes descrevendo seu uso e seus benefícios. Frustrado e quase desistindo, experimentou mais uma ideia para reduzir a incerteza dos clientes – baseada na aprovação social. Contratou compradores para andar com os carrinhos pela loja. Como resultado, seus verdadeiros clientes logo começaram a imitá-los. Sua invenção arrebatou o país e ele morreu riquíssimo, com um patrimônio de mais de 400 milhões de dólares (Dauten, 2004).

No processo de examinar as reações das outras pessoas para resolver nossa incerteza, costumamos negligenciar um fato sutil mas importante: aquelas pessoas provavelmente estão também examinando as provas sociais. Sobretudo numa situação ambígua, a tendência de todos observarem o que os demais estão fazendo pode levar a um fenômeno fascinante denominado *ignorância pluralista*. Uma compreensão profunda desse fenômeno ajuda a explicar uma ocorrência frequente nos Estados Unidos que tem sido tachada de enigma e desgraça nacional: a incapacidade de grupos inteiros de transeuntes de ajudar vítimas que precisam desesperadamente de ajuda.

O exemplo clássico dessa inação – e que gerou muitos debates nos círculos jornalísticos, políticos e científicos – começou como um caso comum de homicídio no distrito nova-iorquino do Queens. Catherine Genovese, de quase 30 anos, foi morta tarde da noite em sua rua quando voltava do trabalho. Um homicídio não é algo que passa despercebido, mas numa cidade com o tamanho e as características de Nova York, o incidente de Genovese mereceu no máximo uma fração de uma coluna no *The New York Times*. A história de Catherine Genovese teria morrido junto com ela naquele dia de março de 1964 se não tivesse ocorrido um erro.

O editor metropolitano do *Times*, A. M. Rosenthal, por acaso almoçou com o chefe de polícia da cidade uma semana depois. Rosenthal indagou do delegado sobre um outro homicídio no Queens, e este, pensando que se tratasse do caso de Genovese, revelou algo estarrecedor que havia sido descoberto pela investigação policial. Catherine Genovese não sofrera uma morte rápida e silenciosa. Seu assassinato tinha sido um acontecimento *público* longo, ruidoso e torturante. Seu agressor havia perseguido a mulher na rua e a atacara três vezes num período de 35 minutos antes que sua faca enfim silenciasse os gritos por socorro. Por incrível que pareça, 38 de seus vizinhos assistiram ao crime da segurança das janelas de seus apartamentos sem levantar sequer um dedo a fim de ligar para a polícia.

Rosenthal, jornalista ganhador de um Prêmio Pulitzer, sabia reconhecer quando estava diante de uma matéria importante. No dia de seu almoço com o chefe de polícia, designou um repórter para investigar o "ângulo dos observadores" do incidente de Genovese. Após uma semana, o *Times* publicou um longo artigo de primeira página que viria a criar um turbilhão de controvérsias e especulação. Os parágrafos iniciais daquela reportagem deram o tom e o foco da matéria:

> *Por mais de meia hora, 38 cidadãos respeitáveis e cumpridores da lei do Queens presenciaram um assassino perseguindo e esfaqueando uma mulher em três ataques separados em Kew Gardens.*
>
> *Por duas vezes, o som de suas vozes e o súbito brilho das lâmpadas de seus quartos o interromperam e o afugentaram. A cada vez ele retornou, procurou a vítima e a esfaqueou novamente. Ninguém ligou para a polícia durante a agressão. Uma testemunha telefonou depois que a vítima estava morta.*
>
> *Isso aconteceu duas semanas atrás. Mas o vice-inspetor geral Frederick M. Lussen, um veterano com 25 anos de experiência em investigações de homicídio e encarregado dos policiais do bairro, continua chocado.*
>
> *Ele consegue citar uma lista trivial de muitos homicídios. Mas o assassinato de Kew Gardens o intriga – não por ser um assassinato, mas porque "pessoas de bem" deixaram de chamar a polícia* (Ganzberg, 1964, p. 7).

Como aconteceu com o vice-inspetor Lussen, as reações normais de quase todos os que souberam dos detalhes da ocorrência foram de choque e espanto. O choque veio primeiro, deixando a polícia, os jornalistas e o público leitor abismados. O espanto logo se seguiu. Como 38 "pessoas de bem" deixaram de agir sob aquelas circunstâncias? Ninguém conseguia entender. As próprias testemunhas do homicídio estavam perplexas. "Não sei", responderam, uma após outra. "Simplesmente não sei." Algumas ofereceram justificativas fracas para sua inércia. Por exemplo, duas ou três pessoas explicaram que estavam com medo ou não quiseram se envolver. Aquelas razões, porém, não resistem a uma análise mais atenta: uma simples chamada anônima para a polícia poderia ter salvado Catherine Genovese sem ameaçar a segurança futura ou ocupar o tempo livre das testemunhas. Não, não foi o medo de complicar sua vida que explicou a falta de ação dos observadores. Algo mais estava acontecendo ali, e nem eles eram capazes de compreender.

A confusão, porém, não dá uma boa matéria de jornal. Portanto a imprensa enfatizou a única explicação disponível na época: as testemunhas, não diferindo do resto das pessoas, não se importaram o bastante para se envolverem. Os Estados Unidos estavam se tornando uma nação de pessoas egoístas e insensíveis. Os rigores da modernidade, especialmente a vida urbana, estavam deixando-as assim.

Em apoio a essa interpretação, começaram a aparecer matérias frequentes detalhando diferentes tipos de apatia pública. Também respaldaram aquela interpretação as observações de uma série de comentaristas sociais. Eles acharam que o caso de Genovese tinha uma grande importância social. Todos empregaram a palavra *apatia*, a qual, é interessante observar, constara da manchete do *Times*, embora a explicassem de modo diferente. Um a atribuiu aos efeitos da violência na TV, outro à agressividade reprimida, mas a maioria culpou a "despersonalização" da vida urbana com suas "sociedades das megalópoles" e a "alienação do indivíduo em relação ao grupo". Mesmo Rosenthal, o jornalista que primeiro divulgou a história e que acabou fazendo dela tema de um livro, aceitou a teoria da apatia causada pela cidade:

> *Ninguém sabe explicar por que as 38 pessoas não pegaram o telefone enquanto a Srta. Genovese era atacada, pois elas mesmas não sabem dizer. Pode-se presumir, porém, que sua apatia foi típica da cidade grande. É quase uma questão de sobrevivência psicológica, quando se está cercado e pressionado por milhões de pessoas, impedir que elas constantemente se intrometam em sua vida, e a única forma de fazer isso é ignorá-las ao máximo. A indiferença em relação aos vizinhos e aos seus problemas é um reflexo condicionado da vida em Nova York, assim como em outras grandes cidades* (A. M. Rosenthal, 1964, pp. 82-83).

Além de ser tema do livro de Rosenthal e de inúmeras matérias de jornais e revistas, documentários da televisão e uma peça off-Broadway, a história de Genovese atraiu a atenção profissional de dois professores de psicologia de Nova York, Bibb Latané e John Darley (1968b). Eles examinaram os relatos do incidente e, com base em seus conhecimentos de psicologia social, depararam com o que parecia a explicação mais improvável de todas – o fato de que 38 testemunhas estavam presentes. Relatos anteriores do caso tinham enfatizado que nenhuma ação foi tomada, embora 38 indivíduos estivessem observando. Latané e Darley sugeriram que ninguém ajudara *justamente* porque havia tantos observadores.

Os psicólogos especularam que, por pelo menos dois motivos, um observador de uma emergência tende a não prestar ajuda quando existem vários outros observadores presentes. O primeiro motivo é simples. *Com tantas pessoas podendo ajudar, a responsabilidade pessoal de cada uma se reduz:* "Talvez outra pessoa vá ajudar ou pedir ajuda, talvez alguém já tenha feito isso." Assim, enquanto todo mundo acha que alguém ajudará ou já ajudou, ninguém faz nada. O segundo motivo é o mais psicologicamente intrigante. Ele se baseia no princípio da aprovação social e envolve o efeito da ignorância pluralista. Uma emergência muitas vezes não é tão óbvia assim. O homem deitado no beco foi vítima de um ataque cardíaco ou é um bêbado dormindo? A confusão no apartamento ao lado é uma agressão que requer a polícia ou uma briga de marido e mulher em que é melhor não se meter? O que está acontecendo? Em épocas de tamanha incerteza, é natural procurar pistas nas ações dos outros à nossa volta. Podemos descobrir, pela reação das outras testemunhas, se o incidente é ou não uma emergência.

O que é fácil esquecer, porém, é que todos os demais espectadores do acontecimento também devem estar procurando provas sociais. Como gostamos de parecer seguros e equilibrados na frente dos outros, costumamos buscar esses sinais com tranquilidade, por meio de olhares breves e disfarçados à nossa volta. Portanto todos os envolvidos tendem a ver os demais igualmente tranquilos e inativos. Como resultado, e pelo princípio da aprovação social, o acontecimento será interpretado por todos como não emergencial. Trata-se, segundo Latané e Darley (1968b), do estado de ignorância pluralista, "em que cada pessoa conclui que, como ninguém está preocupado, não há nada de errado. Enquanto isso, o perigo pode estar aumentando até o ponto em que um indivíduo isolado, não influenciado pela aparente calma dos outros, *resolve* agir".[5]

Uma abordagem científica

A conclusão fascinante do raciocínio de Latané e Darley é que, para uma vítima de uma emergência, a ideia da segurança de se encontrar em meio a um grupo de pessoas pode muitas vezes estar completamente errada. Talvez alguém que precise de socorro tenha mais chances de sobreviver se um único espectador, em vez de uma multidão, estiver presente.

Para testar essa tese inusitada, Darley, Latané, seus alunos e colegas realizaram um programa sistemático e impressionante de pesquisas que produziu descobertas conclusivas (para uma análise, vide Latané e Nida, 1981). Seu procedimento básico consistiu em simular emergências que eram observadas por um único indivíduo ou por um grupo de pessoas. Eles então registraram o número de vezes em que a vítima da emergência recebeu ajuda sob aquelas circunstâncias.

Em seu primeiro experimento (Darley e Latané, 1968), um estudante universitário que parecia estar sofrendo um ataque epiléptico foi socorrido 85% das vezes com apenas um espectador presente, mas somente 31% das vezes com cinco espectadores presentes. Com quase todos os espectadores solitários ajudando, fica difícil argumentar que vivemos numa "sociedade fria" em que ninguém se importa com o sofrimento dos outros. Obviamente, foi algo ligado à presença dos demais espectadores que reduziu a ajuda a níveis vergonhosos.

Outros estudos examinaram a importância da aprovação social como causadora da "apatia" generalizada das testemunhas. Neles, em meio a um grupo de testemunhas de uma possível emergência, algumas pessoas foram ensaiadas para agir como se nada grave estivesse ocorrendo. Em outro experimento em Nova York (Latané e Darley, 1968a), 75% dos indivíduos solitários que observaram fumaça escapando sob uma porta alertaram os bombeiros. Porém quando a mesma fumaça foi observada por grupos de três pessoas, os bombeiros só foram alertados 38% das vezes. Mas a menor taxa de pedidos de socorro foi quando os grupos de três pessoas incluíram dois indivíduos que foram instruídos a ignorar a possível emergência. Sob aquelas condições, os bombeiros foram acionados apenas 10% das vezes. Num estudo semelhante realizado em Toronto (A. S. Ross, 1971), transeuntes solitários prestaram socorro 90% das vezes, ao passo que tal ajuda só foi fornecida em 16% dos casos quando um espectador estava em presença de dois observadores passivos.

Os cientistas sociais agora dispõem de uma boa noção de quando os observadores irão oferecer ajuda em uma situação de emergência. Primeiro, e contrariando a visão de que nos tornamos uma sociedade insensível, uma vez que as testemunhas se convençam de que há uma emergência em andamento, a ajuda é bem provável. Sob essas condições, o número de transeuntes que intervêm pessoalmente ou pedem auxílio é bastante tranquilizador. Por exemplo, em quatro experimentos realizados na Flórida (R. D. Clark e Word, 1972, 1974) foram encenados acidentes envolvendo um técnico de eletricidade. Quando ficou claro que o homem estava machucado e necessitava de socorro, recebeu ajuda em 100% das vezes em dois dos experimentos. Nos outros dois, em que a assistência envolvia o contato com fios elétricos potencialmente perigosos, a vítima ainda assim recebeu ajuda em 90% das vezes. Além disso, esses níveis elevados de auxílio ocorreram com as testemunhas observando o acontecimento sozinhas ou em grupos.

A questão muda bastante quando, como costuma acontecer, os transeuntes não conseguem ter certeza de que o evento que estão testemunhando é uma emergência. Nesse caso, uma vítima tem chances maiores de receber ajuda de um observador solitário do que de um grupo, ainda mais quando as pessoas do grupo não se conhecem (Latané e Rodin, 1969). Parece que o efeito da ignorância pluralista é mais forte entre estranhos: como gostamos de parecer elegantes e sofisticados em público e como não estamos familiarizados com as reações daqueles que não conhecemos, dificilmente exibimos ou interpretamos corretamente expressões de preocupação quando em meio a um grupo de estranhos. Assim, uma possível emergência não é vista como tal e uma vítima deixa de receber assistência.

Uma análise atenta desse conjunto de descobertas das pesquisas revela um padrão esclarecedor. Todas as condições que reduzem as chances de uma vítima de emergência ser socorrida pelos observadores existem na cidade grande, em contraste com as áreas rurais, porque:

1. As cidades são lugares mais barulhentos, confusos e mutáveis, onde é difícil ter certeza da natureza dos acontecimentos com que deparamos.
2. Os ambientes urbanos são mais populosos, aumentando a probabilidade de que as pessoas não estejam sozinhas quando testemunham uma situação de emergência potencial.
3. Os moradores de uma metrópole conhecem uma porcentagem bem menor de outros moradores do que pessoas que moram em cidades pequenas; portanto é mais provável que aqueles se encontrem num grupo de estranhos ao observarem uma emergência.

Essas três características naturais dos ambientes urbanos – confusão, população numerosa e o fato de as pessoas esbarrarem com mais estranhos – se enquadram muito bem nos fatores que, segundo as pesquisas, reduzem a ajuda dos observadores. Sem precisarmos recorrer a conceitos pessimistas como "despersonalização urbana" e "alienação megalopolitana", podemos explicar por que tantos casos de inação dos transeuntes ocorrem em nossas cidades.

Desvitimização

Explicar os perigos da vida urbana moderna em termos menos calamitosos não acaba com eles. Além disso, conforme as populações mundiais migrarem cada vez mais para as cidades – metade de toda a humanidade estará morando nas cidades daqui a uma década –, aumentará a necessidade de reduzir esses perigos. Felizmente, nossa nova compreensão do processo de "apatia" dos transeuntes oferece uma esperança. Dotada desse conhecimento científico, uma vítima de emergência pode aumentar bastante as chances de receber ajuda. O mais importante é entender que grupos de observadores não prestam ajuda porque os observadores estão inseguros, e não porque são insensíveis. Eles não ajudam porque não sabem se existe de fato uma emergência e se são eles que têm a responsabilidade de tomar uma atitude. Quando têm certeza de que lhes cabe intervir numa emergência clara, as pessoas são extremamente reativas.

Uma vez entendido que o inimigo é o simples estado de incerteza, as vítimas de emergências podem reduzir essa imprecisão e, assim, se proteger. Imagine, por exemplo, que você está assistindo a um show no parque numa tarde de verão. Quando o show termina e as pessoas começam a se dispersar, você nota um ligeiro entorpecimento num dos braços, mas acha que não precisa se preocupar. No entanto, ao seguir com a multidão para o estacionamento distante, percebe o entorpecimento descer até a mão e subir até um lado do rosto. Sentindo-se desorientado, você decide se encostar por um momento em uma árvore para descansar. Logo entende que há algo muito errado. Sentar não ajudou. Na verdade, o controle e a coordenação dos seus músculos pioraram e você começa a sentir dificuldade de mover a boca e a língua para falar. Você tenta se levantar mas não consegue. Um pensamento aterrorizante passa por sua mente: "Meu Deus, estou tendo um derrame!" Grupos de pessoas estão passando por você e a maioria nem presta atenção. As poucas pessoas que percebem a maneira incomum como você está encostado na árvore ou o olhar estranho em seu rosto buscam provas sociais à sua volta e, vendo que ninguém mais está reagindo de forma alarmada, seguem em frente, convencidas de que nada está errado.

Se você se encontrasse numa situação dessas, o que poderia fazer para aumentar as chances de ser socorrido? Como suas capacidades físicas estariam se deteriorando, o tempo seria um fator crucial. Se, antes de conseguir assistência, você perdesse a fala, a mobilidade ou a consciência, suas chances de ser socorrido e se recuperar despencariam. Seria essencial tentar pedir ajuda rápido. Qual seria a forma mais eficaz? Gemidos, suspiros ou gritos provavelmente não adiantariam. Eles poderiam atrair alguma atenção, mas não forneceriam informações suficientes para garantir às pessoas ao redor que uma emergência está ocorrendo.

Se meros gritos dificilmente irão fazer com que alguém na multidão de transeuntes o ajude, talvez você devesse ser mais específico. Na verdade, você tem que fazer mais do que tentar chamar a atenção: deve enunciar com clareza sua necessidade de auxílio. Você não pode permitir que os observadores definam sua situação como não emergencial. Use a palavra "socorro" e não tenha medo de estar enganado. O constrangimento é um vilão a ser aniquilado. Se você acha que está tendo um derrame, não pode se preocupar com a possibilidade de estar exagerando seu problema. Um momento de constrangimento pode significar a morte ou uma paralisia permanente.

Mesmo um pedido enfático de ajuda não é sua tática mais eficaz. Embora possa reduzir as dúvidas dos espectadores de que existe uma emergência real, não removerá diversas outras incertezas importantes da mente de cada observador: que tipo de ajuda é necessária? Devo prestar socorro ou alguém mais qualificado deveria fazê-lo? Outra pessoa já foi buscar ajuda profissional ou é minha responsabilidade? Enquanto os observadores ficam olhando para a sua cara e pesando esses dilemas, o tempo perdido pode ser vital para sua sobrevivência.

Você tem que fazer mais do que alertar os observadores para sua necessidade de ajuda emergencial. Precisa também remover suas incertezas sobre como essa ajuda deve ser fornecida e quem deve fornecê-la. Qual seria a forma mais eficiente e confiável de fazê-lo?

Com base nos resultados das pesquisas que vimos, meu conselho seria isolar um indivíduo da multidão: encare, fale e aponte direto para essa pessoa e mais ninguém: "Ei, você, de jaqueta azul! Preciso de ajuda! Chame uma ambulância, por favor." Com esse pedido único você eliminaria todas as incertezas que poderiam impedir ou retardar o socorro. Ao fazê-lo, você terá colocado o homem de jaqueta azul no papel de "chefe do resgate". Ele agora deverá entender que uma ajuda emergencial é necessária. Vai saber que ele, e não outra pessoa, é responsável por prestar a assistência. E por fim entenderá exatamente como fornecê-la. Todos os indícios científicos indicam que o resultado deve ser um socorro rápido e eficaz.

DEPOIMENTO DE LEITOR 4.1

De uma mulher de Wroclaw, Polônia

Eu estava passando por um cruzamento rodoviário bem iluminado quando tive a impressão de que alguém caiu numa vala deixada por operários. A vala estava bem protegida e eu não tinha certeza se realmente havia visto aquilo – talvez fosse minha imaginação. Um ano antes, eu teria prosseguido no meu caminho, achando que outras pessoas mais próximas viram melhor do que eu. Mas eu havia lido seu livro. Portanto parei e retornei para verificar se era verdade. E era. Um homem tinha caído naquele buraco e estava deitado em estado de choque. A vala era bem funda e as pessoas que passavam por lá não conseguiam ver nada. Quando tentei fazer algo, dois sujeitos que vinham por aquela rua me ajudaram a retirar o homem.

Hoje os jornais informaram que, durante as três últimas semanas do inverno, 120 pessoas morreram congeladas na Polônia. Aquele sujeito poderia ter sido o 121º; naquela noite a temperatura era de −21ºC.

Ele deve a vida ao seu livro.

Nota do autor: Anos atrás, estive envolvido num acidente de carro bem grave que ocorreu num cruzamento. Tanto eu quanto o outro motorista nos machucamos: ele estava curvado, inconsciente, sobre seu volante enquanto eu estava atordoado e ensanguentado diante do meu. Carros começaram a passar devagar por nós. Os motoristas lançavam um olhar curioso, mas não paravam. Como a mulher polonesa, eu havia lido o livro, portanto sabia o que fazer. Apontei direto para o motorista de um dos carros: "Chame a polícia." A um segundo e terceiro, ordenei: "Pare o carro. Precisamos de ajuda." Eles não só ajudaram rapidamente como seu gesto foi contagioso. Outros motoristas começaram a parar – de forma espontânea – para cuidar da outra vítima. O princípio da aprovação social estava a nosso favor naquele momento. O segredo havia sido colocar a bola em movimento. Depois de dar o primeiro passo, o impulso natural da aprovação social cuidou do resto.

Em geral, sua melhor estratégia se um dia precisar de socorro será reduzir as incertezas daqueles à sua volta sobre o seu estado e as responsabilidades deles. Seja o mais preciso possível sobre sua necessidade de ajuda. Não permita que os observadores cheguem às suas próprias conclusões, porque, especialmente numa multidão, o princípio da aprovação social e o consequente efeito da ignorância pluralista podem fazer com que não vejam sua situação como uma emergência. De todas as técnicas deste livro visando produzir a anuência a um pedido, esta é a mais importante de se lembrar. Afinal, a falha de seu pedido de socorro numa emergência pode lhe custar sua vida.

MACACOS DE IMITAÇÃO

Um pouco antes afirmei que o princípio da aprovação social, como todas as demais armas de influência, funciona melhor sob certas condições. Já exploramos uma delas: a incerteza. Sem dúvida, quando as pessoas estão inseguras, tendem a se basear nas ações dos outros para decidir como elas próprias devem agir. Além disso, existe outra importante condição: a semelhança. O princípio da aprovação social funciona mais fortemente quando estamos observando o comportamento de pessoas como nós (Festinger, 1954; Ptatow et al., 2005). É a conduta desses indivíduos que nos dá a melhor noção sobre o que constitui o comportamento correto para nós mesmos. Assim estamos mais inclinados a seguir a liderança de alguém semelhante do que de alguém diferente (Abrams, Wetherell, Cochrane, Hogg e Turner, 1990; Burn, 1991; Schultz, 1999).

Acredito que seja por isso que estamos vendo um número crescente de depoimentos de "gente como a gente" nos comerciais de televisão. Os publicitários agora sabem que um meio de conseguir vender com sucesso um produto aos telespectadores é demonstrar que outras pessoas "comuns" gostam do produto e o utilizam.

Indícios mais fortes da importância da semelhança em determinar se imitaremos o comportamento dos outros vêm de pesquisas científicas. Um exemplo pertinente pode ser encontrado no estudo de uma campanha de arrecadação de doações conduzida num campus universitário (Aune e Basil, 1994). As doações para caridade mais do que dobraram quando o solicitante revelou sua semelhança com os alvos, dizendo "Sou estudante aqui também", dando a entender, portanto, que eles deveriam apoiar a mesma causa. Esses resultados indicam uma importante condição do princípio da aprovação social: usaremos as ações dos outros para decidir nossa própria conduta *especialmente quando consideramos esses outros semelhantes a nós* (Park, 2001; Stangor, Sechrist e Jost, 2001).

Essa tendência se aplica não só aos adultos, mas aos mais jovens também. Pesquisadores da área de saúde descobriram que um programa escolar antitabagismo só exercia efeitos duradouros quando os instrutores eram colegas da idade do público-alvo (Murray, Leupker, Johnson e Mittlemark, 1984). Outro estudo constatou que crianças que viram um filme mostrando a consulta tranquila de uma criança ao dentista ficaram menos ansiosas naquela situação, principalmente as que tinham a mesma idade da criança do filme (Melamed, Yurcheson, Fleece, Hutcherson e Hawes, 1978).

DEPOIMENTO DE LEITOR 4.2
De um professor universitário do Arkansas

Durante as férias de verão nos meus tempos de faculdade, eu vendi literatura bíblica de porta em porta no Tennessee, no Mississippi, na Carolina do Sul e no Kansas. O interessante foi notar como minhas vendas aumentaram quando tive a ideia de usar como referência clientes mulheres para vender para mulheres, clientes homens para vender para homens e casais de clientes para vender para casais.

Após um total de 15 semanas no emprego, vinha faturando em média a quantia respeitável de 550 dólares semanais seguindo à risca a conversa padrão de vendas ensinada pela empresa, que enfatizava as características dos livros.

Foi então que um novo gerente de vendas começou a nos ensinar a citar em nossas apresentações nomes de clientes anteriores – por exemplo, "Sue Johnson resolveu comprar a coleção para ler histórias bíblicas para os filhos". Comecei a seguir essa abordagem na 16ª semana e constatei que da 16ª à 19ª minhas vendas semanais médias saltaram para 893 dólares, um aumento de 62,13%! Mas a história não termina aí. Lembro que durante minha 19ª semana ocorreu-me que, embora as referências tivessem aumentado minhas vendas como um todo, também me fizeram perder alguns negócios. O acontecimento-chave se deu quando eu estava apresentando os livros a uma dona de casa. Ela parecia interessada, mas não conseguia decidir se encomendaria ou não o produto. Àquela altura mencionei alguns casais de amigos dela que haviam comprado comigo. Ela então disse algo tipo: "Mary e Bill compraram?... Bem, vou conversar com Harold primeiro. Será melhor decidirmos juntos."

Ao refletir sobre aquele caso nos dias seguintes, tudo começou a fazer sentido. Se eu falasse a uma *dona de casa* sobre um *casal* que havia comprado comigo, estaria fornecendo uma boa razão para não comprar ainda – ela precisaria falar primeiro com o marido. Mas se várias outras donas de casa como ela estivessem comprando, seria bom ela comprar também. Daquele ponto em diante, resolvi que citaria apenas os nomes de outras donas de casa quando apresentasse os livros a uma dona de casa. Minhas vendas na semana seguinte dispararam para 1.506 dólares. Logo estendi aquela estratégia a maridos e casais, usando apenas os nomes de homens quando apresentava livros a homens e apenas os nomes de casais quando apresentava para casais. Durante as 20 semanas seguintes (e últimas) de minha carreira de vendas, obtive uma média de 1.209 dólares. O motivo por que minhas vendas caíram um pouco no final foi que eu estava ganhando tanto dinheiro que ficava até com preguiça de sair e ir à luta.

Cabe uma pequena ressalva aqui. Não há dúvida de que eu estava aprendendo outras técnicas na época que ajudaram a aumentar minhas vendas. Porém, tendo experimentado pessoalmente a velocidade daquelas mudanças, não tenho a menor dúvida de que a "aprovação social de outros semelhantes" foi a razão principal de minha melhoria de 119,67%.

Nota do autor: Quando o leitor, que é meu amigo, me contou pela primeira vez esta história espantosa durante uma conversa, acho que ele notou meu ceticismo. Assim, para respaldar sua história, enviou-me depois suas estatísticas mensais de vendas durante o período descrito – dados que havia registrado cuidadosamente na época e guardado por décadas. Não causa surpresa, portanto, que hoje ele lecione estatística na universidade local.

Moro no Arizona, onde é comum haver piscinas nos quintais das casas. Infelizmente, todos os anos várias crianças se afogam ao cair numa piscina sem nenhum adulto por perto. Eu estava determinado, portanto, a ensinar meu filho, Chris, a nadar desde uma idade bem precoce. Ele adorava água, mas não entrava na piscina sem sua boia inflável, por mais que eu tentasse persuadi-lo. Após dois meses sem chegar a lugar algum, contratei um aluno meu de pós-graduação. Apesar de sua experiência como salva-vidas e professor de natação, ele falhou tanto quanto eu. Não conseguiu persuadir Chris a tentar uma braçada sequer fora de sua boia de plástico.

Mais ou menos naquela época, Chris estava frequentando uma colônia de férias que oferecia uma série de atividades, inclusive nadar numa grande piscina – o que ele sistematicamente evitava. Um dia, pouco depois das tentativas com o estudante de pós-graduação, fui apanhar Chris na colônia e, boquiaberto, observei-o correndo pelo trampolim e mergulhando na parte mais funda da piscina. Em pânico, comecei a tirar os sapatos para ir salvá-lo, quando o vi emergir e nadar com segurança até a beira da piscina – para onde corri, com os sapatos na mão.

– Chris, você sabe nadar! – exclamei, empolgado.

– Sim – respondeu ele com naturalidade. – Aprendi hoje.

– Que ótimo! – balbuciei, gesticulando para transmitir meu entusiasmo. – Mas por que não precisou da boia hoje?

– Bem, tenho 3 anos e Tommy também. E ele nada sem boia, então eu também posso nadar.

Senti-me um idiota. Claro que seria ao *pequeno Tommy*, e não a um estudante de pós-graduação de 1,90 metro, que Chris recorreria para obter informações relevantes sobre o que deveria fazer. Se eu houvesse pensado melhor sobre a solução do problema de natação do meu filho, poderia ter empregado o bom exemplo de Tommy mais cedo e, talvez, poupado alguns meses de frustração. Poderia ter notado na colônia de férias que Tommy sabia nadar e depois combinado com seus pais que os meninos passassem uma tarde brincando na piscina da minha casa. Meu palpite é que a boia de Chris teria sido abandonada ao final do dia.

Imitações fatais

Embora já tenhamos visto o impacto poderoso que a aprovação social pode exercer sobre a tomada de decisões, para mim o exemplo mais revelador dessa força começa por uma estatística aparentemente absurda: depois que um suicídio chega às primeiras páginas dos jornais, aeronaves – jatos particulares e executivos, aviões comerciais – passam a cair em taxas alarmantes.

Foi demonstrado (Phillips, 1979) que, logo após certos tipos de suicídios amplamente divulgados, o número de pessoas que morrem em acidentes de avião aumenta 1.000%! Ainda mais assustador é o fato de o número de mortes em acidentes de automóveis disparar também (Phillips, 1980). Qual poderia ser a causa disso?

Uma explicação logo vem à mente: as mesmas condições sociais que levam algumas pessoas ao suicídio levam outras a morrer em acidentes. Por exemplo, certos indivíduos com tendência suicida podem reagir a acontecimentos sociais estressantes (crises econômicas, aumento das taxas de crimes, tensões internacionais) dando fim à própria vida. Outros reagirão de modo diferente aos mesmos fatos: tornam-se mais agressivos, impacientes, nervosos ou perturbados. Na medida em que essas pessoas operam ou fazem manutenção dos carros e aviões usados por nossa sociedade, os veículos serão menos seguros e, portanto, veremos um aumento acentuado no número de vítimas de acidentes.

De acordo com essa interpretação envolvendo "condições sociais", alguns dos mesmos fatores que causam mortes intencionais também causam mortes acidentais. Daí encontrarmos uma associação tão forte entre casos de suicídio e acidentes fatais. Outra estatística fascinante indica que essa não é a explicação correta: os acidentes fatais aumentam de forma drástica apenas naquelas regiões onde o suicídio foi altamente divulgado. Outros lugares, sob condições sociais similares, nos quais os jornais *não* divulgaram o caso, não exibem dados semelhantes. Além disso, naquelas áreas onde o suicídio foi noticiado, quanto maior a publicidade, maior o aumento nos acidentes subsequentes. Portanto não é um conjunto de acontecimentos sociais em comum que estimula suicídios, por um lado, e acidentes fatais, por outro lado. Em vez disso, é a própria divulgação do caso de suicídio que produz os desastres de carro ou avião.

Para explicar a forte associação entre a publicidade de casos de suicídio e os desastres que se seguem, tem-se recorrido ao luto. Segundo esse argumento, como os suicídios mais noticiados geralmente envolvem figuras públicas conhecidas e respeitadas, talvez suas mortes deixem muitas pessoas em estados de choque e tristeza. Abaladas e preocupadas, elas se descuidam com carros e aviões. A consequência é o aumento acentuado de acidentes mortais após os casos de suicídios mais notórios. Embora possa explicar a ligação entre o grau de publicidade e as mortes subsequentes em acidentes – quanto mais pessoas ficam sabendo do suicídio, maior será o número de pessoas enlutadas e descuidadas –, a teoria do luto *não* consegue dar conta de outro fato surpreendente: matérias de jornais sobre vítimas de suicídios que morreram sozinhas produzem um aumento na frequência de acidentes com uma única vítima, ao passo que relatos de incidentes envolvendo assassinato mais suicídio produzem um aumento nos desastres com várias vítimas. O luto apenas não poderia produzir esse padrão.

A influência dos casos de suicídio sobre acidentes de carro e avião, portanto, é incrivelmente específica. Histórias de suicídios solitários geram desastres em que somente uma pessoa morre. Os casos de homicídio com suicídio geram desastres com várias mortes. Se nem as "condições sociais", nem o luto conseguem explicar esse conjunto desconcertante de fatos, o que poderá?

JUVENTUDE LIVRE PENSADORA

Com frequência imaginamos os adolescentes como rebeldes com ideias próprias. É importante reconhecer, porém, que normalmente isso se aplica apenas em relação aos seus pais. Em meio aos seus semelhantes, eles se sujeitam em massa ao que dita a aprovação social.

David Phillips, sociólogo da Universidade da Califórnia, em San Diego, julga ter encontrado a resposta. Ele aponta para o chamado "efeito Werther". A história do efeito Werther é ao mesmo tempo assustadora e intrigante. Mais de dois séculos atrás, o grande literato alemão Johann von Goethe publicou um romance intitulado *Os sofrimentos do jovem Werther*. O livro, cujo herói, Werther, acaba se suicidando, teve um impacto marcante. Não apenas valeu ao autor fama imediata, como também desencadeou uma onda de suicídios imitativos pela Europa. Seu efeito foi tão poderoso que autoridades em diversos países proibiram o romance.

O trabalho de Phillips localizou o efeito Werther nos tempos modernos (Phillips, 1974). Sua pesquisa demonstrou que, logo após um caso de suicídio que chega às manchetes dos jornais, a taxa de suicídios aumenta substancialmente naquelas áreas onde a história foi mais divulgada. Segundo o sociólogo, certas pessoas perturbadas, ao lerem sobre indivíduos que tiraram a própria vida, se matam em imitação. Num exemplo mórbido do princípio da aprovação social, essas pessoas decidem como devem agir com base em como alguma outra pessoa perturbada agiu.

Phillips obtéve seus indícios do efeito Werther no mundo moderno examinando as estatísticas de suicídios nos Estados Unidos entre 1947 e 1968. Ele descobriu que, durante dois meses após cada caso de suicídio que saía nas primeiras páginas dos jornais, em média 58 pessoas a mais do que o normal se suicidavam. Em certo sentido, cada caso matava 58 pessoas que normalmente continuariam vivendo. Phillips também notou que essa tendência de suicídios gerarem novos suicídios ocorria sobretudo nas regiões do país onde o primeiro caso havia sido altamente divulgado. Ele observou que, quanto maior a publicidade dada ao primeiro suicídio, maior o número de casos posteriores (vide Anexo 4.1, ao lado).

Diferenças entre taxas de suicídio mensais observadas e habituais

(Taxa de suicídio habitual)

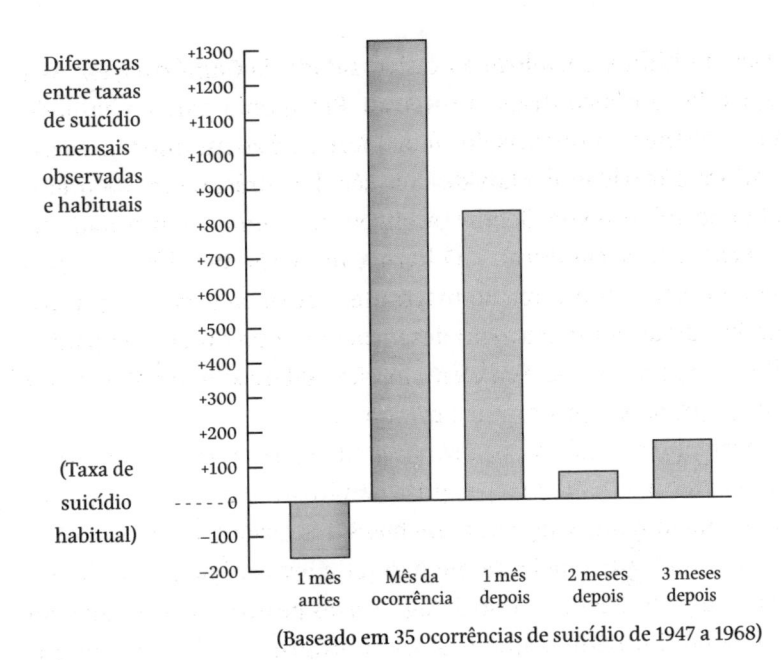

1 mês antes | Mês da ocorrência | 1 mês depois | 2 meses depois | 3 meses depois

(Baseado em 35 ocorrências de suicídio de 1947 a 1968)

Anexo 4.1 *Flutuação no número de suicídios antes, durante e depois do mês da ocorrência de suicídio noticiado*

Os dados suscitam uma importante questão ética. Os suicídios que sucedem essas ocorrências são mortes *adicionais*. Após o surto inicial, as taxas de suicídio não caem abaixo dos níveis tradicionais, mas apenas retornam a esses níveis. Estatísticas como esta devem dar o que pensar aos editores de jornais inclinados a matérias sensacionalistas sobre o assunto, já que esses relatos devem levar à morte de dezenas de pessoas. Os dados mais recentes indicam que, além dos editores de jornais, os executivos da TV também têm motivos de preocupação com os efeitos das matérias sobre suicídio que veiculam. Quer figurem em reportagens, programas informativos ou filmes de ficção, esses casos criam um acúmulo imediato de suicídios, sendo os adolescentes impressionáveis e dados à imitação as vítimas mais frequentes (Bollen e Phillips, 1982; Gould e Shaffer, 1986; Phillips e Cartensen, 1986; Schmidtke e Hafner, 1988).

Se os fatos em torno do efeito Werther lhe parecem estranhamente semelhantes àqueles em torno da influência dos casos de suicídio sobre as mortes em acidentes aéreos e de trânsito, essas semelhanças tampouco passaram despercebidas a Phillips. De fato, ele argumenta que todas as mortes a mais após um incidente de suicídio muito divulgado podem ser explicadas pelo mesmo fator: imitação. Após saberem de um suicídio, um número grande de pessoas decide que essa é uma atitude apropriada para elas também. Alguns desses indivíduos então partem para a ação de forma direta, fazendo saltar a taxa de suicídios.

Outros, porém, são menos diretos. Por alguma razão – proteger suas reputações, poupar suas famílias da vergonha e da dor, permitir que seus dependentes se beneficiem do seguro de vida –, eles não querem dar a entender que se mataram. Preferem passar a impressão de que morreram por acidente. Assim, de forma proposital mas furtiva, provocam um acidente envolvendo o carro ou o avião que estejam conduzindo ou no qual estejam viajando. Para isso recorrem a várias maneiras bastante conhecidas. Um piloto de avião comercial pode inclinar o nariz da aeronave num ponto crucial da decolagem ou pode inexplicavelmente aterrissar numa pista já ocupada, contrariando as instruções da torre de controle. O motorista de um carro pode lançar o veículo contra uma árvore ou contra o tráfego que vem no sentido oposto. Um passageiro num automóvel ou jatinho executivo pode incapacitar o motorista ou o piloto e provocar o desastre mortal. O piloto de um avião particular pode, apesar de todos os avisos do rádio, colidir com outra aeronave. Desse modo, o aumento alarmante de vítimas de acidentes após os suicídios mais divulgados teria como causa provável, de acordo com Phillips, o efeito Werther aplicado secretamente.

Considero esse insight brilhante. Primeiro, explica muito bem todos os dados. Se essas fatalidades são mesmo casos ocultos de suicídio imitativo, faz sentido vermos um aumento nos acidentes após a publicação de notícias de suicídio. Faz sentido que o aumento maior nos acidentes deva ocorrer após os episódios mais divulgados e que, portanto, atingiram o maior público. Também faz sentido que o número de acidentes deva aumentar substancialmente apenas nas áreas geográficas onde os casos de suicídio foram noticiados. Faz até sentido que suicídios com uma só pessoa levem a acidentes com uma única vítima, ao passo que incidentes de suicídio com várias pessoas levem a acidentes com várias vítimas. A imitação é a chave.

E existe ainda um segundo aspecto valioso na observação de Phillips. Além de permitir explicar os fatos existentes, também possibilita a previsão de fatos novos nunca antes descobertos. Por exemplo, se os acidentes anormalmente frequentes após a divulgação de suicídios resultam de ações imitativas, e não acidentais, deveriam ser mais mortais. Ou seja, pessoas tentando se matar provavelmente farão (com o pé no acelerador em vez de no freio, com o nariz do avião para baixo em vez de para cima) com que o impacto seja o mais letal possível. A consequência deve ser uma morte rápida e certa. Quando Phillips examinou os registros para testar essa previsão, constatou que o número médio de pessoas mortas em um acidente fatal de avião comercial ocorrido uma semana após um caso de suicídio amplamente noticiado é mais de três vezes maior do que se tivesse ocorrido uma semana antes. Um fenômeno semelhante pode ser encontrado nas estatísticas de trânsito, que apresentam indícios da eficiência mortal dos desastres de carro após casos de suicídio. As vítimas desses acidentes morrem quatro vezes mais rápido do que o normal (Phillips, 1980).

Há outra previsão fascinante que resulta do insight de Phillips. Se o aumento de acidentes após casos de suicídio representa realmente um conjunto de mortes por imitação, os imitadores estariam mais inclinados a copiar os suicídios de pessoas semelhantes a eles. O princípio da aprovação social afirma que, com base nas informações sobre a forma como os outros se comportaram, definimos a conduta apropriada para nós. Como mostrou o experimento do pedido de doações no campus, somos mais influenciados pelas ações de pessoas semelhantes a nós.

Phillips concluiu então que, se o princípio da aprovação social está por trás do fenômeno, deve haver uma clara semelhança entre a vítima de um suicídio amplamente divulgado e aqueles que causam acidentes posteriores. Percebendo que a prova mais clara dessa possibilidade viria das estatísticas de desastres automobilísticos envolvendo um só carro e um motorista solitário, Phillips comparou a idade da vítima da ocorrência de suicídio com as idades dos motoristas solitários mortos em acidentes com um só carro logo após o caso aparecer nos jornais. Mais uma vez, os prognósticos foram de uma precisão impressionante: quando o jornal detalhava o suicídio de um jovem, eram motoristas jovens que lançavam seus carros contra árvores, postes ou ribanceiras, com resultados fatais. Mas quando a reportagem envolvia o suicídio de uma pessoa mais velha, motoristas mais velhos morriam nesses acidentes (Phillips, 1980).

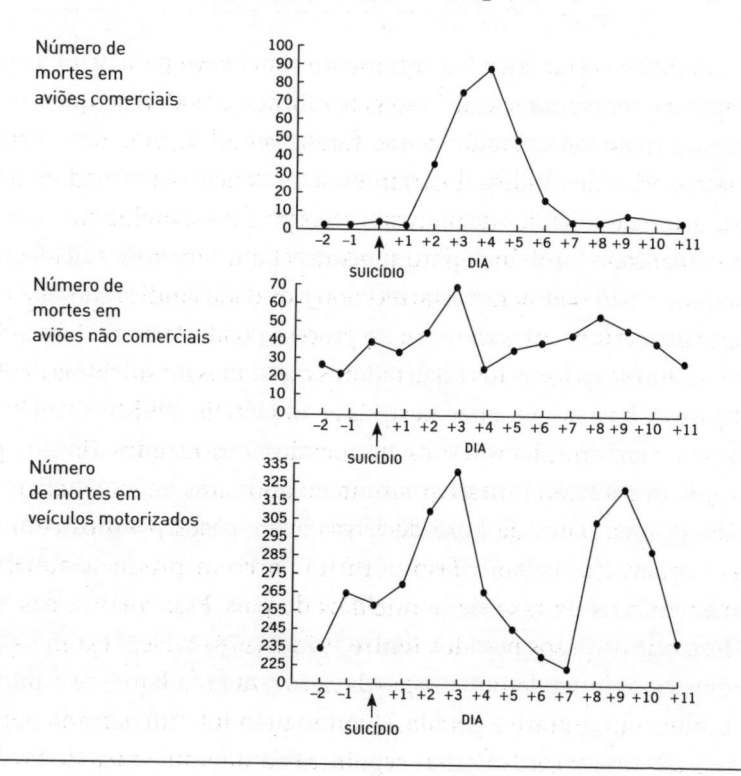

Anexo 4.2 *Flutuação diária no número de mortes em acidentes antes, durante e depois da data da ocorrência de suicídio noticiado*

Como mostram esses gráficos, o maior perigo existe três a quatro dias depois da publicação da reportagem. Após uma breve queda, ocorre outro pico cerca de uma semana depois. No 11º dia, não há sinal do efeito. Esse padrão em diferentes tipos de dados indica algo notável sobre os suicídios ocultos. Aqueles que tentam disfarçar sua autodestruição imitativa como sendo acidente aguardam alguns dias antes de cometer o ato – talvez para aumentar a coragem, planejar o incidente ou pôr os assuntos em dia. Qualquer que seja o motivo da regularidade desse padrão, sabemos que a segurança dos viajantes está mais comprometida três a quatro dias após um caso de suicídio e, de novo mas num grau menor, alguns dias depois. Faríamos bem, portanto, em tomar um cuidado especial em nossas viagens nesses períodos.

A última estatística é o argumento conclusivo para mim. O princípio da aprovação social é tão generalizado e poderoso que seu domínio se estende para a decisão fundamental de vida ou morte. As descobertas de Phillips ilustram uma tendência perturbadora da divulgação de suicídios de motivar certas pessoas semelhantes à vítima a se matarem também – porque agora acham a ideia de suicídio mais legítima. São realmente estarrecedores os dados indicando que muitas pessoas inocentes morrem no processo (vide Anexo 4.2, ao lado).

Como se os aspectos assustadores dos dados de suicídios de Phillips não bastassem, suas pesquisas adicionais (Phillips, 1983) são ainda mais inquietantes: os homicídios nos Estados Unidos possuem um padrão imitativo, simulado após atos de violência muito divulgados. Lutas de boxe decisivas entre pesos pesados com ampla cobertura no noticiário noturno parecem produzir aumentos mensuráveis na taxa de homicídios do país. Essa análise das lutas decisivas de pesos pesados (entre 1973 e 1978) talvez seja mais convincente em sua demonstração da natureza notadamente específica da agressão imitativa gerada. Quando uma luta foi perdida por um boxeador negro, nos 10 dias seguintes aumentou a taxa de homicídios com vítimas negras jovens do sexo masculino, mas não para os brancos. Por outro lado, quando um boxeador branco perdia a luta, eram os jovens brancos, e não os negros, que eram mortos com mais frequência nos 10 dias seguintes. Quando esses resultados são combinados com as descobertas paralelas dos dados de suicídio de

Phillips, fica claro que a agressão amplamente divulgada possui a tendência desagradável de se espalhar para vítimas similares, não importando se a agressão é infligida a si mesmo ou a outro.

Talvez não haja contato mais dramático com o lado perturbador do princípio da aprovação social do que no domínio do crime imitado. Na década de 1970, nossa atenção foi voltada para o fenômeno na forma de sequestros de aviões, que pareciam se espalhar como vírus. Na década de 1980, nosso foco mudou para a adulteração de produtos, como os casos famosos das cápsulas de Tylenol injetadas com cianureto e as comidas para bebês Gerber misturadas com vidro. De acordo com especialistas forenses do FBI, cada incidente nacionalmente divulgado desse tipo gerou uma média de 30 novos incidentes (Toufexis, 1993).

Mais recentemente, fomos abalados pelo espectro dos assassinatos em massa contagiosos, ocorrendo primeiro em locais de trabalho e depois nas escolas americanas. Logo após o ataque violento de dois alunos do ensino médio de Littleton, Colorado, em 20 de abril de 1999, a polícia reagiu a dezenas de ameaças, tramas e tentativas semelhantes por parte de estudantes desequilibrados. Duas daquelas tentativas lograram "sucesso": um jovem de 14 anos em Taber, Alberta, e outro de 14 anos em Conyers, Georgia, mataram ou feriram um total de 18 colegas de turma 10 dias depois do massacre de Littleton. Na semana após o horrendo ataque homicida com suicídio na Virginia Tech University em abril de 2007, os jornais do país relataram mais episódios similares, sendo três só em Houston (Ruiz, Glenn e Crowe, 2007). É instrutivo notar que, após o massacre da Virginia Tech, o evento seguinte de magnitude semelhante não ocorreu numa escola de ensino médio, mas também numa universidade, a Northern Illinois.

IMITADOR CRIMINOSO

Cinco minutos antes do início das aulas, em 20 de maio de 1999, o menino de 15 anos Thomas ("TJ") Solomon abriu fogo contra seus colegas de turma, acertando seis deles antes de ser detido por um professor heroico. Ao lutarmos para compreender as causas subjacentes, precisamos reconhecer o efeito da publicidade em torno de uma sequência de incidentes semelhantes no ano anterior – primeiro em Jonesboro, Arkansas, depois em Springfield, Oregon, mais tarde em Littleton, Colorado, e, por fim, apenas dois dias antes, em Taber, Alberta. Respondendo à pergunta de por que estudantes perturbados vinham subitamente se tornando homicidas na escola, um de seus amigos declarou: "Garotos como TJ estão vendo isso e ouvindo isso o tempo todo agora. É a nova saída para eles" (Cohen, 1999).

Eventos dessa magnitude demandam análises e explicações. Alguns pontos em comum precisam ser identificados para se entender o fenômeno. No caso de assassinatos no local de trabalho, pesquisadores observaram que, com frequência, estes ocorriam em escritórios de agências dos correios dos Estados Unidos. Assim a culpa foi lançada sobre a "tensão intolerável" do ambiente postal americano. Quanto aos assassinatos nas escolas, os comentaristas observaram um estranho ponto em comum: todas as afetadas se situavam em comunidades rurais ou suburbanas, e não nas áreas barra-pesada dos bairros urbanos pobres. Como consequência, a mídia nos alertou para as "tensões intoleráveis" de crescer numa cidade pequena ou no subúrbio. Segundo esses relatos, os fatores estressantes dos ambientes postais e da vida nas cidades pequenas dos Estados Unidos geraram as reações explosivas daqueles que trabalhavam e moravam lá. A explicação é simples: condições sociais semelhantes geram reações semelhantes.

Mas você e eu já trilhamos a estrada das "condições sociais similares" antes tentando entender os padrões irregulares de mortes. Lembra como Phillips (1989) cogitou a possibilidade de que um conjunto de condições sociais comuns em um ambiente específico pudesse explicar um surto de suicídios? Não foi uma explicação satisfatória para os suicídios e tampouco acho que o seja para as chacinas. Vejamos se conseguimos localizar uma alternativa melhor tentando primeiro recuperar o contato com a realidade e analisando as "tensões intoleráveis" de trabalhar nos correios ou de viver nas áreas rurais/suburbanas dos Estados Unidos. Seriam estas piores que o trabalho nas minas de carvão ou que a vida nos bairros pobres dominados por gangues? Claro que os ambientes onde os homicídios em massa ocorreram possuem suas tensões. Mas não parecem mais estressantes (pelo contrário) do que muitos outros ambientes onde esses incidentes não ocorreram. Não, a teoria das condições sociais similares não oferece uma explicação plausível.

Então onde está a explicação? Eu apontaria direto para o princípio da aprovação social, segundo o qual as pessoas, principalmente quando inseguras, seguem a liderança de outras semelhantes. Quem é mais semelhante a um funcionário dos correios insatisfeito do que outro funcionário dos correios insatisfeito? E quem é mais semelhante a adolescentes americanos problemáticos de cidades pequenas do que outros adolescentes americanos problemáticos de cidades pequenas? Uma constante lamentável da vida moderna é que muitas pessoas vivem suas vidas sob sofrimento psicológico. A forma como lidam com isso depende de uma série de fatores, um dos quais é o reconhecimento de como outras pessoas *semelhantes* enfrentam a mesma situação. Como vimos nos dados de Phillips, um suicídio altamente divulgado desencadeia suicídios imitativos em indivíduos semelhantes. Acredito que o mesmo se aplique a assassinatos em massa amplamente divulgados. Como ocorre com os casos de suicídio, os executivos da mídia precisam refletir sobre como e com que destaque devem apresentar notícias de chacinas. Essas notícias, além de impressionantes, surpreendentes e interessantes, são maléficas.

Jonestown

Pesquisas como as de Phillips nos ajudam a entender a influência assombrosa do comportamento de pessoas semelhantes. Uma vez reconhecida a intensidade dessa força, torna-se possível entender talvez o mais espetacular ato de persuasão de nossa era – os suicídios em massa em Jonestown, na Guiana. Alguns aspectos cruciais da tragédia merecem uma análise.

O Templo do Povo era uma organização em forma de seita, sediada em São Francisco, que atraía seus adeptos dentre os pobres da cidade. Em 1977, o reverendo Jim Jones – sem dúvida o líder político, social e espiritual do grupo – transferiu-se para um povoado na selva da Guiana, levando a maior parte de seus seguidores. Ali, o Templo do Povo existiu em relativa obscuridade até 18 de novembro de 1978, quando o congressista Leo R. Ryan, da Califórnia (que viajara à Guiana para investigar a seita), três membros do seu grupo investigativo e um desertor da seita foram assassinados ao tentarem deixar Jonestown de avião. Convencido de que seria preso e implicado nos assassinatos, o que seria fatal para o Templo do Povo, Jones tentou controlar a extinção do Templo à sua própria maneira. Ele reuniu a comunidade inteira à sua volta e emitiu um apelo para que todos morressem em um ato unificado de autodestruição.

A primeira reação foi a de uma jovem que, calmamente, se aproximou do agora famoso tanque com veneno sabor morango, ministrou uma dose ao seu bebê, uma a si própria e depois se sentou no chão do terreno, onde ela e seu filho morreram em convulsões após quatro minutos. Outros logo a imitaram. Embora poucos moradores de Jonestown tenham escapado e alguns tenham supostamente resistido, os sobreviventes alegam que a grande maioria das 910 pessoas que morreram o fizeram de forma ordeira e espontânea.

As notícias do acontecimento chocaram o mundo. Os meios de comunicação e os jornais forneceram um bombardeio de reportagens, atualizações e análises. Durante dias aquele foi o tema predominante nas conversas: "Quantos mortos já encontraram até agora?", "Um sujeito que fugiu contou que bebiam o veneno como se estivessem hipnotizados", "Afinal, por que foram se meter naquele buraco?", "Não dá pra acreditar. Qual foi o motivo?".

"Qual foi o motivo?" – eis a questão. Como explicar esses atos incompreensíveis de submissão? Diversas explicações têm sido oferecidas. Algumas enfocam o carisma de Jim Jones, um homem que foi adorado como um salvador, tratado como um imperador e recebeu a mesma confiança que um pai. Outras explicações apontaram para o tipo de pessoas atraídas para o Templo do Povo. Eram, em sua maioria, indivíduos pobres e sem instrução, dispostos a abrir mão da liberdade de pensamento e ação em troca da segurança de um lugar onde todas as decisões seriam tomadas para eles por outra pessoa. Ainda outras explicações enfatizaram o aspecto religioso do Templo do Povo, onde a fé cega no líder da seita era a questão mais prioritária.

Sem dúvida, cada um desses aspectos de Jonestown tem seus méritos como explicação dos acontecimentos, mas não os julgo suficientes. Afinal, o mundo está repleto de seitas cheias de pessoas dependentes lideradas por figuras carismáticas. Além disso, essa combinação de circunstâncias sempre foi comum no passado. No entanto, dificilmente encontramos entre esses grupos sinais de um evento que se aproxime do incidente de Jonestown. Deve haver algo mais que tenha sido crucial.

Uma pergunta bastante reveladora nos dá uma pista: "Se a comunidade tivesse permanecido em São Francisco, a ordem de suicídio do reverendo Jones teria sido obedecida?" Trata-se de uma indagação muito especulativa, mas o especialista mais familiarizado com o Templo do Povo não teve dúvidas quanto à resposta. O Dr. Louis Jolyon West, na época presidente da cadeira de psiquiatria e ciências biocomportamentais da Universidade da Califórnia e diretor da unidade de neuropsiquiatria da instituição, era um especialista em seitas que observara o Templo do Povo por oito anos antes das mortes em Jonestown. Quando entrevistado logo após a tragédia, fez uma afirmação que me pareceu extraordinariamente esclarecedora: "Isso não teria acontecido na Califórnia. Mas eles viviam totalmente alienados do resto do mundo, no meio da selva de um país hostil."

Embora se perdesse no emaranhado de comentários após a tragédia, a observação de West, junto com o que sabemos sobre o princípio da aprovação social, me parece de suma importância para uma compreensão satisfatória dos suicídios dóceis. Na minha opinião, o ato individual na história do Templo do Povo que mais contribuiu para o consentimento impensado dos membros naquele dia ocorreu um ano antes, com a transferência do grupo para um país cheio de florestas, com costumes e povos estranhos. Se formos acreditar nos relatos sobre o gênio malévolo de Jim Jones, ele percebeu plenamente o impacto psicológico maciço que a transferência exerceria sobre seus seguidores. De repente, eles se encontraram num local sobre o qual nada conheciam. A América do Sul, e as florestas tropicais da Guiana em especial, eram diferentes de tudo o que haviam experimentado em São Francisco. O ambiente – tanto físico quanto social – aonde foram lançados deve ter parecido terrivelmente incerto.

Então, de novo surge a incerteza – auxiliar indispensável ao princípio da aprovação social. Já vimos que, quando as pessoas se sentem inseguras, procuram orientar as próprias ações pelas dos outros. No ambiente estranho da Guiana, os membros do Templo estavam bastante predispostos a seguir uma liderança. Como também vimos, para ser cegamente seguido, esse líder precisa ser semelhante aos seguidores. É nisto que está a terrível genialidade da estratégia de deslocamento do reverendo Jones. Num país como a Guiana, os únicos semelhantes para os moradores de Jonestown eram as pessoas da própria Jonestown.

O que era adequado para um membro da comunidade era determinado num grau desproporcional pelas ações e crenças dos demais membros da comunidade – influenciados fortemente por Jones. Vistas sob essa luz, a ordem terrível, a ausência de pânico, a sensação de calma com que aquelas pessoas se dirigiram ao tanque de veneno e às suas mortes se tornam mais compreensíveis. Elas não haviam sido hipnotizadas por Jones. Tinham sido convencidas – em parte por ele, mas ainda mais pelo princípio da aprovação social – de que o suicídio constituía a conduta certa. A incerteza que sentiram após ouvirem pela primeira vez a ordem de se matarem deve ter feito com que olhassem ao redor em busca de uma definição da reação apropriada.

Vale a pena observar que essas pessoas encontraram dois exemplos impressionantes de aprovação social, ambos apontando na mesma direção. O primeiro foi o grupo inicial de seus compatriotas que, rapidamente e de bom grado, tomou o veneno. Sempre haverá alguns desses indivíduos fanaticamente obedientes em qualquer grupo dominado por um líder forte. Se, nesse caso, haviam sido instruídos de antemão para servirem de exemplo ou se foram naturalmente os mais obedientes aos desejos de Jones é difícil saber. Não importa. O efeito psicológico das ações daqueles indivíduos deve ter sido potente. Se suicídios de pessoas semelhantes no noticiário conseguem influenciar estranhos a se matarem, imagine o poder maior de convencimento de um suicídio realizado sem hesitação por um vizinho num local como Jonestown.

A segunda fonte de aprovação social veio das reações da própria multidão. Diante das circunstâncias, acredito que o que ocorreu foi um caso em grande escala do fenômeno da ignorância pluralista. Cada morador de Jonestown olhou para as ações dos indivíduos ao redor a fim de avaliar a situação e – acalmando-se porque todos os demais também estavam discretamente avaliando em vez de reagir – "concluiu" que beber o veneno quando chegasse a sua vez era a conduta correta. Essa aprovação social equivocada, mas mesmo assim convincente, deveria resultar exatamente na tranquilidade assustadora do grupo que aguardou, nas florestas da Guiana, a morte eficiente.

Do meu ponto de vista, a maioria das tentativas de analisar o incidente de Jonestown tem enfocado demais as qualidades pessoais de Jim Jones. Ainda que fosse um homem de raro dinamismo, o poder que ele exercia me parece se originar menos de seu estilo pessoal notável do que de sua compreensão de princípios psicológicos fundamentais. Sua verdadeira genialidade como líder foi a percepção das limitações da liderança individual. Nenhum líder é capaz de persuadir, regularmente e sem ajuda, todos os membros do grupo; mas um líder poderoso pode esperar persuadir boa parte deles. Depois, a informação de que um número substancial de indivíduos se convenceu pode, por si só, convencer o restante (Watt e Dodd, 2007). Desse modo, os líderes mais influentes são aqueles que sabem como organizar as condições do grupo de modo a permitir que o princípio da aprovação social funcione a seu favor.

É nisso que Jones parece ter se inspirado. Seu golpe de mestre foi a decisão de transferir a comunidade do Templo do Povo da urbana São Francisco para os confins da América do Sul equatorial, onde as condições de incerteza e semelhança exclusiva mobilizariam o princípio da aprovação social em seu benefício como talvez em nenhum outro lugar. Ali, um povoado de mil pessoas, grande demais para ser dominado pela força da personalidade de um só homem, poderia ser transformado de um grupo de adeptos em um *rebanho*. Como os funcionários de matadouros já sabem, a mentalidade de um rebanho torna fácil controlá-lo. Basta fazer com que alguns membros sejam encaminhados na direção desejada que os outros – reagindo menos ao animal líder do que àqueles imediatamente à sua volta – se submeterão de forma pacífica e mecânica. Os poderes do incrível reverendo Jones, então, provavelmente são mais bem compreendidos não em termos de seu estilo pessoal dramático, mas de seu conhecimento profundo da arte do jiu-jítsu social.

DEFESA

Comecei este capítulo com um relato da prática relativamente inofensiva da trilha de risadas e passei para casos de assassinato e suicídio – todos explicados pelo princípio da aprovação social. Como achar que é possível nos defender contra uma arma de influência que permeia uma gama tão vasta de comportamentos? A dificuldade é aumentada pela percepção de que, na maior parte das vezes, não queremos nos proteger contra as informações que a aprovação social fornece. Os sinais que nos oferece sobre como devemos agir costumam ser válidos e valiosos (Surowiecki, 2004). Com ela podemos enfrentar com confiança um sem-número de decisões sem precisar investigar os prós e contras detalhados de cada uma. Nesse sentido, o princípio da aprovação social nos equipa com um tipo maravilhoso de piloto automático.

No entanto existem problemas ocasionais, mas reais, com os pilotos automáticos. Eles aparecem sempre que as informações de voo embutidas no mecanismo de controle estão erradas. Nesses casos, seremos desviados do rumo. Dependendo do tamanho do erro, as consequências poderão ser graves. Mas como o piloto automático fornecido pelo princípio da aprovação social costuma ser mais um aliado do que um inimigo, não podemos simplesmente desligá-lo. Enfrentamos assim o clássico problema: como fazer uso de um equipamento que ao mesmo tempo nos beneficia e coloca em risco?

Felizmente, existe uma saída. Como as desvantagens do piloto automático surgem sobretudo quando dados incorretos foram inseridos no sistema de controle, nossa melhor defesa contra elas é reconhecer quando os dados estão errados. Se pudermos nos tornar sensíveis a situações em que o piloto automático da aprovação social está funcionando com informações inexatas, será possível desligar o mecanismo e assumir os controles quando preciso.

Sabotagem

Existem dois tipos de situação em que dados incorretos levam o princípio da aprovação social a nos dar maus conselhos. O primeiro ocorre quando ela é falsificada de propósito. Invariavelmente essas situações são forjadas por exploradores visando criar a *impressão* – a realidade pouco importa – de que uma multidão está se comportando da forma como eles querem que nos comportemos. O riso enlatado dos humorísticos da TV é uma variedade desse tipo de dado falsificado, mas existem muitos mais, e grande parte das falsificações é impressionantemente óbvia.

Reações enlatadas não são exclusivas da mídia eletrônica, nem mesmo da era eletrônica. Na verdade, a exploração violenta do princípio da aprovação social pode remontar à época da grande ópera, uma das formas de arte mais veneráveis. Trata-se do fenômeno denominado claque, que teria sido criado em 1820 por dois frequentadores da Ópera de Paris chamados Sauton e Porcher. Só que os homens eram mais do que apreciadores de ópera: eram negociantes cujo produto era o aplauso.

Organizando-se sob o título L'Assurance des Succès Dramatiques (Garantia de Sucessos Dramáticos), alugavam a si e a seus empregados aos cantores e diretores de ópera que desejavam se certificar de uma reação positiva do público. Sauton e Porcher foram tão eficazes em estimular uma reação genuína do público com seus atos forjados que, em pouco tempo, as claques (geralmente consistindo em um líder – *chef de claque* – e diversos *claqueurs* individuais) se tornaram uma tradição consagrada e persistente do mundo da ópera. Como observa o historiador da música Robert Sabin (1964): "Em 1830 a claque era uma instituição estabelecida, arrecadando de dia, aplaudindo de noite, tudo de forma aberta e honesta. [...] Mas é bem provável que nem Sauton nem seu aliado Porcher tivessem uma ideia da extensão com que seu sistema de aplausos pagos seria adotado e aplicado onde quer que a ópera fosse cantada."

Com o crescimento e desenvolvimento das claques, seus praticantes ofereciam uma variedade de estilos e vantagens. Da mesma forma que os produtores de trilhas de risadas contratam indivíduos exímios na arte de gargalhar, as claques geraram seus próprios especialistas – a *pleureuse*, escolhida por sua habilidade em chorar na hora combinada; o *bisseur*, que pedia bis em tons arrebatadores; e, numa afinidade direta com o realizador da trilha de risadas atual, o *rieur*, selecionado pela qualidade contagiosa de seu riso.

Para nossos propósitos, porém, o paralelo mais instrutivo com as formas modernas de reação enlatada é o caráter ostensivo da farsa. Não havia necessidade especial de disfarçar ou variar a claque, que costumava se sentar nas mesmas poltronas, espetáculo após espetáculo, ano após ano, liderada por um *chef de claque* que já estava há duas décadas no cargo. Nem as transações monetárias eram escondidas do público. Cem anos após o surgimento das claques, um leitor do *Musical Times* de Londres podia examinar a tabela de preços divulgada pelos *claqueurs* italianos (vide Anexo 4.3, pág. 178). Seja no mundo do *Rigoletto* ou das comédias da TV, o público tem sido manipulado com sucesso pelos exploradores da aprovação social, mesmo quando a prova é flagrantemente falsificada.

O que Sauton e Porcher perceberam sobre a forma mecânica como seguimos o princípio da aprovação social é igualmente compreendido por uma variedade de aproveitadores da atualidade. Eles não veem necessidade de ocultar a natureza forjada da prova social fornecida – basta reparar na qualidade amadora da trilha de risadas da TV. Parecem quase presunçosos no reconhecimento de nosso dilema: devemos permitir que nos enganem ou abandonar os preciosos pilotos automáticos que nos tornam tão vulneráveis aos seus truques? Em sua certeza, porém, de que nos têm em seu poder, esses exploradores cometem um erro crucial. A negligência com que constroem provas sociais adulteradas nos fornece um meio de contra-atacar.

Aplausos na entrada, se cavalheiro	25 liras
Aplausos na entrada, se dama	15 liras
Aplausos normais durante o espetáculo, cada	10 liras
Aplausos insistentes durante o espetáculo, cada	15 liras
Aplausos ainda mais insistentes	17 liras
Interrupções com *"Bene!"* ou *"Bravo!"*	5 liras
Um "Bis" *a qualquer custo*	50 liras
Entusiasmo exagerado	Preço especial a combinar

Anexo 4.3 *Tabela de preços de uma claque italiana num anúncio de jornal*

De "Aplausos normais" a "Entusiasmo exagerado", os *claqueurs* ofereciam seus serviços de forma escancaradamente pública – neste caso, num jornal lido por muitos dos membros do público que esperavam influenciar. *Claque, zum.*

Já que os pilotos automáticos podem ser ligados e desligados à vontade, confiaremos no rumo indicado pelo princípio da aprovação social *até* reconhecermos que dados inexatos estão sendo usados. Aí deveremos assumir os controles, fazer a correção necessária por conta da informação errada e religar o piloto automático. A transparência da aprovação social forjada que obtemos nos dias de hoje nos fornece exatamente a deixa de que precisamos para saber quando efetuar essa manobra simples. Sem nenhum outro custo além de um pouco de vigilância para detectarmos a aprovação social falsificada, é possível nos protegermos muito bem.

Vejamos um exemplo. Um pouco antes mencionei a proliferação das propagandas em que várias pessoas comuns falam, empolgadas, de um produto, muitas vezes sem saber que suas palavras estão sendo gravadas. Como seria previsível de acordo com o princípio da aprovação social, esses depoimentos de "gente como a gente" resultam em campanhas publicitárias eficazes. Elas incluem sempre um tipo de distorção relativamente sutil: só ouvimos depoimentos daqueles que gostam do produto. Como resultado, obtemos um quadro distorcido da quantidade de apoio social ao produto. Há pouco tempo, porém, uma espécie mais grosseira e antiética de falsificação foi introduzida. Agora os produtores de comerciais nem sequer se dão ao trabalho de obter depoimentos reais – simplesmente contratam atores para desempenhar os papéis de pessoas comuns dando seu depoimento "espontâneo" ao entrevistador (vide exemplo do Anexo 4.4, pág. 180). Fica claro que as situações são encenadas, os participantes são atores e o diálogo foi escrito antes.

Sempre que deparo com uma tentativa de influência desse tipo, ela aciona em mim uma espécie de alarme com uma instrução clara: *Atenção! Atenção! Aprovação social falsa nesta situação. Desligue temporariamente o piloto automático.* Não é difícil alcançar isso. É preciso apenas tomar uma decisão consciente de estar alerta para provas sociais adulteradas. Podemos relaxar até que a fraude evidente dos exploradores seja detectada, quando deveremos reagir.

E reagir de forma contundente. Estou falando sobre mais do que simplesmente ignorar a informação falsa, embora essa tática defensiva seja necessária – sugiro um contra-ataque agressivo. Sempre que possível devemos punir aqueles responsáveis por falsificar a aprovação social. Não podemos comprar nenhum produto que apareça em comerciais de "entrevistas espontâneas" forjadas. Além disso, os fabricantes deveriam receber uma carta explicando nossa reação e recomendando que deixem de usar a agência publicitária que produziu uma apresentação tão enganadora de seu produto.

Claro que nem sempre queremos confiar nas ações dos outros para direcionar a nossa conduta – sobretudo numa situação suficientemente importante para justificar nossa investigação pessoal dos prós e contras ou em que sejamos especialistas –, mas é bom poder contar com o comportamento alheio como uma fonte de informações válidas numa ampla variedade de cenários. Se descobrirmos que não podemos confiar nessas informações porque foram adulteradas por alguém, deveremos estar prontos para contra-atacar. Em casos como esses, me sinto motivado por mais do que uma aversão por ser enganado. Fico furioso com a ideia de estar sendo encurralado de forma inaceitável por pessoas usando contra mim uma de minhas proteções contra a sobrecarga de decisões da vida moderna. E me sinto um justiceiro ao partir para o ataque.

FIQUE LIGADO, PESSOAL: OS CONSUMIDORES DE MARTE VÊM AÍ
Dave Barry

Outro dia eu estava assistindo à TV quando num comercial o locutor, num tom de voz reservado para graves acontecimentos no golfo Pérsico, anunciou: "Agora os consumidores podem fazer à atriz Angela Lansbury suas perguntas sobre o medicamento Bufferin!"

Como um ser humano normal, a reação natural a esse anúncio é perguntar: o que Angela Lansbury tem a ver com o analgésico? Mas aquele comercial apresentava vários consumidores que haviam aparentemente sido parados ao acaso na rua, *cada um deles com uma pergunta na ponta da língua para Angela Lansbury sobre o medicamento*. Eles basicamente perguntavam o seguinte: "Angela, Bufferin é um bom produto? Devo comprá-lo ou não?"

Aqueles consumidores pareciam muito sérios. Era como se, durante meses, tivessem circulado por aí, preocupados, dizendo: "Tenho uma pergunta sobre Bufferin que adoraria fazer a Angela Lansbury!"

O que estamos vendo aqui é mais um exemplo de um problema cada vez mais grave que vem sendo varrido para baixo do tapete há muito tempo neste país: a invasão de consumidores de Marte. Eles *parecem* humanos, mas não *agem* como humanos e estão nos dominando.

Anexo 4.4 *Apenas um marciano comum na rua*

Parece que não sou o único a perceber o número de depoimentos "espontâneos" claramente forjados hoje em dia. O humorista Dave Barry também notou sua preponderância e rotulou seus defensores de *Consumidores de Marte*, um termo de que gosto e que até comecei a usar. Ajuda a me lembrar de que, no tocante aos meus hábitos de consumo, eu deveria ignorar os gostos desses indivíduos que, afinal, vêm de um planeta diferente do meu.

Erguendo o olhar

Além dos momentos em que a aprovação social é deliberadamente falsificada, existe outro momento em que esse princípio tende a nos levar na direção errada. Um erro inocente e natural produzirá uma aprovação social com efeito de bola de neve, impelindo-nos à decisão incorreta. O fenômeno da ignorância pluralista, quando ninguém numa emergência vê motivos de alarme, é um exemplo desse processo.

DEPOIMENTO DE LEITOR 4.3
De um executivo de marketing da América do Sul

Trabalho com marketing e seu livro me ajudou a ver como certos tipos de técnicas funcionam. Ao ler o capítulo sobre aprovação social reconheci um exemplo interessante.

Aqui no Equador você pode contratar uma pessoa ou grupos de pessoas (consistindo tradicionalmente em mulheres) para ir ao funeral de um membro da família ou de um amigo. A função desses indivíduos é chorar enquanto o defunto está sendo enterrado, induzindo, é claro, outros a começarem a chorar também. Esse trabalho era bem popular alguns anos atrás e as pessoas conhecidas por atuarem nele recebiam o nome de *"lloronas"*, ou choronas.

Nota do autor: Podemos ver como, em diferentes épocas e diferentes culturas, vem sendo possível se beneficiar da aprovação social forjada – mesmo quando a prova foi abertamente forjada. Essa possibilidade avançou agora na era digital por meio de vozes geradas por computador empregadas por muitos comerciantes modernos. Um estudo mostrou que pessoas que ouviam cinco resenhas de livro positivas de clientes reais da Amazon se tornavam bem mais favoráveis à obra se as resenhas fossem "faladas" por cinco vozes sintetizadas diferentes do que se ouvissem aquelas cinco resenhas de uma só voz sintetizada (Lee e Nas, 2004).

A melhor ilustração que conheço, porém, vem de Cingapura, onde alguns anos atrás, sem nenhum motivo válido, os clientes de um banco local começaram a sacar seu dinheiro num frenesi. A corrida a esse banco respeitado permaneceu um mistério por um bom tempo, quando pesquisadores descobriram sua causa peculiar ao entrevistarem os correntistas: uma greve de ônibus inesperada havia criado uma multidão anormal no ponto de ônibus em frente ao banco naquele dia. Confundindo o ajuntamento com uma aglomeração de clientes querendo retirar seus fundos do banco em falência, as pessoas que passavam por ali ficaram em pânico e entraram na fila a fim de sacar seus depósitos, o que levou mais gente a fazer o mesmo. Logo após abrir as portas, o banco foi forçado a fechar para evitar um colapso total ("News", 1988).[6]

Esse episódio fornece alguns insights sobre como reagimos à aprovação social. Primeiro, parecemos pressupor que, se várias pessoas estão se comportando da mesma forma, devem saber algo que ignoramos. Sobretudo quando estamos inseguros, ficamos dispostos a depositar uma enorme confiança no conhecimento coletivo da multidão. Segundo, com frequência a multidão está equivocada porque seus membros não estão agindo com base em qualquer informação superior, mas reagindo também ao princípio da aprovação social.

Existe uma lição aqui: jamais se deve confiar plenamente num dispositivo de piloto automático como a aprovação social. Mesmo que nenhum sabotador tenha inserido informações erradas no mecanismo, o dispositivo pode às vezes falhar por si mesmo. Precisamos verificar a máquina de vez em quando para nos certificarmos de que não está fora de sincronia com as outras fontes de dados naquela situação: os fatos objetivos, nossas experiências anteriores ou nossos julgamentos. Felizmente essa precaução não requer muito esforço nem tempo excessivo: basta uma rápida olhada à nossa volta. E esse pequeno cuidado vale a pena.

As consequências da dependência cega da aprovação social podem ser assustadoras. Uma análise de pesquisadores de segurança da aviação chegou a uma explicação das decisões equivocadas de muitos pilotos que provocaram acidentes ao tentarem aterrissar aviões em condições meteorológicas perigosas: os pilotos não haviam se concentrado suficientemente nos dados físicos crescentes que recomendavam cancelar a aterrissagem. Em vez disso, tinham confiado demais na aprovação social crescente a favor de uma tentativa de pousar – o fato de que uma série de aviões havia aterrissado com segurança anteriormente (Facci e Kasarda, 2004).

Certamente, um aviador seguindo uma fila de outras aeronaves faria bem em olhar de vez em quando para o painel de instrumentos e para fora da janela. Da mesma forma, precisamos olhar para cima e ao redor periodicamente sempre que estivermos presos aos indícios do grupo. Sem essa salvaguarda simples contra a aprovação social equivocada, nossos resultados poderão se assemelhar aos daqueles pilotos desastrados e do banco de Cingapura: o desastre.

DEPOIMENTO DE LEITOR 4.4
De um ex-funcionário de um hipódromo

Conheci um método de falsificar a aprovação social em proveito próprio quando trabalhei num hipódromo. Para melhorar o rateio e ganhar mais, alguns apostadores induzem o público a apostar em cavalos ruins.

As pessoas que apostam em cavalos sabem muito pouco sobre corridas ou estratégia de aposta. Assim, costumam apostar no favorito. Como os quadros de apostas exibem os rateios em tempo real, o público sempre sabe qual é o atual favorito. O sistema que um grande apostador pode usar para alterar o rateio é bem simples. O sujeito tem em mente um cavalo com boa chance de vencer. Em seguida, escolhe um cavalo com um rateio grande (digamos, 15 para 1) e sem chance real de vencer. No momento em que começam as apostas, ele aposta 100 dólares no cavalo inferior, criando um favorito instantâneo cujo rateio no quadro cai para cerca de 2 para 1.

E então os elementos da aprovação social começam a funcionar. Pessoas inseguras consultam o quadro de apostas para saber qual é o cavalo favorito dos primeiros apostadores e os imitam. Um efeito de bola de neve ocorre, à medida que outras pessoas continuam apostando no favorito. Nesse ponto, o grande apostador pode retornar e apostar alto no seu verdadeiro favorito, que terá um rateio melhor agora porque o "novo favorito" está na frente. Se ganhar, o investimento inicial de 100 dólares será várias vezes recompensado.

Vi isso acontecer pessoalmente. Lembro que certa vez uma pessoa apostou 100 dólares num cavalo com rateio de 10 para 1 antes de um páreo, tornando-o um favorito prematuro. Começaram a circular rumores de que os primeiros apostadores dispunham de informações de cocheira. Logo em seguida todos (inclusive eu) estavam apostando naquele cavalo. Ele acabou chegando por último e estava com uma perna machucada. Muitas pessoas perderam rios de dinheiro. No entanto, alguém se deu bem. Jamais saberemos quem, mas ficou com toda a grana. Ele entendia a teoria da aprovação social.

Nota do autor: De novo podemos ver que a aprovação social é mais marcante quando as pessoas não estão familiarizadas com uma situação específica e, inseguras, precisam procurar fora de si sinais de qual é a melhor conduta a seguir.

RESUMO

- O princípio da aprovação social afirma que um meio importante que as pessoas usam para decidir em que acreditar ou como agir numa situação é observar em que as outras pessoas estão acreditando ou o que estão fazendo. Poderosos efeitos imitativos foram encontrados entre crianças e adultos em atividades tão diversas quanto decisões de compras, doações para caridade e cura de fobias. O princípio da aprovação social pode ser usado para estimular o consentimento de uma pessoa a um pedido, informando-se a ela que vários outros indivíduos (quanto mais melhor) estão concordando ou já concordaram com aquela solicitação.
- A aprovação social é mais influente sob duas condições. A primeira é a incerteza. Quando as pessoas estão inseguras ou a situação é ambígua, elas têm maior tendência a prestar atenção nas ações dos outros e a aceitá-las como corretas. Em situações ambíguas, por exemplo, as decisões dos transeuntes de ajudar são mais influenciadas pelas ações dos demais do que quando a situação é uma emergência clara. A segunda condição sob a qual a aprovação social é mais influente é a semelhança: as estatísticas de suicídios compiladas pelo sociólogo David Phillips mostram claramente que as pessoas estão mais inclinadas a seguir a liderança de outras pessoas semelhantes. Essas estatísticas indicam que, após casos de suicídio amplamente divulgados, outros indivíduos atormentados, semelhantes à primeira vítima, decidem se matar. Uma análise do

incidente de suicídio em massa em Jonestown, na Guiana, sugere que o líder do grupo, o reverendo Jim Jones, explorou os fatores da incerteza e da semelhança para induzir uma reação do tipo rebanho na maioria dos adeptos da seita.

- As recomendações para reduzir nossa suscetibilidade à aprovação social equivocada incluem estimular uma sensibilidade a indícios claramente forjados do que outras pessoas semelhantes estão fazendo e um reconhecimento de que as ações dos nossos semelhantes não devem formar a única base de nossas decisões.

PERGUNTAS DE ESTUDO

Domínio do conteúdo

1. Descreva o princípio da aprovação social e como ele pode explicar o efeito do riso enlatado sobre a reação de um público ao material humorístico.
2. No estudo de Festinger, Riecken e Schachter do culto sobre o fim do mundo, os membros do grupo se esforçaram para conquistar novos adeptos somente depois que suas previsões apocalípticas se mostraram falsas. Por quê?
3. Quais dois fatores maximizam a influência da aprovação social sobre um indivíduo? Que condições na situação de Jonestown, na Guiana, permitiram que esses dois fatores operassem com tanta força?
4. O que é ignorância pluralista? Como ela influencia a intervenção dos transeuntes em emergências?
5. Quais condições naturais da vida urbana reduzem as chances de intervenção de transeuntes em uma emergência?
6. O que é o efeito Werther? Como ele explica a relação intrigante entre casos de suicídio altamente noticiados e aumentos surpreendentes no número de vítimas fatais em desastres de aviões e automóveis após a publicação desses casos?

Pensamento crítico

1. Se você tivesse que dar uma palestra a pacientes cardíacos sobre a melhor maneira de garantirem socorro caso sofram algum problema num local público, quais passos você sugeriria que tomassem?

2. No início de 1986, alguém injetou cianureto em cápsulas de Tylenol vendidas nas farmácias, criando uma publicidade generalizada e uma comoção nacional depois que uma mulher de Nova York morreu ao ingerir uma dessas cápsulas. As semanas seguintes viram um surto de incidentes de adulteração de produtos. Três outros medicamentos populares de venda livre foram envenenados. Cacos de vidro foram inseridos em pacotes de cereais e sorvete. Nem o papel higiênico escapou ileso – num prédio comercial, o papel nos banheiros havia sido borrifado com gás lacrimogênio. Embora o incidente do Tylenol em si não pudesse ser previsto, explique por que, após ler este capítulo, você poderia ter previsto os acontecimentos posteriores.

3. Suponha que você seja um produtor de TV que recebeu a delicada incumbência de criar uma série de programas de serviço público para reduzir os suicídios entre adolescentes. Sabendo que as pesquisas sugerem que programações anteriores podem ter inadvertidamente aumentado esses casos por meio do princípio da aprovação social, como você usaria o mesmo princípio para que seus programas reduzissem o problema entre os telespectadores? Quem você entrevistaria? Entre os entrevistados estariam adolescentes atormentados? Que perguntas você faria?

4. Descreva uma situação do seu passado em que você tenha sido induzido ao consentimento por alguém que manipulou o princípio da aprovação social. Como você enfrentaria uma situação semelhante hoje?

5
AFEIÇÃO
O ladrão amigável

A tarefa principal de um advogado de acusação é fazer com que o corpo de jurados goste de seu cliente.
— Clarence Darrow

Poucos de nós se surpreenderiam ao saber que, em geral, preferimos dizer "sim" aos pedidos de pessoas que conhecemos e de quem gostamos. O que pode nos chocar, porém, é saber que essa regra simples é usada de centenas de maneiras por estranhos para fazer com que concordemos com *seus* pedidos.

O exemplo mais claro que conheço da exploração profissional da regra da afeição é a reunião da Tupperware, que considero o ambiente clássico da persuasão. Quem conhece a mecânica da reunião notará o uso das diferentes armas de influência já examinadas:

- *Reciprocidade*. De início, as participantes da reunião disputam jogos e ganham prêmios. Quem não ganha pode escolher um prêmio de um saco de surpresas, de modo que todas tenham recebido uma lembrança antes que as compras comecem.
- *Compromisso*. Pede-se às participantes que descrevam publicamente as utilidades e os benefícios que descobriram nos produtos Tupperware que já possuem.
- *Aprovação social*. Uma vez começadas as compras, cada uma delas aumenta a impressão de que outras pessoas semelhantes querem os produtos e que, portanto, eles devem ser bons.

Todas as armas de influência estão presentes para tornar eficaz a reunião da Tupperware, mas seu verdadeiro poder advém de um esquema específico que explora a regra da afeição. Embora a demonstradora da Tupperware seja hábil em entreter e convencer as compradoras, o verdadeiro pedido de compra não vem dessa estranha – vem de uma amiga de todas as pessoas no recinto. A representante da Tupperware pode anotar o pedido de cada participante, mas a solicitadora psicologicamente mais convincente está sentada ao lado, sorrindo, conversando e servindo comes e bebes. É a anfitriã da reunião, que convocou suas amigas para a demonstração em sua casa e que, todos sabem, lucra com cada artigo vendido.

Ao fornecer à anfitriã uma porcentagem da receita, a Tupperware faz com que seus clientes comprem de uma amiga, e não de uma vendedora desconhecida. Desse modo, a atração, a cordialidade, a segurança e a obrigação da amizade exercem seu efeito no ambiente de vendas (Taylor, 1978). De fato, pesquisadores de consumidores que examinaram os laços sociais entre a anfitriã e as convidadas da festa em cenários de vendas de reunião domiciliar confirmaram o poder da abordagem da empresa: na decisão de compra do produto, a força desse vínculo social é duas vezes maior do que a preferência pelo produto em si (Frenzen e Davis, 1990).

Os resultados têm sido notáveis. Estimou-se recentemente que as vendas da Tupperware ultrapassam 2,5 milhões de dólares por dia. Seu sucesso se espalhou mundo afora, na Europa, na América Latina e na Ásia, onde a posição na rede de amigos e familiares é socialmente mais significativa do que nos Estados Unidos (Markus e Kitayama, 1991; Smith, Bond e Kagitcibasi, 2006). Como resultado, hoje menos de um quarto das vendas da Tupperware ocorre na América do Norte.

O interessante é que as clientes parecem estar conscientes das pressões de afeição e amizade corporificadas na reunião da Tupperware. Algumas não parecem se importar com elas; outras se importam, mas parecem não saber como evitá-las. Uma mulher me descreveu suas reações com certa frustração na voz.

A coisa agora chegou ao ponto em que detesto ser convidada para reuniões da Tupperware. Tenho todos os potes de que preciso e, se precisasse de mais, poderia comprar de outra marca mais barata numa loja. Mas quando uma amiga liga sinto que tenho a obrigação de ir. E quando chego lá sinto que tenho a obrigação de comprar algo. O que posso fazer? É para uma amiga.

Com um aliado tão irresistível como a amizade, não causa espanto que a Tupperware tenha abandonado pontos de vendas varejistas e esteja promovendo quase exclusivamente o conceito de reunião domiciliar. Em 2003, a empresa fez algo que pareceria absurdo para qualquer outro negócio: cortou relações com a varejista Target Stores porque as vendas de seus produtos naquelas lojas estavam altas demais! A parceria precisou ser encerrada por causa do efeito danoso sobre o número de reuniões domiciliares que podiam ser organizadas (Latest News, 2003). As estatísticas revelam que, a cada 2,7 segundos, começa uma reunião da Tupperware em algum lugar.

Claro que vários outros profissionais da persuasão reconhecem a pressão para dizer sim quando o pedido vem de alguém que conhecemos e de quem gostamos. Tomemos, por exemplo, o número crescente de organizações de caridade que recrutam voluntários para arrecadar doações perto de onde moram. Elas entendem perfeitamente como é mais difícil rejeitar um pedido de caridade quando vem de um amigo ou vizinho. Além disso, com frequência o amigo nem sequer precisa estar presente para que a estratégia seja eficaz. Em muitos casos, a simples menção do nome do amigo basta.

A Shaklee, empresa especializada em vendas de porta em porta de diferentes produtos para o lar, aconselha seus vendedores a usarem o método da "corrente interminável" para conseguir clientes novos. Se um cliente admite que gosta de um produto, deve-se pressioná-lo a fornecer os nomes de amigos que também gostariam de conhecer aquele produto. Os indivíduos daquela lista podem então ser abordados visando-se novas vendas e uma lista dos amigos deles, que servirão como fontes para ainda outros clientes potenciais, e assim por diante numa corrente interminável.

A chave do sucesso desse método é que cada novo cliente potencial é visitado por um vendedor munido do nome de um amigo "que sugeriu esta visita". Mandar embora o vendedor sob tais circunstâncias é difícil; é quase como rejeitar o próprio amigo. O manual de vendas da Shaklee insiste que seus funcionários empreguem esse sistema: "Seria impossível superestimar seu valor. Ligar para um cliente potencial ou visitá-lo e ser capaz de dizer que o Sr. Fulano de Tal achou que seu amigo se beneficiaria concedendo ao vendedor alguns minutos do seu tempo é já ter 50% de chances de fechar a venda antes mesmo de mostrar o produto."

FAZENDO AMIGOS PARA INFLUENCIAR PESSOAS

O uso generalizado do vínculo entre amigos pelos profissionais da persuasão nos informa muito sobre o poder que a regra da afeição tem de produzir anuência. Constatamos que esses profissionais procuram se beneficiar da regra quando as amizades ainda nem estão formadas. Mesmo nessas circunstâncias, eles fazem uso do vínculo de afeição empregando uma estratégia de persuasão bem simples: primeiro fazem com que gostemos *deles*.

Joe Girard, que é de Detroit, se especializou em usar a regra da afeição para vender automóveis Chevrolet. Ele enriqueceu no processo, ganhando centenas de milhares de dólares ao ano. Com tamanho salário, imagina-se que ele fosse um alto executivo da GM ou talvez proprietário de uma concessionária. Mas não. Ele ganhou seu dinheiro como vendedor. Era fenomenal no que fazia. Por 12 anos consecutivos levou o título de "Vendedor Número Um". A cada dia de trabalho vendia em média mais de cinco carros e caminhões e foi reconhecido como o "maior vendedor de carros" do mundo pelo *Guiness*.

Apesar de todo o seu sucesso, a fórmula que empregava era surpreendentemente simples. Consistia em oferecer às pessoas apenas duas coisas: um preço justo e alguém de quem gostariam de comprar. "Para conseguir um negócio basta juntar um vendedor de que você gosta e o preço que considera adequado", declarou ele numa entrevista.

A fórmula de Joe Girard mostra como a regra da afeição é vital para o seu negócio, mas não revela tudo. Não nos informa, por exemplo, por que os clientes gostavam mais dele do que de outros vendedores que ofereciam um preço justo.

Existe uma pergunta crucial – e fascinante – a que a fórmula de Joe não responde. Quais são os fatores que fazem uma pessoa gostar de outra? Se soubéssemos *esta* resposta, avançaríamos bastante na compreensão de como pessoas como Joe têm tanta facilidade em fazer com que gostemos delas e, inversamente, de como poderíamos fazer com que os outros gostem de nós. Para nossa sorte, os cientistas sociais vêm formulando essa pergunta há décadas e acumularam indícios que permitiram identificar uma série de fatores causadores da afeição. Como veremos, cada um deles é usado com esperteza pelos profissionais da persuasão para nos levar a dizer "sim".

DEPOIMENTO DE LEITOR 5.1
De um morador de Chicago

Embora eu nunca tenha ido a uma reunião da Tupperware, reconheci o mesmo tipo de pressão da amizade recentemente quando recebi a visita de uma vendedora de uma companhia telefônica de chamadas interurbanas. Ela me contou que um dos meus amigos havia cadastrado meu nome em algo denominado "Círculo de Chamadas de Amigos e Família MCI".

Brad, a pessoa que me indicou, é meu amigo desde a infância, mas se mudou para Nova Jersey no ano passado por causa do emprego. Ele ainda me liga regularmente para saber notícias do nosso pessoal. A vendedora me informou que ele poderia economizar 20% em todas as ligações que fizesse para pessoas de sua lista do Círculo de Chamadas, desde que fossem assinantes da companhia telefônica MCI. Depois ela me perguntou se eu gostaria de mudar para a MCI a fim de que Brad economizasse 20% em suas ligações para mim.

Eu estava totalmente satisfeito com minha companhia telefônica e não me interessei pelos benefícios da MCI. Mas o fato de que Brad economizaria dinheiro em nossas ligações me sensibilizou. Dizer que eu não queria ficar no seu Círculo de Chamadas e que não me importava se ele economizaria dinheiro teria soado como uma verdadeira afronta à nossa amizade. Assim, para não magoá-lo, eu disse à vendedora que queria mudar para a MCI.

Eu não entendia por que as mulheres iam a uma reunião da Tupperware só porque uma amiga estava promovendo e, uma vez que estivessem lá, compravam produtos que não queriam. Agora entendo.

Nota do autor: O leitor não está sozinho como testemunha do poder das pressões embutidas na ideia do Círculo de Chamadas MCI. Quando a revista *Consumer Reports* investigou a prática, o vendedor da MCI entrevistado foi sucinto: "Funciona em 9 de cada 10 vezes", ele disse.

MOTIVOS PELOS QUAIS GOSTAMOS DE ALGUÉM

Atratividade física

Embora se reconheça que uma pessoa de boa aparência desfruta de uma vantagem na interação social, descobertas recentes indicam que talvez tenhamos subestimado o tamanho e o alcance dessa vantagem. Parece haver uma reação *clique, zum* às pessoas atraentes (Olson e Marshuetz, 2005). Como todas as reações desse tipo, acontece automaticamente, sem premeditação. A reação em si se enquadra numa categoria que os cientistas sociais denominam *efeitos auréola*. Um efeito auréola (ou halo) ocorre quando uma característica positiva de uma pessoa domina a maneira como ela é vista pelos outros. Os indícios agora são claros de que a atratividade física costuma ser uma dessas características.

Pesquisas mostraram que atribuímos automaticamente a indivíduos de boa aparência traços favoráveis como talento, gentileza, honestidade e inteligência (para uma análise desses indícios, vide Langlois et al., 2000). Além disso, fazemos esses julgamentos sem perceber que a atratividade física desempenha um papel no processo. Algumas consequências desse pressuposto inconsciente de que "bonito é igual a bom" me assustam. Por exemplo, um estudo das eleições federais canadenses em 1974 descobriu que candidatos atraentes receberam um número de votos mais de 2,5 vezes maior que os candidatos não atraentes (Efran e Patterson, 1976). Apesar dos indícios de favoritismo por políticos bem-apessoados, pesquisas subsequentes demonstraram que os eleitores não perceberam essa tendência. Na verdade, 73% dos eleitores canadenses pesquisados negaram peremptoriamente que seus votos tenham sido influenciados pelo aspecto físico. Apenas 14% chegaram a admitir a possibilidade de essa influência existir (Efran e Patterson, 1976). Os eleitores podem negar à vontade o impacto da atratividade sobre a elegibilidade, mas outros indícios continuaram confirmando essa força perturbadora (Budesheim e DePaola, 1994).

Efeito semelhante foi encontrado em situações de contratação. Num estudo, a boa aparência dos candidatos numa entrevista simulada influenciou mais as decisões de contratação do que as qualificações para o cargo – embora os entrevistadores afirmassem que a aparência tenha desempenhado um papel pequeno em suas escolhas (Mack e Rainey, 1990). A vantagem concedida aos profissionais atraentes vai além do dia da contratação, estendendo-se para o dia do pagamento. Economistas que examinaram amostras americanas e canadenses descobriram que indivíduos atraentes recebiam em média de 12% a 14% mais que seus colegas não atraentes (Hammermesh e Biddle, 1994).

Outras pesquisas indicam que o processo judicial é igualmente suscetível às influências de peso e estrutura óssea. Parece que pessoas de boa aparência tendem a receber um tratamento altamente favorável no sistema legal (ver análises em Castellow, Wuensch e Moore, 1991; e Downs e Lyons, 1990). Num estudo feito na Pensilvânia (Stewart, 1980), pesquisadores classificaram a atratividade física de 74 réus do sexo masculino no início de seus julgamentos. Quando, bem depois, os pesquisadores conferiram os autos do processo para saber os resultados, descobriram que os homens de boa aparência haviam recebido sentenças bem mais leves. Na verdade, as chances dos réus atraentes de escapar da prisão eram o dobro das dos réus pouco atraentes.[1]

Num estudo das indenizações concedidas num julgamento simulado de negligência, a indenização média quando os réus tinham melhor aparência do que sua vítima era de 5.623 dólares. Mas quando a vítima era mais atraente, a indenização média foi de 10.051 dólares. Além disso, o favoritismo baseado na atratividade foi detectado em jurados tanto do sexo masculino quanto do feminino (Kulka e Kessler, 1978).

Outros experimentos demonstraram que pessoas atraentes são mais passíveis de obter socorro quando precisam (Benson, Karabenic e Lerner, 1976) e são mais persuasivas em mudar as opiniões de um público (Chaiken, 1979). Aqui também ambos os sexos reagem da mesma forma. No estudo de Benson et al. sobre socorro, por exemplo, homens e mulheres mais atraentes receberam ajuda com mais frequência, mesmo de membros do mesmo sexo. Uma grande exceção a essa regra pode ser esperada, é claro, se a pessoa atraente é vista como um concorrente direto, especialmente um rival romântico. Afora essa ressalva, as pessoas bem-apessoadas desfrutam de enorme vantagem social em nossa cultura. Elas são mais queridas, mais persuasivas, recebem ajuda com mais frequência e são vistas como dotadas de traços de personalidade mais desejáveis e maiores capacidades intelectuais.

Parece que os benefícios sociais da boa aparência começam a se acumular desde cedo. Pesquisas com crianças do primeiro ciclo do ensino fundamental (1º ao 5º ano) mostram que os adultos se importam menos com atos agressivos quando realizados por crianças bonitas (Dion, 1972) e que as professoras presumem que as crianças bonitas sejam mais inteligentes do que seus colegas menos bonitos (Ritts, Patterson e Tubbs, 1992).

Não causa admiração, portanto, que a auréola da atratividade física seja regularmente explorada pelos profissionais da persuasão. Como gostamos de pessoas atraentes e tendemos a concordar com aqueles de quem gostamos, faz sentido que os programas de treinamento de vendas incluam dicas de boa aparência, que as butiques escolham seus vendedores dentre os candidatos mais bonitos e que os trapaceiros de ambos os sexos sejam atraentes.[2]

Semelhança

E se a aparência física não tiver importância? Afinal, a maioria das pessoas não se destaca pela beleza. Outros fatores podem ser usados para produzir afeição? Como sabem os pesquisadores e os profissionais da persuasão, existem vários, e um dos mais influentes é a semelhança.

Gostamos de pessoas que sejam semelhantes a nós (Burger et al., 2004). Isso parece ser válido caso a semelhança seja a respeito de opiniões, traços de personalidade, antecedentes ou estilo de vida. Consequentemente, aqueles que querem que gostemos deles de modo a obter nossa cooperação podem alcançar esse objetivo parecendo semelhantes a nós de várias maneiras diferentes.

O modo de se vestir é um bom exemplo. Diversos estudos demonstraram que somos mais passíveis de ajudar aqueles que se vestem como nós. Num estudo realizado no início da década de 1970, quando o estilo dos jovens tendia ou para "hippies" ou para "caretas", pesquisadores se trajaram de uma dessas duas maneiras e pediram a estudantes universitários num campus uma moeda para darem um telefonema. Quando o pesquisador estava vestido de maneira similar ao estudante, o pedido era atendido em mais de dois terços dos casos. Mas quando estudante e pesquisador se vestiam de forma diferente, a moeda era oferecida em menos da metade das vezes (Emswiller, Deaux e Willits, 1971). Outro experimento mostrou como nossa reação positiva pode ser automática a pessoas semelhantes. Num protesto contra a guerra, manifestantes se mostraram mais propensos a assinar uma petição de um solicitante trajado de forma semelhante *e* a fazê-lo sem se darem ao trabalho de ler a petição antes (Suedfeld, Bochner e Matas, 1971). *Clique, zum.*

Outra forma como os solicitantes podem manipular a semelhança para aumentar a afeição e o consentimento é alegar que têm antecedentes e interesses similares. Os vendedores de carros, por exemplo, são treinados para procurar pistas enquanto examinam o carro usado de um cliente. Se vê no porta-malas equipamento para acampar, o vendedor pode mencionar, mais tarde, que adora curtir a natureza. Se identifica bolas de golfe no banco de trás, pode observar que espera que faça tempo bom no fim do dia para poder dar umas tacadas. Se observa que o carro foi adquirido em outro estado, pode perguntar de onde é o cliente e revelar – com surpresa – que ele (ou sua esposa) é de lá também.

Por mais triviais que essas semelhanças pareçam, aparentemente funcionam (Burger et al., 2004). Um pesquisador que examinou as estatísticas de vendas de seguradoras descobriu que os clientes ficavam mais inclinados a comprar seguros quando o vendedor tinha idade, religião, convicções políticas e hábitos tabagistas semelhantes aos dele (Evans, 1963). Outro pesquisador conseguiu aumentar bastante a porcentagem de pessoas que respondiam a uma pesquisa enviada pelo correio modificando, na carta de apresentação, o nome do pesquisador para ser semelhante ao do destinatário. Assim, Robert Greer recebia a pesquisa de um funcionário do centro de pesquisas chamado Bob Gregar, enquanto Cynthia Johnston recebia a sua de uma funcionária chamada Cindy Johanson. Em dois estudos separados, acrescentar essa sutil semelhança quase dobrou as respostas à pesquisa (Garner, 2005).

Esses pontos em comum, à primeira vista insignificantes, podem influenciar decisões que vão bem além da compra de um seguro ou da resposta a uma pesquisa, chegando à escolha do cônjuge (Jones et al., 2004). Podem até afetar a decisão de salvar a vida de alguém. Pessoas solicitadas a avaliar a prioridade de tratamento de pacientes com problemas renais escolheram os que se identificavam com o mesmo partido político que eles (Furnham, 1996).

Como até pequenas semelhanças podem ser eficazes para produzir uma reação positiva e como uma aparência de semelhança é passível de ser facilmente forjada, eu aconselharia uma cautela especial na presença de solicitantes que alegam ser "exatamente como você".[3] Na verdade, nos dias de hoje é bom ter cautela com vendedores que apenas *parecem* ser como você. Muitos programas de treinamento de vendas ensinam os futuros vendedores a "refletirem e imitarem" a postura corporal, o estado de espírito e o estilo verbal do cliente, pois foi provado que semelhanças ao longo de cada uma dessas dimensões levam a resultados positivos (Chartrand e Bargh, 1999; Locke e Horowitz, 1990; Van Baaren et al., 2003).

Elogios

O ator McLean Stevenson certa vez descreveu como sua esposa o convenceu a se casar: "Ela disse que gostava de mim." Embora digna de uma risada, a observação é tão instrutiva quanto engraçada. A informação de que alguém gosta de nós pode ser um dispositivo extremamente eficaz para produzir uma afeição retribuidora e um consentimento voluntário (Berscheid e Walster, 1978; Howard, Gengler e Jain, 1995, 1997). Assim, quando as pessoas nos elogiam ou afirmam que têm afinidade conosco, com frequência querem algo de nós.

Lembra-se de Joe Girard, o "maior vendedor de carros do mundo", que diz que o segredo de seu sucesso era fazer os clientes gostarem dele? Ele fazia algo que, à primeira vista, parecia insensato e dispendioso. Todo mês enviava a cada um de seus mais de 13 mil ex-clientes um cartão de felicitações com uma mensagem impressa. O cartão mudava de mês para mês (Feliz Ano Novo, Feliz Páscoa, Feliz Dia dos Namorados, e assim por diante), mas a mensagem no cartão nunca variava. Dizia: "Eu gosto de você." Como explicou Joe, "Não há mais nada no cartão além do meu nome. Só estou dizendo que gosto deles".

"Eu gosto de você." A mensagem vinha na correspondência todos os anos, 12 vezes ao ano, sem falhar, para outras 13 mil pessoas. Uma declaração de afeição tão impessoal, tendo como objetivo óbvio vender carros, podia mesmo funcionar? Joe Girard achava que sim, e um homem tão bem-sucedido em sua atividade merece nossa atenção. Ele entendeu um fato importante sobre a natureza humana: não resistimos a uma adulação. Embora sua credibilidade tenha limites – especialmente quando temos certeza de que o adulador está tentando nos manipular –, tendemos a acreditar nos elogios e a gostar das pessoas que nos elogiam.

Um experimento com um grupo de homens na Carolina do Norte mostra como podemos nos tornar impotentes diante de um elogio. Os homens no estudo ouviram comentários sobre eles de outra pessoa que precisava de um favor. Alguns receberam apenas comentários positivos, outros receberam apenas comentários negativos e os demais ouviram comentários bons e ruins. Houve três descobertas interessantes. Primeira, os homens gostaram mais do avaliador que fez apenas elogios. Segunda, essa tendência se manteve mesmo quando os homens perceberam claramente que o adulador estava querendo se beneficiar da manobra. Por fim, ao contrário dos outros tipos de comentários, o elogio não precisou ser verdadeiro para funcionar. O apreço pelo adulador foi o mesmo quer os comentários positivos fossem falsos ou verdadeiros (Drachman, deCarufel e Insko, 1978).

DEPOIMENTO DE LEITOR 5.2
De um estudante de MBA do Arizona

Quando trabalhei em Boston, um de meus colegas, Chris, vivia tentando empurrar tarefas para minha mesa já atulhada. Em geral resisto muito bem a esse tipo de tentativa. Mas Chris era ótimo em me elogiar antes de pedir minha ajuda. Começava dizendo: "Soube que você fez um excelente trabalho no projeto tal e tal. Estou com um projeto parecido e espero que possa me ajudar." Ou: "Já que você é especialista em X, poderia me ajudar nesta tarefa?" Eu não ia muito com a cara de Chris, porém, naqueles poucos segundos, sempre mudava de ideia, achando que talvez ele fosse um bom sujeito. E aí costumava ceder ao seu pedido de ajuda.

Nota do autor: Chris era mais do que um adulador. Ele estruturava seu elogio de modo a dar ao leitor uma reputação pela qual zelar. Ao fazê-lo, combinava um elemento potente do princípio da afeição com a força do princípio da coerência.

Tudo leva a crer que temos uma reação tão automaticamente positiva aos elogios que podemos ser vítimas de alguém que os empregue numa tentativa óbvia de conseguir algo de nós. *Clique, zum.* Quando visto sob essa ótica, o custo de imprimir e enviar mais de 150 mil cartões anualmente com a mensagem "Eu gosto de você" não parece tão insensato ou dispendioso como antes.

Contato e cooperação

Quase sempre gostamos de coisas que nos são familiares (Monahan, Murphy e Zajonc, 2000). Para provar esse fato, faça uma pequena experiência. Pegue o negativo de uma foto antiga que mostre uma visão frontal do seu rosto e mande revelar duas fotos – uma que mostre você como realmente saiu na foto e outra que mostre uma imagem invertida. Agora escolha qual versão do seu rosto mais lhe agrada e peça a um amigo que faça o mesmo. Se vocês forem como o grupo de mulheres de Milwaukee em que esse procedimento foi testado, vão observar algo estranho: seu amigo irá preferir a cópia fiel, mas você gostará mais da cópia invertida. Por quê? Porque *ambos* estarão reagindo favoravelmente ao rosto mais familiar – seu amigo, àquele que o mundo vê e você, ao rosto refletido pelo espelho (Mita, Dermer e Knight, 1977).

Por causa do seu efeito sobre a afeição, a familiaridade desempenha um papel em todos os tipos de decisão, inclusive dos políticos que elegemos (Grush, 1980; Grush, McKeough e Ahlering, 1978). Ao que parece, na cabine eleitoral os eleitores com frequência escolhem um candidato simplesmente porque seu nome parece familiar. Numa eleição controvertida em Ohio alguns anos atrás, um homem com poucas chances de vencer a corrida para procurador-geral do estado obteve a vitória quando, pouco antes da eleição, mudou seu nome para Brown – nome de uma família com grande tradição política em Ohio.

Como algo assim pôde acontecer? A resposta está em parte na forma inconsciente como a familiaridade determina a afeição. Com frequência não percebemos que nossa atitude em relação a algo foi influenciada pelo número de vezes que estivemos expostos àquilo no passado. Num experimento, os rostos de diversos indivíduos foram projetados numa tela com tamanha rapidez que, mais tarde, os voluntários expostos não conseguiram lembrar que tivessem visto qualquer um deles. No entanto, quanto maior a frequência da projeção do rosto na tela, mais aqueles voluntários passavam a gostar da pessoa ao interagirem com ela depois. E como a maior afeição leva a uma maior influência social, aqueles voluntários foram também mais persuadidos pelas opiniões dos indivíduos cujos rostos haviam aparecido mais na tela (Bornstein, Leone e Galley, 1987). Um efeito semelhante ocorreu num estudo de publicidade na internet.

Banners de uma câmera fotográfica apareceram 5 vezes, 20 vezes ou nenhuma vez acima de um artigo que os participantes tinham que ler. Quanto maior a frequência do anúncio, mais os participantes passaram a gostar da câmera, embora não se lembrassem de ter visto o anúncio (Fang, 2007).

Com base nos indícios de que tendemos a favorecer aquilo com que tivemos contato, algumas pessoas recomendaram uma abordagem de "contato" para melhorar as relações inter-raciais. Elas argumentam que a exposição a indivíduos de grupos étnicos diferentes numa situação de igualdade fará naturalmente com que passem a gostar mais uns dos outros. Mas quando os cientistas examinaram a integração racial nas escolas – a área que oferecia o melhor teste individual da abordagem do contato –, descobriram um padrão exatamente oposto. A dessegregação escolar tem maior propensão a aumentar o preconceito entre negros e brancos do que a diminuí-lo (Stephan, 1978).

Examinemos com mais detalhes a questão da dessegregação. Por mais bem-intencionados que estejam os proponentes da harmonia inter-racial por meio do contato, é pouco provável que sua abordagem dê certo porque o argumento em que se baseiam está equivocado. Em primeiro lugar, pesquisas mostraram que o ambiente escolar não é um caldeirão cultural em que as crianças interagem com membros de outros grupos étnicos de forma tão imediata como com o seu próprio grupo. Depois de anos de integração escolar formal, existe pouca integração social. Os estudantes se agrupam por etnias, afastando-se, na maior parte, dos outros grupos (Dixon et al., 2005; Oskamp e Schultz, 1998). Em segundo, ainda que houvesse muito mais interação interétnica, estudos mostram que a familiarização pelo contato repetido não causa necessariamente maior afeição (Gaertner et al., 1999). Na verdade, a exposição contínua a uma pessoa ou objeto sob condições desagradáveis, como frustração, conflito ou competição, reduz a afinidade (Richeson e Shelton, 2007; Swap, 1977; Zajonc, Markus e Wilson, 1974). A sala de aula americana típica estimula justamente essas condições desagradáveis.

Vejamos este relatório esclarecedor do psicólogo Elliot Aronson, que prestou consultoria a autoridades escolares sobre problemas nas escolas de Austin, no Texas. Sua descrição sobre a situação da educação nas salas de aula estudadas poderia se aplicar a quase toda escola pública dos Estados Unidos:

> *Em geral, funciona assim: o professor fica de pé diante da classe e faz uma pergunta. Seis a dez crianças ficam ansiosas por responder e levantam as mãos na cara do professor, torcendo para serem escolhidas e mostrarem sua inteligência. Várias outras ficam sentadas quietas, desviando o olhar, tentando se tornar invisíveis. Quando o professor escolhe um aluno, você vê olhares de decepção e desânimo nos rostos dos colegas entusiasmados que perderam uma chance de obter a aprovação do professor e vê alívio nos rostos daqueles que não sabiam a resposta. [...] O procedimento é altamente competitivo, e muita coisa está em jogo, porque as crianças estão competindo pelo amor e pela aprovação de uma das duas ou três pessoas mais importantes de seu mundo.*
>
> *Além disso, esse processo de ensino garante que os alunos não aprenderão a gostar dos outros e se entenderem. Lembre-se de sua própria experiência. Se você soubesse a resposta certa e o professor escolhesse outro aluno, provavelmente você iria torcer para que ele errasse e assim você tivesse uma chance de exibir seu conhecimento. Se você fosse escolhido e errasse, ou se nem sequer levantasse a mão para competir, provavelmente invejaria e se ressentiria dos colegas que sabiam a resposta. As crianças que fracassam nesse sistema se tornam invejosas e ressentidas dos bem-sucedidos, tachando-os de puxa-sacos ou recorrendo à violência contra eles no recreio. Os estudantes bem-sucedidos, por sua vez, costumam desprezar os colegas menos brilhantes, chamando-os de "burros"* (Aronson, 1975, pp. 44, 47).

Devemos nos espantar, portanto, com o fato de que a dessegregação escolar rigorosa – seja por meio do transporte escolar, seja pela redivisão dos distritos escolares – costuma aumentar o preconceito, em vez de diminuir? Quando os contatos sociais e de amizade agradáveis se dão dentro das fronteiras étnicas e a exposição repetida a outros grupos ocorre somente no caldeirão competitivo da sala de aula, não podemos esperar grandes progressos.

Existem soluções disponíveis para o problema? Uma possibilidade poderia ser acabar com as tentativas de integração escolar aparentemente inviáveis. Mesmo que ignorássemos os desafios legais e constitucionais inevitáveis e o conflito social que esse recuo causaria, existem boas razões para perseguir a integração em sala de aula. Por exemplo, embora os níveis de desempenho dos alunos brancos permaneçam constantes, os alunos das minorias têm 10 vezes mais chances de que seu desempenho acadêmico melhore após a dessegregação (Stephan, 1978).

Precisamos ser cautelosos em nossa abordagem da dessegregação escolar para não colocarmos tudo a perder. A ideia, é claro, é aperfeiçoar o sistema, não descartá-lo. Neste momento, ele está imbuído de hostilidade racial. Felizmente, pesquisas de especialistas em educação sobre o conceito de "aprendizado cooperativo" criam esperanças reais de eliminar essa hostilidade. Como grande parte do aumento do preconceito decorrente da dessegregação em sala de aula parece resultar da exposição maior aos membros de outros grupos como rivais, esses educadores testaram formas de aprendizado centradas na colaboração, e não na competição.

Colônia de férias

Para entender a lógica da abordagem colaborativa, convém reexaminar o fascinante programa de pesquisa de quatro décadas atrás do cientista social turco Muzafer Sherif e seus colegas (Sherif, Harvey, White, Hood e Sherif, 1961). Intrigado com a questão do conflito intergrupal, a equipe de pesquisadores decidiu investigar o processo em colônias de férias exclusivas para meninos. Embora estes não soubessem que estavam participando de um experimento, Sherif e seus colegas manipulavam habilmente o ambiente social da colônia para observar os efeitos sobre as relações do grupo.

Os pesquisadores logo constataram como é fácil provocar certos tipos de hostilidade. A simples separação dos meninos em dois alojamentos foi suficiente para estimular um sentimento de "nós contra eles". Permitir que os meninos dessem nomes aos dois grupos (as Águias e as Cascavéis) acelerou a sensação de rivalidade. Eles logo começaram a depreciar as qualidades e realizações do grupo rival. Entretanto, essas formas de hostilidade foram pequenas em comparação com o que ocorreu quando os pesquisadores introduziram atividades competitivas nas reuniões entre os grupos. Caças ao tesouro, cabos de guerra e competições atléticas de um alojamento contra o outro produziram insultos e confrontos. Durante a competição, membros do time oposto eram rotulados de "trapaceiros", "ladrões" e "babacas". Mais tarde, os alojamentos foram invadidos, as bandeiras rivais foram roubadas e queimadas e avisos ameaçadores foram afixados. Brigas no refeitório também se tornaram comuns.

Àquela altura, ficou evidente para Sherif que a receita da discórdia era rápida e descomplicada: basta separar os participantes em grupos e deixar que os sentimentos venham à tona. Depois volte a misturá-los sobre a chama da competição constante. Resultado: o ódio intergrupal no seu ponto máximo.

Os pesquisadores enfrentaram então um problema mais complicado: como remover a hostilidade agora arraigada. Primeiro tentaram a abordagem do contato, reunindo os grupos com mais frequência. Mesmo quando as atividades conjuntas eram agradáveis, como assistir a filmes e participar de eventos sociais, os resultados foram desastrosos. Os piqueniques geraram guerras de comida, programas de entretenimento se transformaram em concursos de xingamentos, filas no refeitório degeneraram em empurrões. Sherif e sua equipe de pesquisa começaram a temer que, à maneira do Dr. Frankenstein, pudessem ter criado um monstro que já não conseguiam controlar. Então, no auge do conflito, tentaram uma estratégia que foi ao mesmo tempo simples e eficaz.

Eles criaram uma série de situações em que a competição entre os grupos seria prejudicial ao interesse coletivo, exigindo a cooperação para o benefício mútuo. Numa excursão de um dia inteiro, a única caminhonete disponível para irem à cidade ficou atolada. Os meninos foram reunidos e todos empurraram e puxaram juntos até que o veículo conseguiu sair. Em outro caso, os pesquisadores fizeram com que o suprimento de água da colônia de férias, trazido por canos de um tanque distante, fosse interrompido. Diante da crise em comum e percebendo a necessidade de ação unificada, os meninos se organizaram harmoniosamente para resolver o problema antes do fim do dia. Em outra circunstância, os meninos foram informados de que um filme popular estava disponível para locação, mas que a colônia não iria pagar por ele. Conscientes de que a única solução seria somar recursos, os meninos fizeram uma vaquinha para alugar o filme e passaram algumas horas agradáveis juntos.

As consequências daqueles empreendimentos cooperativos, embora não fossem instantâneas, impressionaram. Os esforços conjuntos bem-sucedidos visando a objetivos comuns gradualmente reduziram a rixa entre os dois grupos. Em pouco tempo, as agressões verbais haviam desaparecido, os empurrões nas filas cessaram e os meninos começaram a se misturar nas mesas do refeitório. Além disso, quando se pediu aos meninos que listassem seus melhores amigos, muitos incluíram colegas do outro grupo que não haviam figurado numa lista anterior. Alguns até agradeceram aos pesquisadores pela oportunidade de reavaliar seus amigos, porque haviam mudado de ideia desde a listagem anterior. Num episódio revelador, os meninos voltaram de um passeio num único ônibus – algo que teria produzido um tumulto antes, mas que, àquela altura, foi solicitado por eles. Quando o ônibus parou num quiosque, os meninos de um grupo, com 5 dólares sobrando em caixa, decidiram pagar milk-shakes para seus ex-adversários.

Podemos remontar as raízes dessa reviravolta surpreendente ao período em que os meninos tiveram que ver uns aos outros como aliados, em vez de oponentes. O procedimento crucial foi a imposição, pelos pesquisadores, de objetivos comuns aos grupos. A cooperação necessária para alcançar aquelas metas enfim permitiu que os membros dos alojamentos rivais vissem uns aos outros como bons sujeitos, ajudantes valorizados, amigos e amigos dos amigos (Paolini et al., 2004; Wright, Aaron, McLaughlin-Volpe e Ropp, 1997). Quando o sucesso resultava dos esforços mútuos, não dava para manter sentimentos de hostilidade em relação aos que haviam contribuído para o triunfo do grupo.[4]

De volta à escola

Na confusão das tensões raciais que se seguiram à dessegregação escolar, alguns psicólogos educacionais começaram a ver a aplicabilidade das descobertas de Sherif e seus colegas às salas de aula. Se a experiência de aprendizado incluísse ao menos a cooperação interétnica ocasional visando a sucessos mútuos, talvez amizades intergrupais pudessem florescer. Embora projetos semelhantes estivessem em andamento em diferentes estados americanos (Johnson, 2003; Oskamp e Schultz, 1998), uma abordagem especialmente interessante nessa direção – denominada sala de aula de quebra-cabeça – foi desenvolvida por Elliot Aronson e seus colegas no Texas e na Califórnia (Aronson, Stephan, Sikes, Blaney e Snapp, 1978).

A essência do aprendizado de quebra-cabeça é exigir que os alunos trabalhem juntos para dominar a matéria de uma prova. Esse objetivo é alcançado agrupando-se os estudantes em equipes colaborativas e fornecendo a cada um somente parte das informações – uma peça do quebra-cabeça – necessárias para passar na prova. Dentro desse sistema, os alunos devem se revezar ensinando e ajudando uns aos outros. Cada um precisa de todos os outros para se sair bem. Como os meninos de Sherif, que colaboraram em tarefas que exigiam a ação conjunta, os alunos se tornaram aliados, em vez de inimigos.

Testada nas salas de aula recém-dessegregadas, a abordagem de quebra-cabeça gerou resultados impressionantes. Estudos mostraram que, em comparação com outras salas de aula na mesma escola usando o método competitivo tradicional, o aprendizado de quebra-cabeça estimulou muito mais amizades e menos preconceito entre os grupos étnicos. Além da redução vital da hostilidade, houve outras vantagens: a autoestima, o gosto pela escola e a melhora das notas dos alunos das minorias. Os alunos brancos também se beneficiaram. Sua autoestima e seu gosto pela escola aumentaram, e seu desempenho nas provas foi ao menos tão bom quanto o dos brancos em turmas tradicionais (Aronson, Bridgeman e Geffner, 1978a, 1978b).

Diante desses resultados positivos, tendemos a nos entusiasmar com uma solução individual simples para um problema difícil. A experiência, porém, nos mostra que, mesmo dentro das fronteiras dos procedimentos do aprendizado cooperativo, as questões são complexas demais (Rosenfield e Stephan, 1981; Slavin, 1983).

Antes que possamos nos sentir realmente confortáveis com o quebra-cabeça, ou com qualquer abordagem similar envolvendo aprendizado e afeição, muito mais pesquisas são necessárias para descobrir com que frequência, em que doses, em quais faixas etárias e em quais tipos de grupos as estratégias colaborativas funcionarão. Também precisamos saber como os professores poderão implantar melhor os métodos novos – se é que pretendem implantá-los. Afinal, as técnicas de aprendizado cooperativo, além de se afastarem radicalmente da rotina tradicional e familiar à maioria dos mestres, também podem ameaçar sua sensação de importância na sala de aula, ao delegar grande parte da instrução aos alunos. Por fim, precisamos entender que a competição tem sua razão de ser também, podendo servir como um motivador valioso da ação desejável e um importante formador do conceito do eu. O objetivo, então, não é eliminar a competição acadêmica, mas romper seu monopólio na sala de aula, introduzindo técnicas colaborativas frequentes que incluam membros de todos os grupos étnicos e levem a bons resultados.

Apesar dessas ressalvas, não posso deixar de me entusiasmar com os dados disponíveis. Há muito tempo as escolas públicas vêm sendo fonte de notícias desencorajadoras – redução do desempenho, desgaste dos professores, criminalidade crescente e, é claro, conflitos raciais. Agora existe ao menos uma luz no fim do túnel.

Ainda dentro desse tema, gostaria de destacar dois fatos. Primeiro, embora a familiaridade produzida pelo contato costume levar a uma afeição maior, ocorre o oposto se ele vier acompanhado de experiências desagradáveis. Portanto, quando crianças de grupos raciais diferentes são lançadas na competição incessante e implacável da sala de aula americana tradicional, é de se esperar que as hostilidades cresçam. Segundo, os sinais de que o aprendizado orientado para equipes funciona como um antídoto para esse problema refletem o forte impacto da cooperação sobre o processo de afeição.

Antes de concluirmos que a cooperação é uma causa poderosa da afeição, devemos submetê-la ao que considero o teste decisivo: será que os profissionais da persuasão lançam mão sistematicamente da cooperação para que gostemos deles e, assim, concordemos com seus pedidos? Eles enfatizam a colaboração quando ela existe naturalmente numa situação? Tentam ampliá-la quando existe apenas de maneira incipiente? E, o que é ainda mais instrutivo, eles forjam uma cooperação quando não existe nenhuma?

Ao que se revela, a cooperação passa pelo teste com sucesso total. Os profissionais da persuasão vivem frisando que eles e nós estamos trabalhando pelos mesmos objetivos, que precisamos "unir forças" para o benefício mútuo, que eles são, em essência, nossos *colegas de equipe*. Podemos dar uma série de exemplos. A maioria deles é familiar, como os vendedores de carros novos que ficam do nosso lado e "enfrentam" seus chefes para obter uma boa pechincha.[5] Um exemplo espetacular ocorre no ambiente policial em que interrogadores devem induzir suspeitos a confessar crimes.

Nos últimos anos, os tribunais impuseram uma variedade de restrições à ação da polícia ao lidar com suspeitos de crimes, especialmente na obtenção de confissões. Eles agora rejeitam muitos procedimentos que no passado levavam a admissões de culpa, mas não veem nada de ilegal no uso de um pouco de psicologia sutil. Por essa razão, os interrogadores de criminosos cada vez mais lançam mão de táticas como a do policial bom/policial mau.

A tática do policial bom/policial mau funciona assim: um jovem suspeito de assalto, por exemplo, que foi informado de seus direitos e insiste em sua inocência, é levado para uma sala a fim de ser interrogado por uma dupla de policiais. Um deles, por combinar com aquele papel ou porque esteja na sua vez, desempenha o papel do policial mau. Antes que o suspeito sequer se sente, o policial mau o xinga. Pelo resto da sessão, fala por meio de resmungos e grunhidos. Chuta a cadeira do prisioneiro para enfatizar suas acusações e, quando o olha, parece estar diante de um monte de lixo. Se o suspeito desafia as acusações do policial mau ou se recusa a responder, este fica furioso. Ele jura que fará o possível para assegurar uma pena máxima. Diz que tem amigos na promotoria que se empenharão na acusação quando souberem que o suspeito não quis colaborar.

No início da representação do policial mau, seu parceiro, o policial bom, está sentado em segundo plano. Aos poucos ele começa a se manifestar. Primeiro fala apenas com o policial mau, tentando controlar sua ira crescente. "Fique calmo, Frank." Mas o policial mau grita de volta: "Não mande eu me acalmar quando ele está mentindo na minha cara! Odeio esses mentirosos safados!" Um pouco depois, o policial bom diz algo a favor do suspeito. "Pegue leve, Frank. Ele é só um garoto." Comparadas com os xingamentos do policial mau, suas palavras soam como música aos ouvidos do prisioneiro. Mesmo assim, o mau policial não se convence. "Garoto? Garoto uma ova. Ele é um delinquente, isso sim. E digo mais: é maior de idade e isso basta para mandá-lo para a cadeia, onde ficará até morrer."

Agora o policial bom começa a falar direto com o suspeito, chamando-o pelo nome e destacando quaisquer detalhes positivos do caso. "Vou lhe dizer uma coisa, Kenny, você teve sorte de ninguém se ferir e você não estar armado. Isso aliviará um pouco a sua barra no julgamento." Se o suspeito persiste em alegar inocência, o policial mau inicia uma nova leva de xingamentos e ameaças. Dessa vez o policial bom o interrompe: "Ok, Frank", e entrega ao policial mau algum dinheiro. "Está na hora de tomarmos um cafezinho. Que tal trazer três xícaras para nós?"

Quando o policial mau deixa o recinto, é hora da encenação do policial bom: "Olhe, não sei por que, mas meu colega não foi com a sua cara e está a fim de complicar sua vida. E vai conseguir, porque já juntamos provas suficientes. Ele tem razão quando diz que a promotoria destrói os sujeitos que não querem colaborar. Você vai ter que encarar cinco anos de cana, cara! Cinco anos! Não quero que isso aconteça com você. Se admitir agora, antes que ele volte, que assaltou aquele local, vou cuidar do seu caso e ter uma conversa com o promotor. Se trabalharmos juntos, de repente podemos reduzir os cinco anos para um. Faça um favor para nós, Kenny. Diga como você fez aquilo e vou começar a colaborar para livrar sua barra." Um confissão completa costuma vir logo em seguida.

A tática do policial bom/policial mau funciona bem por vários motivos: o medo de uma pena longa é rapidamente inculcado pelo policial mau; o princípio do contraste perceptivo (vide Capítulo 1) garante que, em comparação com o policial mau furioso e agressivo, o interrogador que faz o papel de policial bom parecerá uma pessoa *bastante* sensata e gentil (Kamisar, 1980); e como o policial bom interveio repetidas vezes a favor do suspeito – tendo até pago do próprio bolso os cafezinhos –, a regra da reciprocidade pressiona por um favor retribuidor (Rafaeli e Sutton, 1991). O motivo principal da eficiência da técnica, porém, é que ela dá ao suspeito a impressão de que existe alguém do seu lado, alguém preocupado com seu bem-estar, e que está colaborando com ele. Na maioria das situações, essa pessoa seria vista de maneira bem favorável, mas na encrenca em que o suspeito do assalto se encontra, ela assume o caráter de um salvador. E um salvador está a um passo de distância de um padre confessor confiável.

CONDICIONAMENTO E ASSOCIAÇÃO

"Por que eles *me* culpam, doutor?" Era a voz insegura de um meteorologista da TV local ao telefone. Alguém lhe dera meu número quando ele ligou para o departamento de psicologia da minha universidade atrás de alguém capaz de responder à sua pergunta – uma pergunta que sempre o intrigara, mas que recentemente começara a incomodá-lo e deprimi-lo.

> *Isso é loucura, não é? Todo mundo sabe que eu apenas informo a previsão do tempo, que não a encomendo, certo? Então por que ouço tantas críticas quando faz tempo ruim? Durante as enchentes do ano passado recebi um monte de e-mails agressivos! Um sujeito ameaçou me dar um tiro se não parasse de chover. Meu Deus, até hoje tenho medo de andar na rua. E o pessoal da minha emissora faz o mesmo. Às vezes, com o programa no ar, me insultam por causa de uma onda de calor ou coisa semelhante. Eles devem saber que não sou responsável, mas isso não os detém. Poderia me ajudar a entender isso, doutor? Por favor! Está acabando com a minha vida.*

Marcamos uma reunião no meu consultório, quando tentei explicar que ele era vítima de uma reação *clique, zum* milenar das pessoas diante de coisas que percebem como meramente associadas entre si. Exemplos dessa reação não faltam na vida moderna. Achei que o exemplo que melhor poderia ajudar o meteorologista deprimido exigiria um pouco de história antiga. Pedi que pensasse no destino incerto dos mensageiros imperiais da antiga Pérsia. Alguém na função de mensageiro militar tinha motivos especiais para torcer pela vitória persa. De posse da notícia da vitória, seria tratado como herói ao chegar ao palácio. Poderia comer e beber até se fartar. Mas se a mensagem fosse de um desastre militar, a recepção seria bem diferente: ele acabaria sendo sumariamente assassinado.

Eu esperava que o meteorologista entendesse a moral da história. Queria que ele percebesse um fato tão verdadeiro hoje como no tempo da Pérsia antiga: a natureza da má notícia contagia o mensageiro. Existe uma tendência humana natural a desgostar de uma pessoa que traz informações desagradáveis, ainda que ela não tenha causado a má notícia. A simples associação basta para estimular nossa aversão (Manis, Cornell e Moore, 1974). (Vide Anexo 5.1, págs. 212-3.)

Havia algo mais que eu esperava que o meteorologista captasse do exemplo histórico. Além de ter como companheiros de infortúnio séculos de outros "divulgadores de notícias", comparado com alguns (como os mensageiros persas) até que ele tinha sorte. Ao final de nossa sessão, ele disse algo para me convencer de que entendera a lição: "Doutor, sinto-me bem melhor em relação ao meu trabalho agora. Veja só, estou em Phoenix, onde o sol brilha 300 dias por ano. Graças a Deus não anuncio o tempo na instável cidade de Buffalo."

Seu comentário revela que ele entendeu mais do que eu havia explicado sobre o princípio que estava influenciando a relação de seus espectadores com ele. Estar associado ao mau tempo exerce um efeito negativo, mas estar associado aos dias de sol deveria fazer milagres por sua popularidade. E ele estava certo. O princípio da associação é geral, governando tanto as associações negativas quanto as positivas. *Uma associação inocente com coisas boas ou ruins influenciará os sentimentos das pessoas em relação a nós* (Lott e Lott, 1965).

Nossa instrução sobre como a associação negativa funciona parece ter sido basicamente fornecida por nossos pais. Lembra-se de como eles viviam alertando que não brincássemos com os moleques na rua? Conhece o ditado "Diga-me com quem andas e te direi quem és"? Nossos pais estavam nos ensinando a culpa por associação – e nos dando uma lição sobre o lado negativo do princípio da associação. E estavam certos. As pessoas de fato presumem que temos os mesmos traços de personalidade de nossos amigos (Miller, Campbell, Twedt e O'Connell, 1966).

Quanto às associações positivas, são os profissionais da persuasão que nos dão a lição. Eles vivem tentando associar a si ou seus produtos com as coisas de que gostamos. Você já se perguntou o que aquelas modelos atraentes estão fazendo nos anúncios de automóveis? O que o anunciante espera que estejam fazendo é emprestando seus traços positivos – beleza e atratividade – aos carros. Ele está apostando que os homens reajam ao produto da mesma maneira como reagem às belas modelos ao lado. E é o que acontece.

Num estudo, homens que viram um anúncio de um carro novo que incluía uma modelo sedutora consideraram o *carro* mais veloz, mais atraente, mais bem projetado e mais caro do que homens que viram o mesmo anúncio sem a modelo. No entanto, quando indagados depois, os homens se recusaram a acreditar que a presença das mulheres havia influenciado seus julgamentos (Smith e Engel, 1968).

Embora existam outros exemplos (Bierley, McSweeney e Vannieuwkerk, 1985; Gorn, 1982), talvez o indício mais intrigante de como o princípio da associação consegue nos estimular inconscientemente a gastar dinheiro venha de uma série de investigações sobre cartões de crédito e despesas (Feinberg, 1986). Na vida moderna, os cartões de crédito são um dispositivo com uma característica psicologicamente notável: permitem que obtenhamos os benefícios imediatos de bens e serviços ao mesmo tempo que adiam os custos para daqui a várias semanas. Como resultado, associamos os cartões de crédito (e seus símbolos e logotipos) com os aspectos positivos, e não negativos, dos gastos.

METEOROLOGISTAS PAGAM O PREÇO PELAS INSTABILIDADES DA NATUREZA

David L. Langford
Associated Press

Os meteorologistas da televisão ganham um bom salário falando sobre o tempo, mas quando a Mãe Natureza surpreende, eles correm à procura de abrigo.

Conversei com diversos veteranos da previsão do tempo nos Estados Unidos esta semana e eles me contaram que já foram golpeados por velhinhas de guarda-chuva, abordados por bêbados em bares, atingidos com bolas de neve e galochas, ameaçados de morte e acusados de tentarem tomar o lugar de Deus.

"Certa vez um sujeito me ligou e disse que, se nevasse no Natal, eu não viveria até o ano-novo", contou Bob Gregory, que faz a previsão do tempo da WTHR-TV em Indianápolis há nove anos.

A maioria dos "homens e mulheres do tempo" afirmou que acerta 80% a 90% das previsões de um dia, mas que as de prazo maior são complicadas. Eles também admitiram que estão apenas repetindo informações fornecidas por computadores e meteorologistas anônimos do National Weather Service ou de órgãos privados.

Mas é atrás do rosto na tela da televisão que as pessoas vão.

Tom Bonner, de 35 anos, que trabalha há mais de uma década na Kark-TV em Little Rock, Arkansas, relembra uma ocasião em que um fazendeiro brutamontes de Lonoke, que havia bebido umas e outras, dirigiu-se a ele num bar, apontou um dedo no seu peito e ameaçou: "Foi você quem enviou aquele tornado que derrubou minha casa... Vou arrancar sua cabeça."

Bonner disse que procurou pelo segurança, mas, como não conseguiu encontrá-lo, respondeu: "Tem razão quanto ao tornado e vou dizer mais uma coisa: mandarei outro se você não recuar."

Mike Ambrose, da KGTV, recorda que, vários anos atrás, quando Mission Valley, em San Diego, sofreu com uma grande inundação, uma mulher foi até o seu carro, bateu com força no para-brisa com o guarda-chuva e disse: "Esta chuva é culpa sua."

Sonny Eliot, da WJBK-TV, que trabalha na área de Detroit há 30 anos, lembra que previu de 5 a 10 metros de neve na cidade anos atrás, mas que a neve acabou chegando a 20 metros. Como retaliação, seus colegas na emissora montaram uma geringonça que despejou umas 200 galochas nele enquanto fazia a previsão no dia seguinte. "Tenho galos até hoje para provar", disse ele.

Anexo 5.1 *Culpados pelo mau tempo*

Observe as semelhanças entre o relato do meteorologista que foi ao meu consultório e os de outros apresentadores do tempo da TV.

O pesquisador de consumo Richard Feinberg queria descobrir os efeitos da presença dos cartões de crédito e de suas logomarcas sobre nossas tendências de gastos. Numa série de estudos realizados em West Lafayette, Indiana, ele obteve alguns resultados surpreendentes – e inquietantes. Primeiro, os fregueses de restaurantes davam gorjetas maiores quando pagavam com cartão de crédito em vez de dinheiro. Num segundo estudo, estudantes universitários se mostraram dispostos a gastar 29% a mais em média por itens de um catálogo de vendas quando examinavam esses itens numa sala com algumas logomarcas do MasterCard. Além disso, nem perceberam que essas logomarcas faziam parte do experimento. Um estudo final mostrou que, ante um pedido de contribuição para caridade, estudantes universitários se mostraram mais propensos a oferecer dinheiro quando a sala onde estavam continha logomarcas do MasterCard (87% versus 33% numa sala sem logomarcas). Esta última descoberta é ao mesmo tempo a mais perturbadora e instrutiva sobre o poder do princípio da associação de gerar anuência. Embora os próprios cartões de crédito não fossem usados nas doações de caridade, a mera presença de seus símbolos (com suas associações positivas) estimulou as pessoas a gastarem mais *dinheiro vivo*.

Esse fenômeno foi reproduzido em dois estudos realizados em restaurantes cujos fregueses receberam suas contas em bandejas que continham ou não uma logomarca de cartão de crédito. As gorjetas foram maiores na presença da logo, mesmo no caso dos fregueses que pagaram em dinheiro (McCall e Belmont, 1996).[6]

Como o princípio da associação funciona tão bem – e de forma tão inconsciente –, os fabricantes procuram associar seus produtos com a onda cultural atual. Durante a época das viagens tripuladas à Lua, desde bebidas para o café da manhã até desodorantes, tudo era vendido com alusões ao programa espacial americano. Nos anos de Olimpíadas, somos informados do spray para cabelos e do lenço de papel oficiais de nossas equipes olímpicas.[7] Na década de 1970, quando o conceito cultural mágico parecia ser a "vida natural", o tema foi explorado à exaustão. Às vezes a associação com a naturalidade nem sequer fazia sentido: "Mude a cor de seus cabelos naturalmente", propunha um comercial popular na TV.

Mais recentemente, pesquisadores descobriram que cartazes promocionais com a palavra "liquidação" aumentam as vendas (mesmo quando não há economia real) não apenas porque os compradores conscientemente pensam que podem economizar dinheiro, como também porque esses cartazes já foram várias vezes associados a preços bons no passado do comprador. Assim, qualquer produto associado a um cartaz de liquidação recebe automaticamente uma avaliação mais favorável (Naylor et al., 2006).

Vincular celebridades a produtos é outra forma como os publicitários lucram com o princípio da associação. Atletas profissionais são pagos para serem relacionados a produtos diretamente ligados às suas atividades (tênis, raquetes, bolas) ou não (refrigerantes, telefones celulares). O importante para o publicitário é fazer a associação: não precisa ser lógica, basta que seja positiva.

Claro que existe outra forma de explorar celebridades visando ao lucro. Recentemente, os políticos reconheceram a capacidade que a associação com celebridades tem de influenciar os eleitores. Os candidatos presidenciais se cercam de grupos de figuras não políticas conhecidas que participam ativamente da campanha ou apenas emprestam seus nomes. Mesmo nos níveis estadual e municipal, um jogo semelhante é disputado. Prova disso é o comentário que ouvi de uma mulher de Los Angeles expressando seus sentimentos conflitantes sobre um referendo na Califórnia para limitar o tabagismo em locais públicos. "É uma decisão bem difícil. Tem grandes astros falando a favor e grandes astros falando contra. Você fica sem saber como votar."

A sineta de Pavlov

Há muito tempo os políticos vêm lutando para se associar aos valores da pátria, mas é possível que na associação com um alimento eles tenham se saído melhor. Por exemplo, a Casa Branca tem por tradição tentar conquistar os votos de legisladores hesitantes durante uma refeição. Pode ser um piquenique, um café da manhã suntuoso ou um jantar elegante. Quando uma lei importante está para ser votada, os talheres de prata saem do armário. A arrecadação de fundos políticos também costuma envolver o oferecimento de comida. Observe que nesses eventos os discursos e apelos por mais contribuições e maior empenho nunca são feitos antes que a refeição seja servida, mas somente durante ou após. Essa técnica possui várias vantagens, entre elas poupar tempo e envolver a regra da reciprocidade. O benefício menos reconhecido, porém, pode ser aquele revelado por uma pesquisa conduzida na década de 1930 pelo eminente psicólogo Gregory Razran (1938).

Usando o que denominou "técnica do almoço", Razran descobriu que os participantes do estudo passavam a gostar mais de pessoas que conhecessem e coisas que experimentassem enquanto estivessem comendo. No exemplo mais pertinente aos nossos propósitos (Razran, 1940), cobaias foram apresentadas a algumas declarações políticas que haviam avaliado antes. Ao final do experimento, depois de apresentadas todas as declarações, Razran constatou que apenas algumas haviam tido melhora em sua aprovação – aquelas mostradas durante a refeição. Essas mudanças na preferência parecem ter ocorrido de maneira inconsciente, já que as cobaias não conseguiam lembrar quais declarações tinham visto enquanto a comida era servida.[8]

Como foi que Razran chegou à técnica do almoço? O que o fez pensar que funcionaria? A resposta pode estar nos dois papéis acadêmicos que desempenhou durante sua carreira. Além de ser um pesquisador respeitado, foi também um dos primeiros tradutores para o inglês da literatura psicológica pioneira da Rússia. Tratava-se de uma literatura dedicada ao estudo do princípio da associação e dominada pelo pensamento de um homem brilhante: Ivan Pavlov.

Embora Pavlov fosse um cientista de talento amplo e variado – havia, por exemplo, ganhado um Prêmio Nobel por seu trabalho sobre o sistema digestivo –, sua demonstração experimental mais importante foi de extrema simplicidade. Ele mostrou que conseguia fazer com que uma reação típica do animal à fome (salivação) fosse direcionada a algo dissociado da comida (uma sineta) simplesmente associando as duas coisas na experiência desse animal. Se a apresentação de comida para um cão fosse sempre acompanhada pelo som de uma sineta, logo ele estaria salivando somente ao som da sineta, sem nenhuma comida por perto.

Não é grande a distância entre a demonstração clássica de Pavlov e a técnica do almoço de Razran. Obviamente, uma reação normal à comida pode ser transferida para outra coisa pelo processo da associação pura. O grande insight de Razran foi explorar o fato de que há várias reações normais à comida, além da salivação, sendo uma delas uma sensação boa e favorável. Portanto, é possível associar essa sensação agradável, essa atitude positiva, a qualquer coisa (uma afirmação política é apenas um exemplo) estreitamente ligada à boa comida.

Tampouco é grande a distância entre a técnica do almoço e a percepção dos profissionais da persuasão de que todos os tipos de coisas desejáveis, além da comida, podem emprestar suas qualidades agradáveis a ideias, pessoas e produtos artificialmente associados. Em última análise, então, é por isso que modelos de boa aparência aparecem em tantos anúncios de revistas. Por isso os DJs das rádios são instruídos a inserir a vinheta da emissora logo antes de tocarem um grande sucesso. E é também por isso que as mulheres que jogam bingo na reunião da Tupperware devem gritar a palavra *Tupperware* em vez de *bingo* antes de irem correndo apanhar seu prêmio.

Apesar de sermos com frequência vítimas inconscientes do uso do princípio da associação pelos profissionais da persuasão, isso não significa que não saibamos como ele funciona ou que nós mesmos não o utilizemos. Existem muitos indícios, por exemplo, de que entendemos plenamente o sofrimento de um mensageiro imperial persa ou do meteorologista moderno trazendo más notícias. Na verdade, fazemos um esforço para não nos colocarmos em posições semelhantes.

Pesquisas da Universidade da Geórgia mostram como agimos diante da tarefa de comunicar boas ou más notícias (Rosen e Tesser, 1970). Estudantes que aguardavam o início de um experimento foram incumbidos de informar a um colega que ele recebera uma importante chamada telefônica. Na metade das vezes a ligação deveria trazer boas notícias e na outra metade, más notícias. Os pesquisadores descobriram que os estudantes transmitiam a informação de maneira bem diferente, dependendo de seu teor. Quando a notícia era positiva, os estudantes não deixavam de expressar esse fato: "Você acabou de receber uma ligação com ótimas notícias. É melhor falar com o pesquisador para saber os detalhes." Quando a notícia era desfavorável, mantinham distância dela: "Você acabou de receber uma ligação. É melhor falar com o pesquisador para saber os detalhes." Obviamente, os estudantes já haviam aprendido que, para serem populares, deveriam se associar apenas a boas notícias, não a más.

Do noticiário e da previsão do tempo aos esportes

Muitos comportamentos estranhos podem ser explicados pelo fato de que as pessoas entendem o princípio da associação o suficiente para se relacionarem aos acontecimentos positivos e se afastarem dos acontecimentos negativos – ainda que não os tenham causado. Um dos comportamentos mais estranhos nesse sentido ocorre na grande arena dos esportes. Mas as ações dos atletas não são um problema. Afinal, no contato acalorado do jogo, eles têm direito a agir ocasionalmente de maneira excêntrica. O que causa estranheza é o fervor muitas vezes irracional, ilimitado e exagerado dos torcedores. Como podemos explicar a violência das torcidas na Europa, o assassinato de jogadores e juízes por multidões descontroladas de torcedores sul-americanos ou a profusão desnecessária de presentes dos torcedores aos já ricos jogadores de beisebol americanos no "dia" especial reservado para homenageá-los? Racionalmente nada disso faz sentido. É apenas um jogo! Não é?

Mais ou menos. O relacionamento entre esporte e torcedor fanático não tem nada de leviano. É sério, intenso e altamente pessoal. Uma boa ilustração envolve um soldado da Segunda Guerra Mundial que retornou à sua casa nos Bálcãs após a guerra e pouco depois parou de falar. Exames médicos não detectaram qualquer causa física para o problema. Não havia ferimento, lesão cerebral ou distúrbio vocal. Ele conseguia ler, escrever, entender uma conversa e cumprir ordens, mas não conseguia falar – nem com seus médicos, nem com seus amigos, nem mesmo com a família.

Perplexos e exasperados, seus médicos o transferiram para outra cidade e o internaram num hospital de veteranos onde ele permaneceu 30 anos, jamais rompendo seu silêncio autoimposto e mergulhando numa vida de isolamento social. Até que um dia, em sua enfermaria, um rádio estava transmitindo uma partida de futebol entre o time de sua cidade e um rival tradicional. Quando, num ponto crucial da partida, o juiz marcou falta contra um jogador do time da cidade do veterano mudo, este saltou da cadeira, fitou o rádio e proferiu suas primeiras palavras em mais de três décadas: "Seu imbecil! Está tentando *entregar* a vitória a eles?" Dito isso, voltou à sua cadeira e ao silêncio que nunca mais violou.

Duas lições importantes podem ser extraídas dessa história real. A primeira envolve o grande poder do fenômeno. O desejo do veterano de ver o time de sua cidade vencer foi tão forte que produziu um desvio de seu modo de vida solidamente arraigado. A segunda lição revela muito sobre a natureza da união dos esportes com os torcedores, crucial ao seu caráter básico: trata-se de algo pessoal. O fragmento de identidade que aquele homem traumatizado e emudecido ainda possuía foi mobilizado pelo jogo de futebol. Por mais que seu ego houvesse se enfraquecido após estagnar, mudo, por 30 anos numa enfermaria de hospital, ele foi estimulado pelo resultado de uma partida. Por quê? Porque ele, pessoalmente, se sentiria humilhado com uma derrota do time da cidade e, pessoalmente, se engrandeceria com uma vitória. Como? Pelo princípio da associação. A simples ligação com sua cidade natal o fisgou, o envolveu e o associou ao triunfo ou ao fracasso iminente.

Como disse o famoso escritor Isaac Asimov (1975) ao descrever nossas reações às partidas a que assistimos: "Em condições normais, você torce por seu sexo, sua cultura, sua localidade [...] e o que você quer provar é que *você* é melhor do que a outra pessoa. Seja quem for a pessoa por quem você torce, ela representa *você*; e quando vence, *você* vence." Quando vista por essa luz, a paixão de um torcedor esportivo começa a fazer sentido. A partida não é uma diversão superficial a ser desfrutada por sua forma e por sua beleza intrínsecas. O seu eu está em jogo. Por isso as torcidas são tão fanáticas e tão gratas pelos responsáveis pelas vitórias frequentes do time de coração. Pelo mesmo motivo, essas torcidas ficam uma fera com os jogadores, treinadores e cartolas implicados nas derrotas esportivas.[9]

Portanto, queremos que nosso time vença para provar nossa própria superioridade, mas a quem estamos tentando prová-la? A nós mesmos, certamente, mas a todos os outros também. De acordo com o princípio da associação, se podemos nos cercar de algum sucesso ao qual estejamos ainda que superficialmente ligados, nosso prestígio público aumenta.

Tudo isso indica que manipulamos intencionalmente a visibilidade de nossas ligações com vencedores e perdedores para sermos bem-vistos por quem quer que as identifique. Ao destacarmos as associações positivas e ocultarmos as negativas, estamos tentando fazer com que os observadores tenham uma imagem nossa melhor e gostem mais de nós. Existem várias maneiras de fazê-lo, mas a mais simples e difundida está nos pronomes que usamos. Você já notou, por exemplo, a frequência com que os torcedores, após a vitória de seu time, se aglomeram perto de uma câmera de TV, erguem seus dedos indicadores e bradam: "Somos campeões! Somos o número

1!" Observe que o grito não é "Eles são campeões" ou mesmo "Nosso time é campeão". A pessoa usada é *nós*, indicando a identidade mais próxima possível com o time.

Observe também que nada parecido ocorre em caso de derrota. Nenhum telespectador jamais ouvirá o brado "Estamos em último lugar! Somos os piores". Quando o time do coração perde, é hora de se distanciar dele. Nesse caso o pronome *nós* dá lugar ao pronome isolador *eles*. Para provar o fato, certa vez realizei um pequeno experimento em que estudantes da Arizona State University receberam ligações pedindo que descrevessem o resultado de uma partida de futebol americano disputada pelo time da faculdade semanas antes (Cialdini et al., 1976). A alguns estudantes foi perguntado o resultado de certa partida que seu time perdeu, ao passo que outros estudantes tiveram que informar o resultado de uma partida que seu time venceu. Meu colega pesquisador, Avril Thorne, e eu ouvimos as respostas e registramos a porcentagem de estudantes que usou a primeira pessoa do plural em suas descrições.

Quando os resultados foram tabulados, ficou óbvio que os estudantes tentaram se associar ao sucesso usando *nós* para descrever a vitória de seu time – "Nós derrotamos o Houston por 17 a 14" ou "Vencemos". No caso da partida perdida, porém, raramente *nós* foi usado. Em vez disso, os estudantes preferiram termos que os distanciassem do time derrotado – "Eles perderam para o Missouri por 30 a 20" ou "Não sei o placar, mas o Arizona State foi derrotado". Os desejos concomitantes de se associar aos vencedores e se distanciar dos perdedores talvez tenham sido combinados com mais perfeição nas observações de certo estudante, que, após informar friamente o placar de uma derrota do time da sua faculdade – "O Arizona State perdeu por 30 a 20" –, expressou sua frustração: "*Eles* desperdiçaram a *nossa* chance de disputar o campeonato nacional!"

A tendência a alardear a ligação com os vencedores não se limita à área esportiva. Após as eleições gerais na Bélgica, os pesquisadores observaram quanto tempo os moradores levaram para retirar dos gramados seus cartazes do partido político favorito. Quanto melhor o resultado eleitoral daquele partido, mais o morador demorava a tirar os cartazes, aproveitando-se da ligação positiva (Boen et al., 2002).

Embora o desejo de se aproveitar da glória refletida exista até certo ponto em todos nós, parece haver algo especial nas pessoas que levam essa tendência longe demais. Que tipo de pessoas elas são? Acredito que não sejam apenas fãs de esportes, mas também indivíduos com falhas ocultas de personalidade, com conceitos fracos de si mesmos. Bem no fundo existe uma sensação de pouco valor pessoal que faz com que não busquem o prestígio na geração ou promoção das próprias realizações, mas na geração ou promoção de suas associações com as realizações alheias. Existem diversas variedades dessa espécie florescendo em nossa cultura. A pessoa que menciona nomes de celebridades como se fossem seus conhecidos é um exemplo clássico. Outro exemplo é a tiete ou groupie de cantores ou bandas que troca favores sexuais pelo direito de contar aos amigos que teve um caso com um músico famoso. Qualquer que seja a forma assumida, o comportamento desses indivíduos compartilha um tema em comum: a visão um tanto trágica da realização como algo que se origina fora do eu.

DEPOIMENTO DE LEITOR 5.3
De um funcionário de um estúdio cinematográfico de Los Angeles

Sou um grande fã de cinema. A melhor noite do ano para mim é a da entrega dos Oscars. Chego a gravar a transmissão para poder rever os discursos dos artistas que admiro. Um de meus favoritos foi o de Kevin Costner, quando *Dança com lobos* ganhou o Prêmio de Melhor Filme em 1991. Gostei porque ele estava respondendo aos críticos que dizem que os filmes não são importantes. Na verdade, gostei tanto que transcrevi o discurso. Mas existe algo que nunca entendi. Eis o que Kevin Costner disse sobre ganhar o Prêmio de Melhor Filme:

> Embora possa não ser tão importante como a situação do resto do mundo, será sempre importante para nós. Minha família jamais esquecerá o que aconteceu aqui. Meus irmãos e irmãs indígenas, especialmente os Lakota Sioux, nunca esquecerão, e meus colegas da escola nunca esquecerão.

Entendo por que Kevin Costner jamais esqueceria aquela homenagem, assim como sua família. E até entendo por que os indígenas a lembrariam, já que o filme é sobre eles. Mas nunca entendi por que ele mencionou os colegas da escola. Então, li sobre como os torcedores acham que podem "deleitar-se na glória refletida" dos astros e dos times preferidos. E percebi que se trata da mesma coisa.

Depois do Oscar, as pessoas que estudaram com Kevin Costner iriam contar a todos os amigos sobre essa ligação com ele, achando que obteriam algum prestígio, embora não tivessem nada a ver com o filme. Ainda assim elas teriam razão, porque é assim que o mecanismo funciona. Você não precisa ser um astro para obter a glória. Às vezes basta estar associado de algum modo a alguém importante.

Nota do autor: Testemunhei esse fenômeno em primeira mão quando contei a amigos arquitetos que nasci no mesmo lugar do grande Frank Lloyd Wright. Por favor, entendam: não sei sequer desenhar uma linha reta. Mas pude ver a reação favorável nos olhos dos meus amigos. "Uau", pareciam dizer. "Você e Frank Lloyd Wright?"

Alguns deles empregam o princípio da associação de modo um pouco diferente. Em vez de se esforçarem para aumentar suas ligações visíveis com pessoas de sucesso, tentam aumentar o sucesso das pessoas com quem estão visivelmente ligadas. O exemplo mais claro é a mãe obcecada em garantir o sucesso do filho pequeno. Claro que as mulheres não estão sozinhas nesse papel. Alguns anos atrás, um obstetra de Davenport, Iowa, deixou de atender as esposas de três funcionários da faculdade local supostamente porque seu filho, que estudava lá, jogou pouco tempo nas partidas de basquete universitário. Uma delas estava grávida de oito meses na época.

DEFESA

Como a afeição pode ser aumentada de várias maneiras, uma lista de defesas contra profissionais da persuasão que empregam a regra da afeição deve, por estranho que pareça, ser curta. Seria inútil desenvolver uma porção de táticas específicas para combater cada uma das formas de influenciar a afeição. Além disso, descobriu-se que vários dos fatores que a produzem – atração física, familiaridade, associação – funcionam de modo inconsciente para produzir seus efeitos em nós, de modo que dificilmente conseguiríamos mobilizar uma proteção rápida contra cada um deles.

Precisamos considerar uma abordagem geral aplicável a qualquer um dos fatores a fim de neutralizar a influência nefasta da afeição sobre nossas decisões de anuência. O segredo dessa abordagem pode estar no seu momento de aplicá-la. Em vez de tentarmos reconhecer e impedir a ação dos fatores de afeição antes que tenham uma chance de agir sobre nós, é melhor deixá-los funcionarem. Nossa vigilância deve estar voltada não para as coisas que possam produzir uma afeição indevida por um profissional da persuasão, e sim para o fato de que esta *foi gerada*. O momento de acionar a defesa é quando percebemos que estamos gostando mais do que deveríamos do profissional sob aquelas circunstâncias.

Ao concentrarmos nossa atenção nos efeitos e não nas causas, podemos evitar a tarefa laboriosa, quase impossível, de tentar detectar e rechaçar as muitas influências psicológicas sobre o que nos faz gostar de alguém. Em vez disso, precisamos estar sensíveis a apenas um fator relacionado à afeição em nossos contatos com os profissionais da persuasão: a sensação de que passamos a gostar do profissional mais rápido e com mais intensidade do que seria de esperar. Assim que nos dermos conta disso, teremos sido avisados de que provavelmente alguma tática está sendo usada e poderemos começar a tomar as medidas corretivas necessárias.

Note que a estratégia que estou sugerindo se baseia em grande parte no estilo de jiu-jítsu popular entre os próprios profissionais da persuasão. Não tentamos restringir a influência dos fatores que causam a afeição. Pelo contrário, permitimos que eles exerçam sua força e depois a empregamos em nossa campanha contra aqueles que se beneficiariam dela. Quanto maior a força, mais ostensiva ela se torna e, consequentemente, estará mais sujeita às nossas defesas alertadas.

Vamos supor, por exemplo, que estamos negociando o preço de um carro novo com Vitor Vitorioso, um candidato ao título vago de

Joe Girard de "Maior Vendedor de Carros". Após um pouco de conversa e negociação, Vitor quer logo fechar negócio. Antes de decidirmos pela compra, devemos nos fazer a pergunta crucial: "Passei a gostar desse sujeito que só conheço há 25 minutos mais do que o esperado?" Se a resposta for sim, será recomendável refletir sobre o comportamento de Vitor durante alguns minutos. Poderemos lembrar que ele nos deu comida (café e biscoitos), elogiou nossa escolha de itens opcionais e combinações de cores, nos fez rir e ficou do nosso lado contra o gerente de vendas para obter um preço melhor.

Embora essa análise dos acontecimentos possa ser reveladora, não é um passo necessário para nos protegermos da regra da afeição. Se descobrimos que passamos a gostar de Vitor mais do que seria de esperar, nem precisamos saber o porquê. O simples reconhecimento de uma afeição não justificada deve ser suficiente para provocar nossa reação contrária. Uma resposta possível seria reverter o processo e sentir aversão por Vitor, mas isso poderia ser injusto com ele e contrário aos nossos interesses. Afinal, alguns indivíduos são naturalmente simpáticos e Vitor talvez seja um deles. Não seria certo nos voltarmos de forma automática contra os profissionais da persuasão que por acaso sejam mais simpáticos. Além disso, para o nosso próprio bem, não devemos evitar as interações de negócios com essas pessoas legais, sobretudo quando podem nos oferecer o melhor acordo disponível.

Recomendo uma reação diferente. Se a nossa resposta à pergunta crucial for "Sim – sob as atuais circunstâncias, gosto bastante deste sujeito", isso deverá ser um sinal de que chegou o momento de uma rápida manobra neutralizadora: separe mentalmente Vitor do carro que ele está tentando vender. É essencial lembrar que, se escolhermos o carro que ele está tentando vender, sairemos com o automóvel do estacionamento da concessionária, não com o próprio Vitor. Para uma boa compra, não tem a menor importância se achamos o vendedor agradável porque tem boa aparência, alega se interessar por nosso hobby favorito, é engraçado ou tem parentes na nossa terra natal.

Nossa reação apropriada, então, é um esforço consciente para nos concentrarmos exclusivamente nos méritos do negócio e do carro que Vitor nos ofereceu. O reconhecimento da sensação de afeição indevida pelo profissional da persuasão deve nos servir de lembrete para que façamos a distinção entre o vendedor e o negócio em si, e para tomarmos a nossa decisão com base em fatores ligados a este último somente. É fácil nos esquecermos de fazer essa distinção, ainda mais quando gostamos da pessoa que faz o pedido.

RESUMO

- *As pessoas preferem dizer "sim" a indivíduos que conhecem e de quem gostam.* Reconhecendo essa regra, os profissionais da persuasão costumam aumentar sua eficácia enfatizando diversos fatores que aumentam a sua atratividade e a sua aceitação.
- Um aspecto pessoal que influencia a afeição é a atratividade física. Embora não seja novidade dizer que a beleza física proporciona uma vantagem nas interações sociais, pesquisas indicam que a vantagem pode ser maior do que se pensava. A atratividade física parece gerar um efeito auréola que se estende a impressões favoráveis sobre outros traços como talento, gentileza e inteligência. Como resultado, pessoas atraentes são mais persuasivas tanto para conseguir o que pedem quanto para mudar as atitudes dos outros.
- Um segundo fator que influencia a afeição e o consentimento é a semelhança. Gostamos de pessoas que sejam iguais a nós e estamos mais dispostos a dizer "sim" aos seus pedidos, muitas vezes de forma impensada. Outro fator que produz afeição são elogios. Embora o tiro possa sair pela culatra quando exagerados, os elogios costumam aumentar a afeição e, portanto, a anuência.
- O aumento da familiaridade por meio do contato repetido com uma pessoa ou objeto é outro fator que costuma promover a afeição. Essa relação se verifica sobretudo quando o contato ocorre sob circunstâncias positivas, e não negativas. Uma circunstância positiva que funciona especialmente bem é a cooperação mútua e bem-sucedida. Um quinto fator ligado à afeição é a associação. Ao associarem a si mesmos ou seus produtos com coisas positivas, publicitários, políticos e vendedores estão tirando proveito desse fator. Outros indivíduos (torcedores de times esportivos, por exemplo) também parecem

- reconhecer o efeito das simples conexões e procuram se associar a eventos favoráveis e se distanciar dos desfavoráveis.
- Uma estratégia bastante eficaz para reduzir o efeito indesejado da afeição sobre as decisões de anuência exige uma sensibilidade especial à experiência de gostar de um solicitante mais do que se devia. Ao reconhecermos esse fato, devemos recuar da interação social, separar mentalmente o solicitante de sua oferta e tomar uma decisão de consentimento com base apenas nos méritos da oferta.

PERGUNTAS DE ESTUDO

Domínio do conteúdo

1. A que se refere a expressão *efeito auréola*? Como ele pode ajudar a explicar a relação entre a atratividade física de uma pessoa e sua atratividade em geral aos olhos dos outros?
2. Tendemos a gostar das pessoas que dizem que gostam de nós (ou seja, que nos elogiam). Também tendemos a gostar das pessoas que se dizem *iguais* a nós. Neste último caso, quais são os indícios de que costumamos dizer "sim" de forma automática para outras pessoas semelhantes?
3. Uma série de estudos sobre a criação e a redução de hostilidade entre grupos foi conduzida em colônias de férias para meninos. Depois de gerada a hostilidade, quais procedimentos tiveram sucesso em reduzi-la? Quais falharam?
4. A que se refere a tendência de se deleitar na glória refletida? Sob quais condições e em que tipo de pessoa essa tendência aparece com mais frequência?

Pensamento crítico

1. Numa carta à irmã, a escritora Jane Austen escreveu: "Não quero que as pessoas sejam muito agradáveis, pois isso evita o problema de gostar delas demais." A que problema associado a gostar das pessoas ela poderia estar se referindo?
2. O ator Will Rogers, que se vangloriou de que "nunca conheci um homem de quem não gostasse", obviamente diferia de Austen em sua opinião sobre as vantagens de gostar das pessoas. Quais seriam as

consequências da abordagem mais efusiva de Rogers no tocante às relações interpessoais? Pense no seu próprio estilo interpessoal. Aproxima-se mais do estilo de Roger ou do estilo de Austen? Por quê?

3. Que paralelos você consegue ver entre as descobertas dos estudos da colônia de férias dos meninos e aquelas dos estudos dos efeitos da (a) dessegregação escolar e (b) do aprendizado cooperativo em sala de aula?

4. Suponha que você quisesse que a pessoa sentada ao seu lado na sala de aula gostasse mais de você. Usando os fatores discutidos neste capítulo, descreva como você planejaria seu próximo encontro para alcançar seu objetivo.

6
AUTORIDADE
Deferência direcionada

Siga um especialista.
– Virgílio

Vamos imaginar a seguinte situação: ao folhear o jornal da sua cidade, você lê um anúncio pedindo voluntários para participarem de um "estudo da memória" no departamento de psicologia de uma universidade local. Intrigado com a ideia do experimento, você entra em contato com o diretor do estudo, o professor Stanley Milgram, e aceita participar de uma sessão de uma hora. Ao chegar ao laboratório, você encontra dois homens. Um é o pesquisador incumbido do experimento, facilmente distinguível pelo jaleco de laboratório e pela prancheta. O outro é um voluntário como você, que parece comum em todos os aspectos.

Após os cumprimentos e gentilezas iniciais, o pesquisador começa a explicar os procedimentos a serem seguidos. Ele diz que o experimento é um estudo de como a punição afeta o aprendizado e a memória. Um participante terá a tarefa de memorizar pares de palavras de uma longa lista até conseguir se lembrar perfeitamente de cada par. Essa pessoa é chamada de Aprendiz. O papel do outro participante será testar a memória do Aprendiz e aplicar choques elétricos cada vez mais fortes a cada erro. Ele será o Professor.

Naturalmente, você fica um pouco nervoso com essa notícia. Sua apreensão aumenta quando, após um sorteio, descobre que desempenhará o papel de Aprendiz. Você não esperava que sentir dor fosse parte do estudo e considera abandoná-lo. Mas em seguida pensa que haverá tempo suficiente para decorar as palavras e que o choque não será muito forte.

Depois que você estudou a lista de pares de palavras, o pesquisador o prende numa cadeira e, à vista do Professor, coloca eletrodos no seu braço. Mais preocupado agora com o efeito do choque, você indaga sobre sua potência. A resposta do pesquisador não é nada tranquilizadora. Ele diz que, embora os choques possam ser bem dolorosos, não causarão "nenhum dano permanente aos tecidos". Com isso, o pesquisador e o Professor o deixam sozinho e vão para a sala ao lado, onde o Professor faz as perguntas do teste por um sistema de interfone e aplica punições elétricas a cada resposta incorreta.

Conforme o teste progride, você logo reconhece o padrão seguido pelo Professor: ele faz a pergunta e aguarda sua resposta pelo interfone. Sempre que você erra, ele anuncia a voltagem do choque que irá receber e aciona uma alavanca para dar a punição. O mais preocupante é que, a cada erro, o choque aumenta em 15 volts.

A primeira parte do teste avança sem maiores percalços. Os choques são incômodos, mas toleráveis. Mais tarde, porém, com o aumento dos seus erros e das voltagens dos choques, a punição começa a incomodar o suficiente para tirar sua concentração, o que leva a mais erros e choques ainda piores. Nos níveis dos 75, 90 e 105 volts, a dor faz você gemer de forma audível. Aos 120 volts, você exclama no interfone que os choques estão *realmente* começando a doer. Aceita mais uma punição com um gemido e decide que já sofreu o suficiente. Depois que o Professor aplica o choque de 150 volts, você berra no interfone: "Chega! Quero sair. Me tirem daqui, pelo amor de Deus!"

Em vez de tranquilizá-lo dizendo que ele e o pesquisador estão vindo soltá-lo, o Professor se limita a fazer a pergunta seguinte. Surpreso e confuso, você murmura a primeira resposta que lhe vem à cabeça. Está errada, é claro, e o professor aplica um choque de 165 volts. Você implora que ele pare e o solte. Ele responde apenas com a próxima pergunta – e com o próximo choque lancinante, quando você, nervoso, dá a resposta errada. Você não consegue mais deter o pânico, os choques ficaram tão fortes que o fazem se contorcer e berrar. Você chuta a parede, exige que seja libertado e implora ao Professor que o ajude.

Entretanto, as perguntas do teste prosseguem como antes e, por conseguinte, os choques terríveis – dolorosos 195, 210, 225, 240, 255, 270, 285 e 300 volts. Você percebe que não é mais capaz de responder corretamente às perguntas e grita ao Professor que não responderá mais. Nada muda. O Professor interpreta seu silêncio como uma resposta incorreta e manda outra descarga. O martírio continua até que, por fim, a força dos choques o deixa quase paralisado. Você não consegue mais gritar ou lutar. Só consegue sentir cada terrível descarga elétrica. Talvez, você pensa, essa total inatividade fará com que o Professor pare. Não pode haver razão para continuar esse experimento. Mas ele prossegue implacavelmente fazendo as perguntas, anunciando os horrendos níveis dos choques (acima de 400 volts agora) e acionando a alavanca. "Que tipo de homem é esse?", você se pergunta, perplexo. "Por que não me ajuda? Por que não para?"

O PODER DA PRESSÃO DA AUTORIDADE

Para a maioria de nós, o cenário anterior parece um pesadelo. Só que, na maioria dos aspectos, trata-se de uma história real. Houve um experimento assim, ou melhor, uma série de experimentos assim, realizados por um professor de psicologia chamado Milgram (1974), em que participantes no papel do Professor estiveram dispostos a aplicar níveis contínuos, intensos e perigosos de choques num Aprendiz que dava chutes, berrava e implorava que parassem. Apenas um aspecto importante do experimento não foi genuíno: nenhum choque foi aplicado. O Aprendiz em agonia, que implorava por misericórdia e para ser solto, não era uma cobaia real, mas um ator que fingia receber os choques. O propósito real do estudo de Milgram nada tinha a ver com os efeitos da punição sobre o aprendizado e a memória; ele envolvia uma questão bem diferente: quando uma pessoa recebe essa incumbência, até que ponto estará disposta a infligir sofrimento em uma outra totalmente inocente?

A resposta é perturbadora. Sob circunstâncias semelhantes ao "pesadelo" recém-descrito, em geral o Professor esteve disposto a infligir o máximo de dor possível. Em vez de cederem às súplicas da vítima, quase dois terços das cobaias do experimento de Milgram acionaram cada uma das 30 alavancas de choques até a última (450 volts), quando o pesquisador encerrou o experimento. Ainda mais inquietante foi o fato de que nenhum dos 40 voluntários do estudo abandonou seu papel de Professor quando a vítima começou a pedir que fosse solta, nem depois, quando esta passou a implorar, nem mais tarde quando sua reação a cada choque havia se tornado, nas palavras de Milgram, "um grito de agonia".

Esses resultados surpreenderam todos os envolvidos no projeto, inclusive Milgram. Aliás, antes que o estudo começasse, ele pediu a grupos de colegas, estudantes de pós-graduação e de psicologia da Universidade de Yale (onde o experimento foi realizado) que lessem uma cópia dos procedimentos experimentais e estimassem quantos voluntários avançariam até o último choque (de 450 volts). Invariavelmente, as respostas ficaram na faixa de 1% a 2%. Um outro grupo de 39 psiquiatras previu que apenas uma pessoa em mil estaria disposta a continuar até o final. Ninguém estava preparado para o padrão de comportamento que o experimento de fato produziu.

Como podemos explicar esse padrão alarmante? Talvez, como alguns argumentaram, fosse porque os voluntários eram todos homens, conhecidos pelas tendências agressivas; ou porque não reconheceram o dano potencial que as voltagens elevadas poderiam causar; ou porque eram um grupo de bárbaros que aproveitaram a chance de infligir sofrimento. Existem bons indícios contra cada uma dessas possibilidades. Primeiro, um experimento posterior mostrou que o sexo dos voluntários não afetava sua disposição em aplicar os choques às vítimas. Professoras se mostraram tão dispostas a aplicá-los quanto os homens do estudo inicial de Milgram.

Outro experimento investigou a explicação de que os voluntários não estavam sabendo do perigo físico potencial a que estavam sujeitas as vítimas. Nele, os Aprendizes foram instruídos a anunciar que sofriam de um problema cardíaco e a declarar que seu coração estava sendo afetado pelo choque: "Chega. Me tire daqui. Eu avisei a você que tinha um problema cardíaco. Meu coração está começando a me incomodar. Eu me recuso a continuar. Quero sair." Mais uma vez os resultados foram os mesmos: 65% dos voluntários cumpriram diligentemente seu dever até o choque máximo.

Finalmente, a explicação de que os voluntários de Milgram eram um grupo de sádicos que não representava os cidadãos comuns também se mostrou insatisfatória. As pessoas que responderam ao anúncio de jornal de Milgram para participar de seu experimento sobre memória formavam uma amostra representativa de idades, profissões e níveis educacionais dentro de nossa sociedade. Além disso, mais tarde, uma bateria de testes de personalidade mostrou que aquelas pessoas eram psicologicamente normais, sem nenhum traço de psicose. Eram, na verdade, como você e eu. Ou, como Milgram gosta de dizer, *são* você e eu. Se é verdade que todos estamos implicados em suas descobertas pavorosas, a pergunta se torna incomodamente pessoal: "O que poderia *nos* levar a cometer esses atos?"

Milgram está convencido de que sabe a resposta. Segundo ele, tem a ver com uma sensação profundamente arraigada de submissão à autoridade. De acordo com o psicólogo, o verdadeiro culpado no experimento foi a incapacidade de suas cobaias de desafiarem os desejos do chefe – o pesquisador de jaleco que lhes encorajou e, quando necessário, ordenou que realizassem suas tarefas, apesar do dano emocional e físico que estavam causando.

São fortes os indícios a favor da explicação de Milgram baseada na obediência à autoridade. Sem as instruções do pesquisador para que continuassem, os voluntários teriam encerrado rapidamente o experimento. Eles odiaram o que estavam fazendo e sofreram com a dor da vítima. Imploraram ao pesquisador que os deixasse parar. Quando este recusou, prosseguiram, mas no processo tremeram, transpiraram, se agitaram, balbuciaram protestos e apelaram pela libertação da vítima. Suas unhas se cravaram na própria carne. Eles morderam seus lábios até sangrarem. Seguraram a cabeça entre as mãos. Alguns tiveram acessos de riso nervoso. Um observador externo do experimento inicial de Milgram descreveu uma das cobaias:

Observei um homem de negócios maduro e equilibrado entrar no laboratório sorridente e confiante. Após 20 minutos estava em franga-

lhos, tremendo e gaguejando, rapidamente se aproximando do ponto do colapso nervoso. O tempo todo puxava o lóbulo da orelha e torcia as mãos. A certa altura bateu com o punho na testa e murmurou: "Meu Deus, vamos parar." No entanto, continuou respondendo a cada palavra do pesquisador e o obedeceu até o fim (Milgram, 1963, p. 377).

Além dessas observações, Milgram forneceu indícios ainda mais convincentes da interpretação da obediência à autoridade para a conduta de seus voluntários. Num experimento posterior, por exemplo, fez com que pesquisador e vítima trocassem de papéis, de modo que o pesquisador pedia ao Professor que parasse de dar choques na vítima, enquanto a vítima insistia corajosamente que o Professor continuasse. O resultado não poderia ter sido mais claro: 100% dos voluntários se recusaram a aplicar qualquer choque adicional quando apenas a vítima pedia. O mesmo se constatou em outra versão do experimento em que o pesquisador e o colega voluntário trocaram de papel, o pesquisador ficando preso à cadeira e o colega voluntário ordenando que o Professor continuasse – sob protestos do pesquisador. De novo, nenhum voluntário tocou em outra alavanca de choque.

O grau extremo em que os voluntários nos estudos de Milgram obedeceram às ordens da autoridade foi documentado em mais uma variação dos experimentos básicos. Nesse caso, o Professor se viu diante de dois pesquisadores que deram ordens contraditórias. Um deles ordenou que o Professor interrompesse os choques quando a vítima gritou para ser solta, enquanto o outro insistiu que o experimento deveria prosseguir. Aquelas instruções conflitantes produziram o que pode ter sido o único toque de humor do projeto: numa perplexidade tragicômica e olhando de um pesquisador para o outro, os voluntários suplicavam à dupla que chegasse a um consenso: "Espere aí. Qual das ordens está valendo? Um diz para eu parar, o outro para prosseguir. O que eu faço?!" Quando os pesquisadores continuavam discordando, as cobaias tentavam desesperadamente descobrir quem mandava de fato. Falhando na rota da obediência à autoridade, cada voluntário enfim seguia o bom senso e encerrava os choques. Como nas outras variações do experimento, tal resultado dificilmente seria esperado se as motivações dos voluntários envolvessem alguma forma de sadismo ou agressividade neurótica.[1]

Milgram acredita que indícios de um fenômeno assombroso emergem repetidamente dos dados acumulados. "A disposição extrema dos adultos de irem às últimas consequências sob o comando de uma autoridade constitui a descoberta principal do estudo" (Milgram, 1974). Essa descoberta tem implicações preocupantes para aqueles que temem a capacidade de outra forma de autoridade – o governo – de extrair níveis assustadores de obediência dos cidadãos comuns.[2] Além disso, a descoberta nos informa sobre as pressões da autoridade em controlar nossa conduta. Após testemunhar as cobaias de Milgram se contorcendo, suando e sofrendo em sua tarefa, alguém poderia duvidar do poder que os mantinha ali?

Para os que permanecem céticos, a história de Brian Wilson pode ser instrutiva. Em 1º de setembro de 1987, para protestar contra a remessa de equipamento militar americano à Nicarágua, Wilson e dois outros homens se deitaram sobre a via férrea na saída da Estação de Armas Navais em Concord, Califórnia. Os manifestantes estavam certos de que seu protesto deteria o trem programado para aquele dia, já que haviam notificado a Marinha e as autoridades ferroviárias de sua intenção três dias antes. Mas a tripulação civil, que recebera ordens de não parar, nem sequer reduziu a velocidade do trem, embora pudesse ver os manifestantes a menos de 200 metros. Dois dos homens conseguiram se safar no último minuto, mas Wilson não foi rápido o suficiente e teve as duas pernas amputadas acima do joelho. Como os médicos da Marinha no local se recusaram a tratar dele ou a permitir que sua ambulância o conduzisse ao hospital, os espectadores – incluindo a esposa e o filho de Wilson – tentaram estancar o fluxo de sangue durante 45 minutos até a chegada de uma ambulância particular.

Surpreendentemente, Wilson, que serviu quatro anos no Vietnã, não culpa a tripulação do trem nem os médicos da Marinha por seu infortúnio. Em vez disso, ele culpa o sistema, que restringiu as ações deles por meio da pressão para obedecer. "Eles estavam apenas fazendo o que eu fiz no Vietnã. Estavam cumprindo ordens que fazem parte de uma política insana. Eles são os bodes expiatórios." Embora a tripulação do trem concordasse com a avaliação de Wilson de que eram vítimas, não compartilharam sua magnanimidade. No que talvez seja o aspecto mais notável do incidente, a equipe moveu um processo contra *ele*, exigindo reparações "pela humilhação, pela angústia mental e pela tensão física" que sofreram quando ele impediu que cumprissem suas ordens sem que precisassem amputar suas pernas.

OS FASCÍNIOS E OS PERIGOS DA OBEDIÊNCIA CEGA

Sempre que nos defrontamos com um motivador potente da ação humana, é natural esperar que existam boas razões para essa motivação. No caso da obediência à autoridade, uma análise ainda que breve da organização social humana oferece justificativas abundantes. Um sistema de autoridade complexo e amplamente aceito confere uma imensa vantagem à sociedade. Ele permite o desenvolvimento de estruturas sofisticadas para a produção de recursos, comércio, defesa, expansão e controle social que, de outra forma, seriam impossíveis.

Na extremidade oposta, a alternativa é a anarquia, um estado sem grandes efeitos benéficos sobre os grupos culturais que o filósofo social Thomas Hobbes garante que tornaria a vida "solitária, pobre, desagradável, brutal e breve". Daí sermos treinados desde o nascimento a acreditar que a obediência à autoridade constituída é certa e a desobediência, errada. Essa mensagem permeia as lições dos pais, os versinhos aprendidos na escola, as histórias e canções de nossa infância e é transmitida pelos sistemas jurídico, militar e político que encontramos quando adultos. Noções de submissão e lealdade ao governo legítimo são muito valorizadas por esses sistemas.

O ensino religioso também oferece sua contribuição. O primeiro livro da Bíblia, por exemplo, descreve como a desobediência à autoridade suprema fez com que Adão, Eva e o resto da humanidade perdessem o paraíso. Se essa metáfora específica se mostrar sutil demais, um pouco mais adiante no Antigo Testamento podemos ler – no que talvez seja a representação bíblica mais próxima do experimento de Milgram – o relato reverente da disposição de Abraão de sacrificar o próprio filho porque Deus, sem nenhuma explicação, ordenou que assim fosse feito. Aprendemos com essa narrativa que uma ação era julgada correta não por aspectos como a sensatez, a nocividade, a injustiça ou os padrões morais usuais, mas pelo mero comando da autoridade superior. O suplício de Abraão foi um teste de obediência, no qual ele – como as cobaias de Milgram, que talvez tenham aprendido uma lição inicial com a Bíblia – foi aprovado.

Histórias como a de Abraão e das cobaias de Milgram podem nos dizer muito sobre o poder e o valor da obediência em nossa cultura. Em outro sentido, porém, as histórias podem ser enganadoras. Raras vezes refletimos profundamente sobre os prós e contras das exigências da autoridade. Na verdade, nossa obediência costuma seguir o padrão *clique, zum* com pouca ou nenhuma deliberação consciente. Informações de uma autoridade reconhecida podem servir como um atalho valioso para decidirmos como agir numa situação.

Afinal, como sugere Milgram, acatar as prescrições de figuras de autoridade sempre nos trouxe vantagens práticas genuínas. Desde cedo, descobrimos que seguir os conselhos dessas pessoas (pais, professores) era benéfico – em parte por causa de sua sabedoria maior e em parte porque elas controlavam nossas recompensas e punições. Quando adultos, os mesmos benefícios persistem pelos mesmos motivos, embora as figuras de autoridade sejam agora empregadores, juízes e líderes governamentais. Como seus cargos implicam maior acesso às informações e ao poder, faz sentido cumprir os desejos das autoridades devidamente constituídas. Faz tanto sentido que com frequência agimos assim mesmo quando não faz sentido algum.

Esse paradoxo é o mesmo que acompanha todas as grandes armas de influência. Uma vez percebido que a obediência à autoridade costuma ser recompensadora, facilmente nos permitimos a conveniência da obediência automática. A bênção e a maldição simultâneas dessa submissão cega estão em seu caráter mecânico. Não precisamos pensar, portanto não pensamos. Embora a obediência impensada nos leve à ação apropriada na maioria das vezes, haverá exceções gritantes, porque estamos reagindo, não raciocinando.

Tomemos um exemplo de uma faceta de nossa vida em que as pressões da autoridade são visíveis e fortes: a medicina. Como a saúde é importantíssima para nós, os médicos, dotados de grandes conhecimentos e influência nessa área vital, estão na posição de autoridades respeitadas. Além disso, a comunidade médica possui uma estrutura de poder e prestígio hierarquizada. Os diferentes tipos de trabalhadores da saúde sabem perfeitamente qual nível ocupam nessa estrutura e sabem também que o médico está no topo. Ninguém pode invalidar o julgamento de um médico, a não ser, talvez, outro médico de nível mais alto. Desse modo, uma tradição consagrada de obediência automática às ordens dos médicos se desenvolveu entre as equipes de assistência à saúde.

Surge a possibilidade preocupante de que, quando um médico cometer um erro evidente, ninguém em posição inferior na hierarquia *ousará* questioná-lo – até porque, depois que uma autoridade legítima dá uma ordem, os subordinados param de *pensar* na situação e começam a reagir. Esse tipo de reação *clique*, *zum* num ambiente hospitalar complexo torna os erros inevitáveis. De fato, de acordo com o Institute of Medicine, que assessora o Congresso americano sobre políticas de saúde, pacientes hospitalizados estão sujeitos a pelo menos um erro de medicação por dia (Szabo, 2007).

QUEM MANDA REALMENTE?

Pesquisadores da área da comunicação descobriram que, nas conversas, as pessoas inconscientemente adaptam seus estilos de voz e fala aos estilos dos indivíduos em posições de poder e autoridade. Um estudo explorou esse fenômeno, analisando entrevistas no programa de televisão *Larry King Live*. Quando King entrevistava pessoas de grande posição e prestígio social (por exemplo, Bill Clinton, George Bush e Barbra Streisand), seu estilo vocal mudava para corresponder ao dos entrevistados.

Mas quando entrevistava pessoas de posição menor (por exemplo, Dan Quayle, Spike Lee e Julie Andrews), King continuava no próprio tom e os estilos de voz destes últimos mudavam para corresponder ao do entrevistador (Gregory e Webster, 1996).

Os erros de que os pacientes são vítimas podem ocorrer por uma variedade de razões. Entretanto, em seu livro *Medication Errors: Causes and Prevention* (Erros de medicação: causas e prevenção), os professores de farmácia Michael Cohen e Neil Davis, da Temple University, atribuem grande parte do problema à deferência impensada concedida ao "chefe" do caso de um paciente: o médico que o trata. De acordo com Cohen, "num grande número de casos, pacientes, enfermeiras, farmacêuticos e outros médicos não questionam a prescrição". Tomemos, por exemplo, o estranho incidente da "dor de ouvido retal" relatado por Cohen e Davis.

Um médico ordenou que ministrassem gotas no ouvido direito de um paciente com dor e infecção auricular. Em vez de escrever por extenso *"right ear"* (ouvido direito) na receita, o médico abreviou a instrução para *"R ear"* (*rear* = nádegas). Ao receber a receita, a enfermeira de plantão aplicou o número prescrito de gotas no ânus do paciente.

DEPOIMENTO DE LEITOR 6.1
De um professor universitário do Texas

Cresci num bairro italiano em Warren, na Pensilvânia. Já adulto, viajava para a casa dos meus pais com frequência a fim de visitar minha família e meus amigos. Como em muitas localidades hoje em dia, as lojinhas italianas desapareceram quase completamente, substituídas por supermercados. Durante uma visita, minha mãe pediu que eu fosse ao supermercado comprar tomates enlatados e percebi que as latas de tomates em cubos tipo italiano Furmano estavam se esgotando. Procurando na prateleira logo abaixo daquela quase vazia, encontrei um lote inteiro de tomates em cubos da marca Furman. Examinando os rótulos, percebi que Furmano é o mesmo que Furman. A empresa havia apenas acrescentado um "o" ao seu nome ao distribuir alguns de seus produtos, talvez por acreditar que, ao vender alimentos no estilo italiano, sua autoridade pareceria maior se o seu nome soasse italiano.

Nota do autor: O homem que escreveu este relato também comentou que a letra "o" acrescentada estava desempenhando um duplo papel como ativador de influência naquela loja. Além de dar autoridade ao fabricante, estando num bairro italiano fazia a empresa se assemelhar a seus clientes.

Embora o tratamento retal de dor de ouvido não fizesse sentido, nem o paciente, nem a enfermeira o questionaram. A lição importante dessa história é que, quando uma autoridade legítima se pronuncia, o que normalmente faz sentido se torna irrelevante. Nesses casos, não consideramos a situação como um todo, mas reagimos a apenas um aspecto dela.

Sempre que nossos comportamentos são governados de forma tão impensada, podemos ter certeza de que profissionais da persuasão tentarão tirar proveito disso. Voltando ao campo da medicina, podemos perceber que os publicitários têm explorado o respeito que nossa cultura concede aos doutores contratando atores para desempenhar papéis de médicos para anunciar seus produtos. Meu exemplo favorito era um comercial da TV com o ator Robert Young alertando as pessoas contra os perigos da cafeína e recomendando a marca de café descafeinado Sanka. O comercial foi um sucesso, vendendo tanto Sanka que foi repetido durante anos em diversas versões.

Por que esse comercial se mostrou tão eficaz? Por que acreditaríamos nas palavras de um ator sobre os benefícios para a saúde do café descafeinado? Porque – como a agência publicitária que o contratou sabia muito bem – ele estava associado na mente do público americano ao doutor Marcus Welby, papel que representou por muito tempo num seriado da TV. Objetivamente não faz sentido sermos convencidos pelos comentários de um homem que sabemos ser apenas um ator que costumava representar um médico. Mas, na prática, aquele homem vendia o café Sanka.

Não faz muito tempo, com propósitos semelhantes, a empresa

de cartões de crédito MasterCard iniciou a promoção "Tradições de Festas de Família", que permitia às mulheres conversarem on-line com autoridades sobre como elas, como mães, poderiam preparar seu lar para as festas de fim de ano, fortalecer as tradições de família e adquirir os presentes perfeitos (usando seu MasterCard, é claro). Quais foram os especialistas escolhidos para fornecer o aconselhamento? Foram as atrizes Florence Henderson e Jane Kaczmarek, cuja autoridade naquele assunto parecia advir exclusivamente de seus papéis como mães nos seriados *The Brady Bunch* e *Malcolm in the Middle*.[3]

CONOTAÇÃO, NÃO CONTEÚDO

Desde a primeira vez que vi o comercial do Sanka com Robert Young, o aspecto que mais me intrigou foi sua capacidade de usar a influência do princípio da autoridade sem precisar proporcionar uma autoridade real. A aparência foi suficiente. Isso nos diz algo importante sobre as reações impensadas a essas figuras soberanas. Quando no modo *clique*, *zum*, costumamos ser tão vulneráveis aos símbolos de autoridade quanto ao conteúdo.

Diversos desses símbolos podem conquistar nossa anuência na falta do conteúdo genuíno da autoridade. Assim, eles são empregados amplamente pelos profissionais da persuasão carentes de conteúdo. Os farsantes, por exemplo, se enfeitam com os títulos, os trajes e os paramentos da autoridade. Eles adoram emergir elegantes de um automóvel luxuoso e se apresentar às suas "vítimas" potenciais como doutor, juiz, professor ou diretor Fulano de Tal. Sabem que assim adornados aumentam muito suas chances de convencer. Cada um desses três tipos de símbolos de autoridade – títulos, trajes e paramentos – possui sua própria história e merece um exame separado.

Títulos

Os títulos são, ao mesmo tempo, os símbolos de autoridade mais difíceis e mais fáceis de adquirir. Conquistar um título normalmente requer anos de trabalho e realizações. Porém, alguém que não fez o menor esforço pode adotar o rótulo que deseja e receber uma espécie de deferência automática. Como vimos, atores em comerciais da TV e farsantes fazem isso com sucesso o tempo todo.

Há pouco tempo conversei com um amigo – um professor de uma renomada universidade do leste dos Estados Unidos – que forneceu um exemplo revelador de como nossas ações costumam ser mais influenciadas por um título do que pela natureza da pessoa. Como viaja muito, com frequência se vê conversando com estranhos em bares, restaurantes e aeroportos. Ele me contou que aprendeu, por experiência própria, a nunca mencionar seu título de professor nessas conversas. Quando o faz, constata que o tom da interação muda na hora. Pessoas que foram espontâneas e boas de papo na meia hora anterior se tornam respeitosas, submissas e banais. As opiniões do meu amigo, que antes podiam desencadear um diálogo animado, passavam a gerar declarações prolixas e empoladas de concordância. Aborrecido e ligeiramente perplexo com o fenômeno – porque, como ele diz, "continuo sendo o mesmo sujeito com quem vinham conversando pelos últimos 30 minutos, certo?" –, meu amigo agora costuma mentir sobre sua profissão nessas situações.

Essa é uma situação bem diferente do padrão mais típico dos profissionais da persuasão de mentirem sobre títulos que na verdade *não* possuem. De qualquer modo, a mentirinha do meu amigo mostra igualmente a capacidade de um símbolo de autoridade de influenciar o comportamento.

Eu me pergunto se ele – que é um tanto baixinho – continuaria disposto a esconder seu título se soubesse que, além de tornar os estranhos mais submissos, também faz com que o vejam como um homem mais alto. Estudos investigando como a posição de autoridade afeta as percepções de tamanho descobriram que títulos de prestígio levam a distorções na altura das pessoas. Num experimento conduzido em cinco turmas de estudantes universitários australianos, um homem foi apresentado como visitante da Universidade de Cambridge inglesa. Porém sua posição em Cambridge foi apresentada diferentemente a cada uma das turmas. A uma turma, ele foi apresentado como estudante; a uma segunda turma, como assistente de professor; a outra, como conferencista; para outra ainda, como conferencista sênior; e a uma última turma, como catedrático. Depois que deixou a sala, pediu-se à turma que estimasse sua altura. Concluiu-se que, com cada aumento no status, a altura percebida do mesmo homem aumentava em média 1,3 centímetro, de modo que como "catedrático" foi considerado 6,5 centímetros mais alto do que como "estudante" (P. R. Wilson, 1968). Outro estudo constatou que, após vencer uma eleição, os políticos se tornam mais altos aos olhos dos cidadãos (Higham e Carment, 1992).

Por relacionarmos tamanho e posição, certos indivíduos podem se beneficiar trocando uma coisa pela outra. Em algumas sociedades animais em que a posição é atribuída com base no domínio, o tamanho é um importante fator a determinar que animal atingirá determinado nível no grupo.[4]

Geralmente, no combate com um rival, o animal maior e mais poderoso vence. Para evitar os efeitos prejudiciais do conflito físico ao grupo, várias espécies empregam métodos que muitas vezes envolvem mais forma do que briga. Os dois rivais se confrontam com exibições de agressão vistosas que quase sempre incluem truques para aumentar o tamanho. Vários mamíferos arqueiam as costas e eriçam seus pelos. Os peixes estendem as barbatanas e se inflam com água. As aves abrem e batem as asas. Com frequência, apenas essa exibição já é suficiente para fazer com que um dos guerreiros recue, deixando a posição de poder para o rival que parece maior e mais forte.

Pelos, barbatanas e penas. Não é interessante como essas partes tão delicadas podem ser exploradas para dar a impressão de substância e peso? Existem duas lições aqui. Uma é específica à associação entre tamanho e status, que pode ser usada por indivíduos capazes de simular o primeiro para obter a aparência do segundo. Exatamente por essa possibilidade é que muitos farsantes, mesmo aqueles de altura mediana ou um pouco acima da média, usam palmilhas especiais nos sapatos para aumentar a própria altura. A outra lição é mais geral: os sinais externos de poder e autoridade com frequência podem ser falsificados com os mais frágeis materiais.

Vamos retornar ao domínio dos títulos para um exemplo – que envolve o que, em vários aspectos, é o experimento mais assustador que conheço. Um grupo de pesquisadores composto de médicos e enfermeiros ligados a três hospitais do Meio-Oeste estava cada vez mais preocupado com o grau da obediência mecânica dos enfermeiros às ordens dos médicos. Parecia aos pesquisadores que mesmo enfermeiros experientes e qualificados não estavam empregando seus conhecimentos para avaliar o julgamento dos médicos. Em vez disso, quando confrontados com as instruções do médico, os enfermeiros simplesmente as acatavam.

Vimos como esse processo explicou o caso das gotas para ouvido aplicadas no ânus, mas os pesquisadores do Meio-Oeste levaram as coisas alguns passos à frente. Primeiro quiseram descobrir se esses casos eram incidentes isolados ou se representavam um fenômeno generalizado. Segundo, procuraram examinar o problema no contexto de um erro grave de tratamento: a prescrição de um remédio proibido em dose exagerada a um paciente hospitalar. Por fim, verificaram o que aconteceria se removessem fisicamente da situação a figura de autoridade, substituindo-a por uma voz estranha ao telefone oferecendo apenas sinais fracos de autoridade – o alegado título de "doutor".

Um dos pesquisadores fez a mesma chamada telefônica a 22 enfermarias diferentes em várias divisões cirúrgicas, clínicas, pediátricas e psiquiátricas. Identificou-se como médico do hospital e instruiu os enfermeiros que atenderam a ministrarem 20 miligramas de um remédio (Astrogen) a um paciente específico da ala. Os enfermeiros tinham quatro excelentes razões para reagir com cautela àquela ordem: (1) a prescrição foi transmitida pelo telefone, o que violava a política do hospital; (2) o próprio medicamento não era autorizado – o Astrogen ainda não havia sido aprovado para uso nem colocado na lista do estoque da ala; (3) a dosagem prescrita era obviamente excessiva e perigosa – as caixas dos medicamentos alertavam que a "dose diária máxima" era de apenas 10 miligramas, metade do que havia sido ordenado; (4) a instrução foi dada por um homem que o enfermeiro nunca tinha visto e com quem jamais havia falado ao telefone. Mesmo assim, em 95% dos casos os enfermeiros foram direto ao setor de medicamentos solicitar a dosagem prescrita de Astrogen e dali se dirigiram ao quarto do paciente a fim de ministrá-la. A essa altura foram detidos por um observador, que revelou a natureza do experimento (Hofling, Brotzman, Dalrymple, Graves e Pierce, 1966).

Os resultados são assustadores. O fato de 95% dos enfermeiros não hesitarem em cumprir uma instrução claramente imprópria dessa magnitude é preocupante para todos os pacientes de hospitais. O que o estudo do Meio-Oeste mostra é que os erros não se limitam aos lapsos triviais na administração de gotas para ouvido inofensivas ou coisas semelhantes, mas se estende a equívocos graves e perigosos.

DEPOIMENTO DE LEITOR 6.2
De um médico da Flórida

O título de médico confere bem mais autoridade quando colocado no contexto visual de um jaleco. De início, eu detestava usar jalecos, mas mais tarde na carreira vim a perceber que o traje confere poder. Sempre que eu começava a trabalhar numa nova ala hospitalar, fazia questão de trajar o jaleco e invariavelmente a minha transição era tranquila. O interessante é que os médicos sabem disso e chegaram a criar uma ordem hierárquica atribuindo aos estudantes de medicina os jalecos mais curtos, enquanto os residentes sob treinamento recebem jalecos médios e os médicos efetivos vestem os mais longos. Nos hospitais em que os enfermeiros conhecem essa hierarquia eles pouco questionam as ordens dos "jalecos longos", mas, quando interagem com os "jalecos curtos", realizam diagnósticos médicos alternativos e dão sugestões de terapia abertamente – às vezes até de forma rude.

Nota do autor: O depoimento do leitor aborda um ponto importante: nas organizações hierárquicas, não apenas aqueles com posição de autoridade são tratados com mais respeito, como também aqueles sem tal posição são com frequência menosprezados. Como vimos no relato anterior e como veremos na próxima seção, o traje de uma pessoa pode sinalizar aos outros que forma de tratamento ela merece.

Ao interpretarem suas descobertas perturbadoras, os pesquisadores chegaram a uma conclusão instrutiva:

> *Numa situação da vida real correspondente à do experimento, haveria, em teoria, duas inteligências profissionais – a do médico e a do enfermeiro – trabalhando para assegurar que um dado procedimento fosse realizado de forma benéfica ao paciente ou, no mínimo, sem prejudicá-lo. O experimento sugere fortemente, porém, que uma dessas inteligências está, para todas as finalidades práticas, inoperante* (Hofling et al., 1966, p. 176).

Tudo indica que, diante das instruções de um médico, os enfermeiros desligaram suas "inteligências profissionais" e adotaram uma forma de resposta *clique, zum*. Nada do seu considerável treinamento ou conhecimento médico foi envolvido na decisão do que fazer. Em vez disso, como a submissão à autoridade legítima foi sempre a ação preferida e mais eficiente em seu ambiente de trabalho, eles estavam dispostos a errar adotando a obediência automática. Ainda mais esclarecedor é o fato de que foram tão longe nessa direção que seu erro surgiu em resposta não a uma autoridade genuína, mas a seu símbolo mais facilmente falsificável: um mero título.[5]

Roupas

Um segundo tipo de símbolo de autoridade capaz de desencadear nosso consentimento automático é a roupa. Embora mais tangível do que um título, o manto da autoridade é igualmente falsificável. Os arquivos policiais estão repletos de registros de farsantes cujos métodos incluem a rápida troca de roupa. Como camaleões, adotam o branco dos hospitais, o negro do sacerdócio, o verde das forças armadas ou o azul da polícia, conforme exigido pela situação, para tirar o máximo de vantagem. Apenas quando é tarde demais suas vítimas percebem que o traje de autoridade não oferece nenhuma garantia.

Uma série de estudos do psicólogo social Leonard Bickman (1974) indica como pode ser difícil resistir a pedidos de pessoas com trajes de autoridade. O procedimento básico de Bickman foi fazer algum tipo de pedido estranho a pessoas na rua (por exemplo, apanhar uma sacola de papel jogada no chão ou ficar do outro lado de uma placa de ponto de ônibus). Em metade dos casos o solicitante – um homem jovem – trajava roupas normais e nas outras vezes vestia um uniforme de guarda de segurança. Qualquer que fosse o tipo de pedido, mais pessoas atendiam ao solicitante quando ele trajava a roupa de guarda. Resultados semelhantes foram obtidos quando o solicitante uniformizado era uma mulher (Bushman, 1988).

Numa versão bastante reveladora do experimento, o solicitante parava pedestres e apontava para um homem de pé ao lado de um parquímetro a 15 metros de distância. Ora trajado normalmente, ora como guarda de segurança, dizia sempre a mesma coisa ao pedestre: "Está vendo aquele sujeito ali junto ao parquímetro? Ficou estacionado tempo demais, mas está sem trocado. Dê a ele 10 cents." O solicitante então dobrava uma esquina e se afastava, de modo que, quando o pedestre chegava ao parquímetro, ele não podia mais ser visto. O poder de seu uniforme perdurava mesmo depois de ter ido embora. Quase todos os pedestres cumpriram sua instrução quando ele trajava a roupa de guarda, mas menos da metade o fez quando se vestia normalmente.[6]

É interessante observar que, mais tarde, Bickman constatou que estudantes universitários adivinharam com bastante precisão a porcentagem de anuência no experimento quando o solicitante vestia roupas normais (50%, em comparação com uma porcentagem real de 42%). Porém subestimaram essa porcentagem quando o solicitante estava uniformizado: 63%, em comparação com uma porcentagem real de 92% (Bickman, 1974).

Outro tipo de traje que tradicionalmente indica uma posição de autoridade em nossa cultura é o terno elegante do homem de negócios. Ele também consegue evocar uma forma reveladora de deferência por parte de estranhos. Num estudo conduzido no Texas, por exemplo, pesquisadores fizeram com que um homem de 31 anos violasse a lei atravessando a rua com sinal fechado em diversas ocasiões. Em metade dos casos, trajava um terno impecável e gravata. Nas outras vezes, vestia camisa de manga curta e calça larga. Os pesquisadores observaram à distância e contaram quantos pedestres que estavam esperando na esquina seguiram o homem: o número dos que foram atrás do sujeito de terno foi 3,5 vezes maior (Lefkowitz, Blake e Mouton, 1955).

Vale a pena notar que os dois tipos de trajes de autoridade cuja influência foi mostrada nesses estudos – o uniforme de guarda e o terno de homem de negócios – são habilmente combinados por vigaristas numa fraude conhecida como o *golpe do fiscal de banco*. O alvo da fraude pode ser qualquer um, mas o preferido são pessoas idosas que moram sozinhas. O golpe começa quando um homem de terno aparece na porta de uma possível vítima. Tudo no traje do vigarista denota decoro e respeitabilidade. A camisa branca está engomada; os sapatos pretos estão engraxados; seu terno não é moderno, mas clássico: tecido pesado e substancial, mesmo no verão, e em tons discretos – azul-marinho, cinza-escuro, preto.

Ele explica às suas vítimas potenciais – talvez uma viúva que ele tenha seguido às escondidas do banco até em casa um ou dois dias antes – que é um fiscal do banco que, ao auditar os livros contábeis, identificou algumas aparentes irregularidades. Ele acha que descobriu o culpado, um funcionário do banco que costuma adulterar os registros de transações em certas contas. Diz que a conta da viúva talvez seja uma delas, mas não pode ter certeza enquanto não obtiver provas concretas. Por isso, veio pedir sua cooperação. Ela poderia ajudar sacando seu dinheiro para que uma equipe de peritos e gerentes do banco possa rastrear o registro da transação ao passar pela mesa do suspeito?

Muitas vezes a aparência e a apresentação do "fiscal do banco" são tão impressionantes que nem passa pela cabeça da vítima ligar para o banco a fim de checar se aquilo é verdade. Em vez disso, ela vai direto ao banco, saca todo o seu dinheiro e volta para casa com ele para aguardar, junto com o inspetor, notícias sobre o sucesso da armadilha. A mensagem é trazida por um "guarda bancário" uniformizado que chega após o expediente para anunciar que está tudo bem – aparentemente a conta da viúva não estava entre aquelas que foram adulteradas. Aliviado, o fiscal agradece pela colaboração e, já que o banco agora está fechado, instrui o guarda a devolver o dinheiro da viúva ao cofre, para que esta não precise voltar lá no dia seguinte. Com sorrisos e apertos de mão, o guarda parte com a soma, enquanto o fiscal agradece por mais alguns minutos antes de sair também. Naturalmente, como a vítima acaba descobrindo, o guarda não é guarda coisa nenhuma, assim como o fiscal: na verdade são uma dupla de vigaristas que descobriram o poder de falsos uniformes para nos induzir ao consentimento automático diante de uma "autoridade".

Paramentos

Além de sua função nos uniformes, as roupas podem simbolizar um tipo de autoridade mais generalizada quando servem a propósitos ornamentais. Trajes estilosos e caros trazem uma aura de status e posição, e o mesmo acontece com paramentos semelhantes, como joias e carros. Este último símbolo de status é particularmente interessante nos Estados Unidos, onde o caso de amor dos americanos com o automóvel lhe concede uma importância incomum.

De acordo com as descobertas de um estudo realizado na área da baía de São Francisco, motoristas de carros sofisticados recebem um tipo especial de deferência. Os pesquisadores constataram que, quando um carro novo e luxuoso continuava parado mesmo depois que o sinal abria, quem vinha atrás demorava mais tempo para buzinar do que quando o carro na frente era um modelo mais antigo e popular. Os motoristas tinham pouca paciência com o motorista do carro popular: quase todos tocavam a buzina e a maioria o fez mais de uma vez. Dois simplesmente avançaram no para-choque traseiro do carro da frente. Mas a aura do automóvel sofisticado foi tão intimidadora que 50% dos motoristas esperaram respeitosamente atrás dele, sem tocar suas buzinas, até que resolvesse andar (Doob e Gross, 1968).

Mais tarde os pesquisadores perguntaram a estudantes universitários o que teriam feito nessas situações. Em comparação com as descobertas reais do experimento, os estudantes subestimaram o tempo que levariam até buzinar para o carro de luxo. Os estudantes homens foram especialmente imprecisos, achando que buzinariam mais rápido para o motorista do carro de luxo do que para o do carro econômico. Claro que o próprio estudo mostrou o oposto. Observe a semelhança desse padrão com várias outras investigações sobre as pressões da autoridade. Como na pesquisa de Milgram, no estudo dos enfermeiros do hospital do Meio-Oeste e no experimento do uniforme de guarda de segurança, as pessoas foram incapazes de prever corretamente como elas ou outras reagiriam à influência da autoridade. Em cada caso, o efeito daquela influência foi totalmente subestimado. Essa propriedade da posição de autoridade pode explicar grande parte de seu sucesso como um dispositivo de persuasão. Além de se impor, ela atua de forma inesperada.

DEFESA

Uma tática defensiva que podemos usar contra a posição de autoridade é remover o elemento surpresa. Como em geral não percebemos o profundo impacto da autoridade (e de seus símbolos) sobre nossas ações, não tomamos precauções suficientes em relação à sua presença nas situações de consentimento. Uma forma fundamental de defesa contra esse problema, porém, é uma consciência maior do poder da autoridade. Quando essa consciência se soma ao reconhecimento da facilidade com que os símbolos da autoridade podem ser falsificados, o benefício é uma abordagem apropriadamente cautelosa a situações envolvendo tentativas de influência da autoridade.

Parece simples, certo? E em certo sentido é. Uma compreensão melhor do funcionamento da influência da autoridade deve nos ajudar a resistir. No entanto, existe um complicador perverso, que é familiar e inerente a todas as armas de influência: não convém resistir totalmente, ou mesmo na maior parte do tempo, à autoridade. Na maioria das vezes, as figuras de autoridade entendem do que estão falando. Médicos, juízes, altos executivos, legisladores e pessoas semelhantes normalmente atingiram suas posições graças a conhecimentos e julgamentos superiores. Assim, quase sempre, suas diretrizes constituem excelentes conselhos.

As autoridades, portanto, costumam ser especialistas. Aliás, uma definição de autoridade no dicionário é "especialista". Na maioria dos casos, seria tolo tentar substituir os julgamentos de um expert, de uma autoridade, por nossos julgamentos menos abalizados. Ao mesmo tempo, vimos em cenários que vão de esquinas de rua a hospitais que seria insensato confiar nas instruções da autoridade de forma generalizada. O segredo está em saber reconhecer sem muito esforço ou vigilância quando as instruções da autoridade devem ou não ser seguidas.

Autoridade abalizada

Para descobrir quando as instruções da autoridade devem ou não ser seguidas, podemos nos fazer duas perguntas diante do que parece a tentativa de influência de uma figura de autoridade. Primeira: "Esta autoridade é mesmo um especialista?" Essa questão concentra nossa atenção em duas informações cruciais: as credenciais da autoridade e a pertinência dessas credenciais ao tema em pauta. Ao nos voltarmos dessa forma simples às *provas* da posição de autoridade, podemos evitar as principais armadilhas da deferência automática. Vejamos alguns exemplos.

Examinemos sob essa luz o comercial bem-sucedido de Robert Young do café Sanka. Se em vez de reagirem à sua associação com o personagem da TV "Doutor Marcus Welby" as pessoas tivessem se concentrado na posição real de Young como uma autoridade, estou certo de que o comercial não teria tido uma carreira tão longa e lucrativa. Obviamente, Robert Young não possuía treinamento ou conhecimentos médicos. Todos sabemos disso. O que possuía, porém, era um *título* de "doutor". Ora, tratava-se claramente de um título vazio, associado a ele em nossa mente por sua atuação no seriado. Todos sabemos disso, mas não é fascinante como, na modalidade *clique, zum*, o que é óbvio em geral só importa quando prestamos uma atenção especial a ele?

Por isso a pergunta "Esta autoridade é mesmo um especialista?" pode ser tão valiosa – ela volta nossa atenção para o óbvio. Desvia-nos com facilidade de um foco em símbolos possivelmente sem sentido para uma consideração das credenciais de autoridade genuínas. Além disso, a pergunta nos força a distinguir entre autoridades relevantes e irrelevantes. É fácil passar por cima dessa distinção quando a pressão da autoridade se combina com a correria da vida moderna. Os pedestres do Texas que enfrentaram o trânsito atrás do imprudente de terno são bons exemplos. Ainda que o homem fosse a autoridade em negócios sugerida por suas roupas, dificilmente seria mais especialista em atravessar ruas do que quem o seguiu.

Mesmo assim, as pessoas seguiram o "executivo", como se seu rótulo de *autoridade* sobrepujasse a diferença vital entre formas relevantes e irrelevantes. Caso se dessem ao trabalho de perguntar a si mesmas se ele representava um verdadeiro perito na situação, alguém cujas ações indicassem conhecimentos superiores, acho que o resultado teria sido bem diferente. O mesmo processo se aplica a Robert Young, um homem pleno de conhecimentos. Ele trilhou uma longa carreira com muitas realizações numa profissão difícil. Mas suas habilidades e seus conhecimentos eram de atuação, não de medicina. Quando, ao vermos seu famoso comercial de café, nos concentramos em suas verdadeiras credenciais, percebemos rapidamente que não devemos acreditar nele mais do que em qualquer outro ator de sucesso que alegue que Sanka é saudável.

Sinceridade dissimulada

Vamos supor que estamos diante de uma autoridade que reconhecemos como um verdadeiro expert. Antes de nos submetermos à sua influência, devemos formular uma segunda pergunta simples: "Temos certeza de que o especialista é honesto?" Autoridades, mesmo as mais bem informadas, podem não apresentar suas informações honestamente. Portanto precisamos avaliar sua confiabilidade na situação. E quase sempre o fazemos – nós nos deixamos induzir mais por especialistas que parecem imparciais do que por aqueles que têm algo a ganhar nos convencendo (Eagly, Wood e Chaiken, 1978). Pesquisas mostraram que isso ocorre no mundo inteiro (McGuinnies e Ware, 1980) e já em crianças no segundo ano do ensino fundamental (Mills e Keil, 2005). Ao nos perguntarmos como um especialista pode se beneficiar de nosso consentimento, concedemo-nos outra rede de segurança contra a influência indevida e automática. Mesmo autoridades versadas num assunto não irão nos convencer se não tivermos certeza de que suas mensagens são representações fiéis dos fatos (Van Overwalle e Heylighen, 2006).

Ao nos indagarmos sobre a confiabilidade de uma autoridade, devemos ter em mente uma pequena tática que os profissionais da persuasão costumam usar para assegurar sua sinceridade: defender algo contra seus próprios interesses. Se praticada de maneira correta, essa abordagem pode ser um dispositivo sutil, mas eficaz, para "provar" sua honestidade. Talvez mencionem uma pequena deficiência em seu cargo ou em seu produto. Porém a desvantagem será sempre secundária e facilmente compensada por vantagens mais significativas – "Avis: somos a número dois, mas nos esforçamos mais"; "L'Oreal, nossos produtos são mais caros, mas você vale muito". Ao comprovarem sua honestidade básica em questões menores, os profissionais da persuasão que aplicam esse estratagema podem depois aparentar maior credibilidade ao enfatizarem os aspectos importantes de seu argumento (Hunt, Domzal e Kernan, 1981; Settle e Gorden, 1974; Ward e Brenner, 2006).

UMA PEQUENA FRAQUEZA VALORIZA OS PONTOS FORTES

Uma fraqueza pode se tornar uma força em várias situações. Por exemplo, um estudo descobriu que cartas de recomendação aos diretores de recursos humanos de grandes empresas produziam resultados mais favoráveis se contivessem um comentário negativo sobre o candidato ao emprego em meio a um conjunto de observações positivas (Knouse, 1983).

Vi essa abordagem sendo usada com um efeito notável num local que poucos reconheceriam como um ambiente de persuasão: um restaurante. Não é segredo que, por conta dos salários baixíssimos, os garçons precisam complementar sua renda com gorjetas. Além do infalível bom serviço, os garçons mais bem-sucedidos conhecem certos truques para aumentar as gorjetas. Sabem também que, quanto maior a conta do cliente, maior a quantia que deverão receber numa gorjeta padrão. Nesses dois aspectos, então – aumentar a conta do cliente e aumentar a porcentagem da gorjeta –, os garçons costumam agir como agentes da persuasão.

Na tentativa de descobrir como eles operam, candidatei-me ao cargo de garçom em diversos restaurantes caros. Mas, por falta de experiência, o máximo que obtive foi um emprego de ajudante de garçom, que acabou me proporcionando uma posição privilegiada para observar e analisar a ação. Em pouco tempo, descobri o que os outros funcionários já sabiam: o garçom de maior sucesso na casa, Vincent, conseguia fazer com que os fregueses pedissem mais pratos e dessem gorjetas maiores. Os demais garçons nem chegavam perto do seu rendimento semanal.

Assim, nas minhas tarefas, comecei a me deter nas mesas de Vincent a fim de observar a sua técnica. Logo percebi que seu estilo era não ter estilo nenhum. Ele exibia um repertório de abordagens, cada uma pronta para ser usada sob as circunstâncias apropriadas. Quando os clientes eram uma família, mostrava-se animado – chegando a ser cômico –, dirigindo suas observações tanto às crianças quanto aos adultos. Com um jovem casal de namorados, tornava-se formal e um pouco altivo na tentativa de intimidar o rapaz (com quem falava exclusivamente), fazendo com que pedisse pratos caros e deixasse uma boa gorjeta. Com um casal mais velho, mantinha a formalidade, mas sem o ar de superioridade, abordando respeitosamente os dois membros do casal. Se o freguês estivesse jantando sozinho, Vincent optava por uma conduta amigável – cordial, comunicativa e calorosa.

Vincent reservava o truque de parecer argumentar contra seus próprios interesses para grupos grandes, de 8 a 12 pessoas. Sua técnica tinha toques de genialidade. Quando chegava o momento da primeira pessoa, normalmente uma mulher, pedir seu prato, ele começava sua encenação. Não importava o que ela pedisse, Vincent reagia da mesma forma: franzia a testa, erguia as mãos sobre seu bloco de pedidos e, após dar uma olhada rápida para trás a fim de se certificar de que o gerente não estava por perto, inclinava-se com ar conspiratório sobre a mesa para que todos ouvissem: "Acho que este prato não está tão bom hoje. Em vez dele posso recomendar um _____ ou o _____?" (Nesse ponto, Vincent sugeria dois itens do menu um pouco menos caros do que o prato que o freguês havia selecionado de início.) "Estão excelentes esta noite."

Com essa manobra simples, Vincent lançava mão de vários princípios importantes da influência. Primeiro, mesmo aqueles que não aceitavam suas sugestões sentiam que Vincent fizera um favor ao dar informações valiosas para ajudá-los a pedir o prato. Todos se sentiam gratos e, portanto, a regra da reciprocidade conspirava a seu favor na hora da gorjeta. Além de aumentar a porcentagem de sua gorjeta, a manobra de Vincent também o deixava em posição favorável para aumentar o tamanho do pedido do grupo. Estabelecia-o como uma autoridade sobre a situação dos produtos do restaurante: ele sabia exatamente o que estava e o que não estava bom naquela noite. Além disso – e é aqui que entra a abordagem de argumentar contra seus próprios interesses – mostrava-se um informante confiável ao recomendar pratos um pouco *menos* caros do que o originalmente solicitado. Em vez de só pensar no próprio bolso, demonstrava ter em mente os interesses dos fregueses.

Para todos os efeitos, ele era ao mesmo tempo bem informado e honesto, uma combinação que lhe dava grande credibilidade. Vincent era rápido em explorar a vantagem dessa imagem confiável. Quando o grupo terminava de escolher seus pratos, ele dizia: "Muito bem. Agora gostariam que eu sugerisse ou escolhesse o vinho para acompanhar seus pratos?" Eu observava a cena se repetir quase todas as noites, com uma notável uniformidade na reação do cliente: sorrisos, sinais de aprovação com a cabeça e, quase sempre, consentimento geral.

Mesmo do meu ponto de observação, conseguia ler seus pensamentos com base em suas expressões faciais. "Claro", os clientes pareciam dizer. "Você sabe o que é bom aqui e está do nosso lado. Diga qual devemos escolher." Com ar satisfeito, Vincent, que conhecia os vinhos, sugeria algumas opções excelentes (e caras). Ele era igualmente persuasivo quando se tratava de escolher a sobremesa. Fregueses que normalmente não pediriam sobremesa ou dividiriam uma com um amigo não resistiam às suas descrições arrebatadoras do *Baked Alaska* e da mousse de chocolate. Quem, afinal, é mais confiável do que um autêntico especialista com sinceridade comprovada?

DEPOIMENTO DE LEITOR 6.3
De um ex-CEO de uma empresa da Fortune 500

Num curso desenvolvido por mim na escola de negócios para aspirantes a CEO, ensino a reconhecer uma falha como um meio de avançar na carreira. Um dos meus ex-alunos levou a lição tão a sério que incluiu seu fracasso numa empresa pontocom em destaque no currículo – detalhando por escrito o que aprendeu com a experiência. Antes, tentava ocultar o fracasso, o que não gerou nenhum sucesso real na carreira. Desde então, tem sido selecionado para vários cargos de prestígio.

Nota do autor: A estratégia de assumir a responsabilidade pelo fracasso não funciona apenas para indivíduos em uma organização. Parece funcionar para as próprias organizações. Pesquisas mostram que empresas que assumem a culpa por maus resultados nos relatórios anuais têm ações mais valorizadas um ano depois do que empresas que não o fazem (Lee, Peterson e Tiedens, 2004).

Ao combinar os fatores da reciprocidade e da autoridade confiável numa só manobra elegante, Vincent conseguia aumentar substancialmente a porcentagem de sua gorjeta e a conta que servia de base. O rendimento desse artifício era alto. Observe, porém, que grande parte de seu lucro advinha de uma aparente falta de preocupação com o ganho pessoal. Parecer argumentar contra seus interesses financeiros acabava promovendo esses mesmos interesses.

RESUMO

- Nos estudos sobre obediência de Milgram podemos ver sinais de fortes pressões em nossa sociedade pela anuência aos pedidos de uma autoridade. Agindo de forma contrária às próprias preferências, muitos indivíduos normais e psicologicamente saudáveis não hesitaram em infligir níveis perigosos e elevados de dor a outra pessoa porque foram assim orientados por uma figura de autoridade. Essa tendência a obedecer às autoridades legítimas é fortalecida por práticas de socialização sistemáticas concebidas para infundir nos membros da sociedade a percepção de que essa obediência constitui a conduta correta. Além disso, obedecer às prescrições de autoridades genuínas costuma ser benéfico, por causa dos altos níveis de conhecimentos, sabedoria e poder que esses indivíduos geralmente detêm. Por essas razões, a deferência a autoridades pode ocorrer de forma impensada como um tipo de atalho na tomada de decisões.

- Existe uma tendência preocupante em reagir automaticamente a meros símbolos da autoridade, e não ao seu conteúdo. Três tipos de símbolos que as pesquisas mostraram ser eficazes são títulos, roupas e automóveis. Em estudos separados investigando essa influência, indivíduos possuindo algum deles (e nenhuma outra credencial legitimadora) foram tratados com mais deferência ou obediência. Além disso, em cada caso, aqueles que se mostraram deferentes ou obedientes subestimaram o efeito das pressões da autoridade sobre seu comportamento.
- Podemos nos defender dos efeitos maléficos da influência da autoridade fazendo duas perguntas: esta autoridade é mesmo um especialista? Temos certeza de que o especialista é honesto? A primeira pergunta desvia nossa atenção dos símbolos e nos conduz às provas da posição de autoridade. A segunda nos aconselha a considerar não apenas os conhecimentos do especialista na situação, mas também sua confiabilidade. A respeito desta segunda consideração, devemos estar alertas para a tática de aumento da confiança em que as pessoas primeiro fornecem algum dado ligeiramente negativo sobre si mesmas. Mediante essa estratégia elas criam uma percepção de honestidade que faz toda informação subsequente parecer mais convincente aos observadores.

PERGUNTAS DE ESTUDO

Domínio do conteúdo

1. Em sua opinião, qual é a prova mais contundente de Milgram de seu argumento de que os voluntários em seus experimentos estavam dispostos a maltratar um outro por causa de uma forte tendência a obedecer a figuras de autoridade?
2. O que a pesquisa indica sobre nossa capacidade de reconhecer a in-

fluência das pressões de autoridade sobre nossas ações? Cite indícios que respaldem sua posição.
3. Quais são os três símbolos de autoridade mais influentes, de acordo com a pesquisa discutida no capítulo? Dê exemplos de como viu em sua própria experiência ao menos dois desses símbolos funcionarem.

Pensamento crítico

1. No Capítulo 1 vimos um fenômeno perturbador chamado "comandantite", em que membros subalternos de uma tripulação não dão atenção aos erros do comandante do avião ou relutam em mencioná-los. Se você fosse um comandante de avião, o que faria para reduzir essa tendência potencialmente desastrosa?
2. Em sua opinião, por que a relação entre tamanho e status se desenvolveu tanto na sociedade humana? Você vê algum motivo para essa relação mudar no futuro? Em caso positivo, por meio de quais processos?
3. Suponha que você fosse incumbido numa agência publicitária de criar um comercial de TV para um produto com vários pontos positivos e um ponto negativo. Se você quisesse que o público acreditasse nos pontos positivos, mencionaria o ponto negativo? Se o fizesse, seria no início, no meio ou no fim do comercial? Por quê?

7
ESCASSEZ
A regra dos poucos

Para amar qualquer coisa basta perceber que ela pode ser perdida.
– G. K. CHESTERTON

Talvez os aspectos mais notáveis da cidade de Mesa, no Arizona, sejam sua enorme população mórmon – menor apenas que a de Salt Lake City, a maior do mundo – e um enorme templo mórmon localizado numa área muito bem cuidada no centro da cidade. Moro ali perto e, embora eu apreciasse a paisagem e a arquitetura à distância, nunca me interessara o suficiente pelo templo para entrar nele, até o dia em que li um artigo de jornal que falava de um setor interno especial dos templos mórmons ao qual somente têm acesso os fiéis da igreja. Mesmo adeptos potenciais não podem vê-lo. Mas existe uma exceção à regra. Durante alguns dias logo depois que um templo é inaugurado, pessoas de fora são autorizadas a percorrer a estrutura inteira, inclusive a seção normalmente restrita.

A matéria do jornal informava que o templo de Mesa havia sido recém-reformado e que as mudanças tinham sido suficientemente amplas para ser considerado "novo" pelos padrões da igreja. Desse modo, somente nos próximos dias, visitantes não mórmons poderiam ver a área do templo proibida a eles. Recordo bem o efeito dessa notícia sobre mim: na mesma hora resolvi fazer a visita, mas quando liguei para um amigo perguntando se queria me acompanhar, percebi algo que mudou minha decisão com a mesma rapidez.

Após recusar meu convite, meu amigo quis saber por que *eu* parecia tão interessado na visita. Fui forçado a admitir que nunca me ocorrera a ideia de visitar um templo, que eu não tinha dúvidas sobre a religião mórmon para a qual quisesse respostas, que não tinha qualquer interesse especial por arquitetura religiosa e que não esperava encontrar nada mais espetacular ou empolgante do que o que poderia ver em várias outras igrejas da região. À medida que falava, foi ficando claro que a atração especial do templo possuía uma só causa: se eu não visitasse logo o setor restrito, nunca mais teria aquela chance. Algo que, por seus próprios méritos, pouco me atraía pareceu bem mais atraente só porque estava rapidamente se tornando menos disponível.

MENOS É MELHOR E PERDA É PIOR

Não me considero sozinho nessa fraqueza. Quase todo mundo é vulnerável ao princípio da escassez sob alguma forma. Prova disso é o experimento com estudantes da Florida State University que consideraram insatisfatória a qualidade da comida da cantina de seu campus. Nove dias depois, de acordo com uma segunda pesquisa, haviam mudado de ideia. Algo acontecera para fazer com que gostassem bem mais do que antes da comida da cantina. O interessante é que o acontecimento que fez com que mudassem de opinião nada teve a ver com a qualidade do serviço alimentar, que permanecera inalterado. Mas sua disponibilidade mudara. No dia da segunda pesquisa, os estudantes ficaram sabendo que, por causa de um incêndio, não poderiam comer na cantina nas duas semanas seguintes (West, 1975).

Colecionadores de tudo, desde figurinhas até antiguidades, conhecem bem a influência do princípio da escassez em determinar o valor de um item. Se é raro ou está se tornando raro, o item é mais valioso. O fenômeno do "erro precioso" é bastante revelador da importância da escassez no mercado de objetos de coleção. Itens imperfeitos – um selo borrado ou uma moeda cunhada duas vezes – são às vezes os mais valorizados. Desse modo, um selo com um George Washington com três olhos é anatomicamente incorreto, esteticamente feio, mas muito procurado. Existe uma ironia instrutiva aqui: imperfeições que em geral transformariam o objeto em lixo fazem com que seja valorizado quando associadas a uma escassez permanente.

Desde o meu próprio encontro com o princípio da escassez – *as oportunidades parecem mais valiosas para nós quando estão menos disponíveis* –, passei a observar sua influência sobre um grande espectro de minhas ações. Às vezes interrompo uma conversa cara a cara para atender um telefonema. Nessa situação, o autor da chamada possui uma vantagem irresistível em relação à pessoa ao meu lado: a potencial inacessibilidade. Se eu não atender a chamada, poderei perdê-la (e as informações que ela traz) para sempre. Não importa que a conversa atual seja altamente envolvente ou importante – bem mais do que seria de esperar de uma chamada telefônica comum. A cada toque não respondido, a interação telefônica se torna menos recuperável. Por essa razão e naquele momento, escolho a ligação em detrimento da conversa.

As pessoas parecem mais motivadas pelo pensamento de perder algo do que pelo pensamento de ganhar algo de mesmo valor (Hobfoll, 2001). Por exemplo, estudantes universitários sentiram emoções bem mais fortes quando se pediu que imaginassem perdas, em oposição a ganhos, em seus relacionamentos amorosos ou nas médias de suas notas (Ketelaar, 1995). Especialmente sob condições de risco e incerteza, a ameaça de perda potencial desempenha um papel poderoso na tomada de decisões (Tversky e Kahneman, 1981; De Dreu e McCusker, 1997).

Os pesquisadores da saúde Alexander Rothman e Peter Salovey aplicaram essa percepção à área médica, em que os indivíduos são com frequência aconselhados a se submeterem a exames para detectar possíveis doenças (por exemplo, mamografia, teste do HIV, autoexame da mama). Como esses exames envolvem o risco de que uma doença seja encontrada e a incerteza em relação à cura, mensagens enfatizando perdas potenciais são mais eficazes (Rothman e Salovey, 1997; Rothman, Martino, Bedell, Detweiler e Salovey, 1999). Folhetos aconselhando mulheres jovens a fazer o autoexame da mama têm muito mais sucesso se seu argumento enfatiza as possíveis perdas, em vez dos ganhos (Meyerwitz e Chaiken, 1987).

No mundo dos negócios, pesquisas descobriram que gerentes pesam mais fortemente os prejuízos potenciais do que os lucros potenciais (Shelley, 1994). Até nossos cérebros parecem ter evoluído para nos proteger das perdas, já que é mais difícil atrapalhar a boa tomada de decisões relativa à perda do que ao ganho (Weller et al., 2007).

Números limitados

Com o princípio da escassez operando de maneira tão poderosa sobre o valor atribuído às coisas, é natural que os profissionais da persuasão manipulem essa operação. Provavelmente o uso mais direto desse princípio ocorre na tática do "número limitado", em que um cliente é informado de que certo produto, com estoque limitado, não pode ser garantido por muito tempo.

Na época em que eu estava pesquisando as estratégias de persuasão, infiltrando-me em várias organizações, vi a tática do número limitado ser empregada repetidamente numa série de situações: "Não restam mais do que cinco conversíveis com este motor no estado. E quando acabarem, já era, pois não estão mais sendo fabricados", "Este é um dos dois únicos terrenos ainda à venda neste loteamento. Você não vai querer o outro – não recebe muita luz do sol", "Convém comprar mais de uma caixa porque a produção foi reduzida e não sabemos quando receberemos mais".

Algumas vezes a informação do número limitado era verdadeira, outras vezes, totalmente falsa. Em todos os casos, porém, a intenção era convencer os clientes da escassez de um artigo e assim aumentar seu valor imediato aos olhos deles. Admito ter desenvolvido uma admiração relutante pelos profissionais que faziam esse dispositivo simples funcionar de uma série de maneiras e estilos. Fiquei mais impressionado, porém, por uma versão específica que estendeu a abordagem básica ao seu extremo lógico vendendo uma mercadoria em seu ponto mais escasso – quando aparentemente não podia mais ser obtida.

A tática era empregada com perfeição por uma loja de eletrodomésticos que investiguei, em que 30% a 50% do estoque estava regularmente em liquidação. Suponhamos que um casal na loja parecesse um pouco interessado em certa mercadoria. Vários tipos de sinais revelam esse leve interesse – um exame mais detido do que o normal do aparelho, uma olhadela no manual de instruções, discussões em frente ao produto mas nenhuma tentativa de consultar um vendedor para obter informações. Após observar um casal agindo assim, um vendedor poderia se aproximar e dizer: "Vejo que estão interessados neste modelo aqui e entendo por quê: é um ótimo aparelho por um preço excelente. Mas infelizmente vendi para outro casal menos de 20 minutos atrás. E, se não me engano, era o último."

A decepção dos clientes fica clara. Por não estar mais disponível, o aparelho de repente se torna mais atraente. A reação típica é um dos clientes perguntar se existe alguma chance de que ainda reste algum no depósito. "Bem", o vendedor admite, "é possível e vou dar uma olhada. Se eu conseguir encontrar este aparelho para vocês a este preço, vão querer levar?" Aí está a genialidade da técnica. De acordo com o princípio da escassez, pede-se aos clientes que se comprometam com a compra do aparelho quando parece menos disponível e, portanto, mais desejável. Muitos clientes concordam em comprar nesse momento especialmente vulnerável. Assim, quando o vendedor (invariavelmente) retorna com a notícia de que um suprimento adicional do aparelho foi encontrado, vem com uma caneta e um contrato de venda na mão. A informação de que o item desejado está em estoque pode fazer com que alguns clientes voltem a achá-lo menos atraente (Schwartz, 1984), embora a essa altura a transação tenha ido longe demais para a maioria recuar. A decisão de compra tomada de forma pública num ponto crucial anterior continua válida. Eles compram.

DEPOIMENTO DE LEITOR 7.1
De uma moradora do norte do estado de Nova York

Um dia eu estava comprando presentes de Natal quando deparei com um vestido preto lindo. Eu não tinha dinheiro para ele, porque estava comprando presentes para outras pessoas. Pedi à vendedora que o reservasse até que eu pudesse voltar na segunda-feira após a escola com minha mãe, para lhe mostrar o vestido. A mulher informou que não poderia reservá-lo.

Voltei para casa e contei do vestido para minha mãe. Ela disse que, já que tinha gostado tanto, poderia me emprestar o dinheiro. Na segunda-feira, depois da escola, passei na loja e descobri que o vestido não estava mais lá. Outra pessoa o havia levado. Somente na manhã do Natal vim a descobrir que, enquanto eu estava na escola, minha mãe foi àquela loja e comprou o vestido que eu descrevera. Embora muitos anos já tenham se passado desde aquele Natal, ainda me lembro dele como um dos meus favoritos, porque após achar que tinha perdido o vestido, eu o valorizei como se fosse um tesouro.

Nota do autor: Vale a pena perguntar o que torna a ideia da perda tão poderosa na vida humana. Uma teoria importante explica em termos evolutivos a primazia da perda sobre o ganho. Se alguém possui o suficiente para sobreviver, um aumento nos recursos pode ajudar, mas uma diminuição desses mesmos recursos talvez fosse fatal. Desse modo, uma sensibilidade especial à possibilidade da perda seria favorável à adaptação (Haselton e Nettle, 2006).

Limites de tempo

Uma tática relacionada à do número limitado é a do prazo, em que se impõe um limite de tempo oficial à oportunidade do cliente de obter o que o profissional da persuasão está oferecendo. À semelhança de minha experiência com o templo mórmon, é comum que as pessoas se vejam fazendo algo que nem lhes interessa tanto só porque o tempo está se esgotando. O vendedor esperto se aproveita dessa tendência criando e divulgando prazos que geram um interesse antes inexistente. Exemplos concentrados dessa abordagem costumam ocorrer na divulgação de filmes em cartaz.

Uma variante dessa tática é favorecida por alguns vendedores presenciais implacáveis, porque envolve o derradeiro prazo para a decisão: este exato momento. Os clientes costumam ser informados de que, se não tomarem uma decisão de compra imediata, terão que adquirir o artigo a um preço maior depois ou simplesmente não conseguirão mais comprá-lo.

Um interessado em ingressar numa academia de ginástica ou em adquirir um automóvel pode ser informado de que a oferta do vendedor só é válida para aquele momento. É pegar ou largar. Um fotógrafo de crianças estimula os pais a comprarem o máximo de poses e cópias possível porque "limitações de estocagem me forçam a queimar as fotos não vendidas de seus filhos após 24 horas".

Uma empresa na qual me infiltrei vendia aspiradores de porta em porta e instruía seus vendedores em treinamento a afirmar que "Tenho tanta gente para visitar que só posso ver cada família uma vez. Pela política da empresa, mesmo que vocês decidam depois que querem o aspirador, eu não poderei mais voltar e vendê-lo a vocês". Claro que isso é bobagem. A empresa e seus representantes ganham a vida vendendo, e qualquer cliente que ligasse pedindo uma segunda visita seria atendido de bom grado. Como o gerente de vendas da empresa enfatizou para seus trainees, o verdadeiro propósito da alegação de "não poder voltar" não é um impedimento na agenda dos vendedores. É "evitar que os clientes potenciais tenham tempo para pensar, incutindo o medo de que não poderão comprar mais tarde, o que faz com que queiram o produto na mesma hora" (vide Anexo 7.1, págs. 265-7).

REATÂNCIA PSICOLÓGICA

Os indícios, então, são claros. A manipulação da escassez como uma arma de influência pelos profissionais da persuasão é frequente, abrangente, sistemática e diversificada. Sempre que isso acontece com uma arma de influência, podemos ter certeza de que o princípio envolvido possui um poder notável em direcionar a ação humana. Com o princípio da escassez, esse poder advém de duas fontes principais. A primeira é familiar. Como as demais armas de influência, esse princípio explora nossa fraqueza por atalhos. Trata-se, como antes, de uma fraqueza *inteligente*. Sabemos que as coisas difíceis de obter costumam ser melhores do que as fáceis (Lynn, 1989). Assim, muitas vezes podemos usar a disponibilidade de um artigo para nos ajudar a decidir, rápida e corretamente, sobre sua qualidade. Desse modo, um motivo da força do princípio da escassez é que, ao segui-lo, em geral acertamos (McKenzie e Chase, no prelo).[1]

Além disso, existe uma fonte de poder secundária única dentro do princípio da escassez. À medida que as oportunidades se tornam menos disponíveis, perdemos liberdades. E *detestamos* perder as liberdades que já temos. Esse desejo de preservar nossas prerrogativas consagradas está no centro da teoria da reatância psicológica, desenvolvida pelo psicólogo Jack Brehm para explicar a reação humana à diminuição do controle pessoal (J. W. Brehm, 1966; Burgoon et al., 2002). De acordo com a teoria, sempre que a livre escolha é limitada ou ameaçada, a necessidade de conservar nossas liberdades faz com que as queiramos (à semelhança dos produtos e serviços associados com elas) bem mais do que antes. Portanto, quando a escassez crescente – ou qualquer outra coisa – interferir com nosso acesso anterior a algum item, *reagiremos contra* a interferência, desejando o item e tentando possuí-lo mais do que antes.

Por mais simples que o núcleo da teoria pareça, seus brotos e raízes se estendem por grande parte do ambiente social. Do jardim do amor jovem, passando pela selva da revolução armada, até os frutos do mercado, uma parcela impressionante de nossa conduta pode ser explicada pelo exame das ramificações da reatância psicológica. Antes de começarmos, porém, convém descobrir quando as pessoas exibem pela primeira vez o desejo de lutar contra as restrições às suas liberdades.

Os psicólogos infantis identificaram a tendência já na idade de 2 anos – uma época que os pais consideram problemática e chamam de "os terríveis 2 anos". A maioria dos pais confirma que nesse período seus filhos se comportam com mais obstinação. As crianças de 2 anos parecem dominar a arte da resistência à pressão externa, especialmente dos pais. Se você diz uma coisa, elas fazem o inverso. Se lhes dá um brinquedo, querem outro. Se os põe no colo contra a vontade, se contorcem até serem postos no chão. Se os põe no chão contra a vontade, lutam e dão unhadas até serem carregados.

ENGANADO

Peter Kerr

The New York Times

Daniel Gulban não se lembra de como as economias de toda a sua vida desapareceram.

Ele se lembra da voz aveludada de um vendedor ao telefone. Recorda que sonhou com uma fortuna no mercado futuro de petróleo e prata. Mas até hoje o aposentado de 81 anos não entende como golpistas o convenceram a abrir mão de 18 mil dólares.

"Eu só queria melhorar minha vida na velhice", contou Gulban, morador de Holder, na Flórida. "Mas, ao descobrir a verdade, não consegui comer nem dormir. Perdi quase 15 quilos. Continuo não acreditando que pude ser capaz de fazer aquilo."

Gulban foi vítima do golpe que as autoridades policiais chamam de "*boiler-room operation*" ("operação sala das caldeiras"), que costuma envolver dezenas de operadores de telemarketing falando rápido, apinhados numa pequena sala de onde ligam para milhares de clientes por dia. As empresas arrancam centenas de milhões de dólares a cada ano de clientes ingênuos, segundo uma subcomissão de investigações do Senado americano que emitiu um relatório sobre o assunto ano passado.

"Elas usam um endereço impressionante em Wall Street, mentiras e truques para induzir os indivíduos a aplicar seu dinheiro em vários esquemas que soam glamourosos", explicou Robert Abrams, o procurador-geral do estado de Nova York, que acompanhou mais de uma dúzia de casos desse golpe nos últimos quatro anos. "As vítimas às vezes são convencidas a investir as economias de uma vida inteira."

Orestes J. Mihaly, o subprocurador-geral de Nova York, incumbido da agência de proteção ao investidor, informou que as empresas costumam operar em três estágios. Primeiro, Mihaly diz, vem a "chamada inicial", em que um vendedor se identifica como representante de uma empresa com um nome e um endereço que soam impressionantes. Ele simplesmente pergunta ao cliente potencial se concorda em receber os folhetos da empresa.

Uma segunda ligação envolve uma conversa de vendedor. O vendedor primeiro descreve os grandes lucros a serem obtidos e depois informa ao cliente que já não é mais possível investir. O terceiro telefonema dá ao cliente uma chance de aproveitar o negócio, sendo oferecido com grande urgência.

"A ideia é pendurar uma cenoura diante do rosto do comprador e depois retirá-la", Mihaly comparou. "O objetivo é fazer com que alguém a compre rápido, sem pensar muito a respeito." Segundo ele, pode acontecer de o vendedor se mostrar ofegante na terceira ligação e dizer ao cliente que "acabou de chegar do pregão".

Essas táticas convenceram Gulban a abrir mão de suas economias.

Um estranho ligou repetidamente e o convenceu a transferir 1.756 dólares para Nova York a fim de comprar prata, Gulban contou. Após outra série de telefonemas, o vendedor induziu o aposentado a transferir mais de 6 mil dólares para aplicar em petróleo bruto. Ele acabou transferindo 9.740 dólares adicionais, mas seu lucro nunca chegou.

"Senti uma dor no coração", o aposentado recordou. "Eu não fui ganancioso. Só esperava viver dias melhores." Gulban jamais recuperou seu prejuízo.

Anexo 7.1 *O golpe da escassez*

Observe como o princípio da escassez foi empregado durante o segundo e o terceiro telefonemas para induzir Gulban a "comprar rápido sem pensar muito a respeito".

Um estudo na Virgínia captou bem o estilo dos "terríveis 2 anos" entre meninos com idade média de 24 meses (S. S. Brehm e Weintraub, 1977). Os pequenos acompanharam suas mães até uma sala contendo dois brinquedos igualmente atraentes, que estavam sempre dispostos de modo que um ficasse perto de uma barreira de acrílico e o outro atrás dela. Para alguns meninos, a barreira tinha apenas 30 centímetros de altura – não impedindo o acesso ao brinquedo, pois podiam ultrapassá-la com facilidade. Para outros, porém, o acrílico tinha 60 centímetros de altura, bloqueando o acesso, a não ser que contornassem a barreira. Os pesquisadores queriam ver com que rapidez as crianças fariam contato com os brinquedos sob tais condições.

As descobertas foram claras. Quando a barreira era baixa demais para restringir o acesso, os meninos não mostravam nenhuma preferência especial por qualquer um deles. Em média, o que ficava junto à barreira era tocado com a mesma rapidez que o localizado atrás. Mas quando a barreira constituía um obstáculo real, os meninos iam direto ao brinquedo bloqueado, fazendo contato com ele com uma rapidez três vezes maior do que com o brinquedo livre. No todo, os meninos desse estudo demonstraram a reação clássica dos "terríveis 2 anos" à limitação de sua liberdade: desafio direto.[2]

Por que a reatância psicológica deveria emergir aos 2 anos? Talvez a resposta tenha a ver com uma mudança crucial que a maioria das crianças sofre em torno dessa época. É aí que começam a se reconhecer como indivíduos (Howe, 2003). Já não se veem como meras extensões do meio social, e sim como seres identificáveis, singulares e separados. Esse conceito de autonomia em desenvolvimento traz naturalmente consigo o conceito de liberdade. Um ser independente possui opções. Uma criança que acaba de perceber isso vai querer explorar a amplitude dessas opções.

Não devemos nos surpreender ou preocupar quando nossos filhos de 2 anos resistem incessantemente à nossa vontade. Eles chegaram a uma recente e empolgante perspectiva de si próprios: são entidades humanas livres. Perguntas vitais sobre escolha, direitos e controle agora precisam ser formuladas e respondidas em suas pequenas mentes. A tendência a lutar por cada liberdade e contra cada restrição pode ser mais bem compreendida, então, como uma busca de informações. Ao testar os limites de suas liberdades (e, ao mesmo tempo, a paciência dos pais), as crianças estão descobrindo onde em seus mundos podem ser controladas e onde podem assumir o controle. Como veremos adiante, sábios são os pais que fornecem informações altamente coerentes.

Reatância adulta: amor, armas e cerveja

Embora os "terríveis 2 anos" possam ser a idade mais perceptível da reatância psicológica, a forte tendência a reagir às restrições às nossas liberdades se manifesta durante a vida inteira. Uma outra fase se destaca, porém, pela forma especialmente rebelde que essa tendência assume: a adolescência. Um vizinho sensato certa vez me aconselhou: "Se você quer realmente que algo seja feito, tem três opções: você mesmo fazer, pagar caro para alguém fazer ou proibir seus filhos adolescentes de fazerem." Como "os terríveis 2 anos", esse período é caracterizado por uma sensação emergente de individualidade. Para os adolescentes, a transição é do papel de criança – controlada pelos pais – para o papel de adulto – com todos os seus direitos e deveres. Não surpreende que os adolescentes costumem focalizar menos os deveres do que os direitos a que julgam fazer jus como jovens adultos. Tampouco surpreende que a imposição da autoridade tradicional dos pais nesse período se mostre contraproducente. Os adolescentes irão fugir, tramar e lutar para resistir a essas tentativas de controle.

Nada ilustra tão claramente a característica bumerangue da pressão dos pais sobre o comportamento dos adolescentes como o fenômeno conhecido como "efeito Romeu e Julieta". Como sabemos, Romeu Montecchio e Julieta Capuleto são os desventurados personagens shakespearianos cujo amor era condenado por uma rixa entre suas famílias. Desafiando todas as tentativas dos pais de separá-los, os adolescentes alcançaram uma união duradoura em seu ato trágico de duplo suicídio, uma afirmação derradeira de livre-arbítrio.

A intensidade dos sentimentos e das ações do casal sempre foi uma fonte de admiração e espanto aos espectadores da peça. Como uma devoção tão intensa pôde se desenvolver com tamanha rapidez num casal tão jovem? Um romântico poderia atribuí-la a um amor raro e perfeito. Um cientista social, porém, apontaria para o papel da interferência dos pais e a reatância psicológica que ela consegue produzir. Talvez a paixão de Romeu e Julieta não fosse inicialmente tão intensa a ponto de transcender as barreiras erguidas pelas famílias. Talvez tenha sido alimentada justamente por aquelas barreiras. Será que, se os jovens tivessem sido deixados em paz, sua devoção ardente não passaria de uma afeição adolescente comum?

Como a história é uma obra de ficção, essas perguntas são, obviamente, hipotéticas, e qualquer resposta seria especulativa. Mas é possível formular e responder com mais certeza questões semelhantes sobre Romeus e Julietas dos tempos modernos. Casais que sofrem interferência dos pais reagem aumentando a firmeza de seu relacionamento e sua paixão? De acordo com uma pesquisa realizada com 140 casais adolescentes do Colorado, isso é exatamente o que acontece. Os pesquisadores nesse estudo descobriram que, embora a interferência dos pais estivesse ligada a alguns problemas no relacionamento – os parceiros tinham uma visão mais crítica um do outro e relatavam mais comportamentos negativos –, aquela interferência também fazia o casal se sentir mais apaixonado e desejar se casar. No decorrer do estudo, à medida que a interferência dos pais se intensificava, o mesmo ocorria com a experiência do amor. Quando a interferência enfraquecia, os sentimentos românticos esfriavam (Driscoll, Davis e Lipetz, 1972).[3]

Para crianças de 2 anos e adolescentes, portanto, a reatância psicológica flui pela ampla superfície da experiência, sempre turbulenta e vigorosa. Para o resto de nós, a lagoa da energia reatante jaz tranquila e coberta, irrompendo apenas ocasionalmente como um gêiser (Ruback e Juieng, 1997). Mesmo assim, essas irrupções se manifestam numa variedade de formas fascinantes que interessam não apenas ao estudante da conduta humana, mas também a legisladores e formuladores de políticas.

Existe, por exemplo, o caso estranho de Kennesaw, na Geórgia, a cidade que aprovou uma lei exigindo que cada morador adulto possuísse uma arma e munição, sob pena de seis meses de prisão e multa de 200 dólares. Todos os aspectos da regulamentação das armas de Kennesaw fizeram dela um alvo perfeito para a reatância psicológica. A lei restringe uma liberdade importante e antiga que todos os cidadãos americanos consideram um direito. Além disso, foi aprovada pela Câmara Municipal de Kennesaw com um mínimo de participação pública. A teoria da reatância preveria que, sob tais circunstâncias, poucos adultos nessa cidade de 5.400 habitantes a obedeceriam. No entanto, os jornais informaram que, de três a quatro semanas após a aprovação da lei, as vendas de armas de fogo em Kennesaw dispararam.

DEPOIMENTO DE LEITOR 7.2
De uma mulher de Blacksburg, Virgínia

No Natal passado, conheci um homem de 27 anos. Eu tinha 19. Embora ele não fosse meu tipo, saímos juntos – talvez pelo status de namorar um homem mais velho –, mas realmente não me interessei por ele, até que minha família expressou preocupação com sua idade. Quanto mais pegavam no meu pé, mais eu me apaixonava. A relação durou apenas cinco meses, mas teria durado quatro meses menos se meus pais não tivessem dito nada.

Nota do autor: Parece que o efeito Romeu e Julieta continua firme e forte em nossa sociedade, aparecendo em todo tipo de lugar.

Como explicar essa aparente contradição do princípio da reatância? A resposta surge após um exame mais atento de quem estava comprando as armas de Kennesaw. Entrevistas com donos de lojas locais revelaram que os compradores de armas não eram moradores da cidade, mas visitantes, muitos deles induzidos pela publicidade a comprar suas primeiras armas. Após a aprovação da lei, portanto, a compra de armas havia se tornado uma atividade frequente em Kennesaw, mas não entre aqueles visados pela lei. A população local a ignorou. Somente aqueles indivíduos cuja liberdade não havia sido restringida pela lei resolveram segui-la.

Uma situação semelhante surgiu uma década antes, a centenas de quilômetros ao sul de Kennesaw, quando, para proteger o meio ambiente, o condado de Dade (Miami), na Flórida, proibiu o uso – e a posse! – de produtos de lavanderia ou limpeza à base de fosfatos. Um estudo conduzido para avaliar o impacto social da lei descobriu duas reações paralelas por parte dos moradores de Miami. Uma delas foi o contrabando: grupos de vizinhos e amigos iam de carro em grandes "caravanas do sabão" aos condados vizinhos para estocar detergentes de fosfato. Os estoques rapidamente cresceram e, na obsessão típica dos açambarcadores, famílias se vangloriavam de possuir suprimentos para 20 anos.

A segunda reação à lei foi mais sutil e geral do que o desafio deliberado dos contrabandistas e açambarcadores. Instigados pela tendência a querer o que não podiam mais obter, a maioria dos consumidores de Miami passou a enxergar os produtos de fosfato como melhores do que antes. Em comparação com os moradores de Tampa, não afetados pela lei do condado de Dade, os cidadãos de Miami avaliaram os detergentes de fosfato como mais suaves, mais eficazes na água fria, como alvejantes e limpadores melhores, e mais poderosos contra manchas. Após a aprovação da lei, chegaram até a acreditar que os detergentes de fosfato eram mais econômicos (Mazis, 1975; Mazis, Settle e Leslie, 1973).

Essa reação é típica de indivíduos que perderam uma liberdade consagrada, e reconhecer isso é fundamental para entendermos como a reatância psicológica e o princípio da escassez funcionam. Quando algo se torna menos disponível, nossa liberdade de possuí-lo fica limitada e experimentamos em relação a isso um desejo crescente. Raramente reconhecemos, porém, que a reatância psicológica fez com que desejássemos mais o item. Tudo o que sabemos é que o *queremos*. Para justificar nosso desejo maior, começamos a lhe atribuir qualidades positivas. No caso da lei antifosfato do condado de Dade – e em outros exemplos de disponibilidade recém-restringida –, deduzir que há uma relação de causa e efeito entre desejo e mérito é um equívoco. Os detergentes de fosfato não limpam e alvejam melhor nem são mais econômicos depois de proibidos. Simplesmente pressupomos essas virtudes porque constatamos que os desejamos mais.

Censura

A tendência a querer o que foi proibido e, portanto, presumir que é mais valioso não se limita a produtos como sabão em pó. Estende-se também às restrições às informações. Numa era em que a possibilidade de adquirir, armazenar e gerenciar informações afeta cada vez mais o acesso à riqueza e ao poder, é importante entender como costumamos reagir às tentativas de censurar ou restringir de algum modo nosso acesso às informações. Embora existam muitos dados sobre nossas reações ao observarmos diferentes tipos de materiais potencialmente censuráveis – violência na mídia, pornografia, retórica política radical –, existem poucos sobre a forma como reagimos à censura desses materiais. Felizmente, os resultados dos poucos estudos realizados sobre a censura são bastante coerentes. Quase sempre, nossa reação ao material proibido é mostrar uma vontade maior de receber aquela informação e nos tornar ainda mais favoráveis a ela do que antes da proibição (Ashmore, Ramchandra e Jones, 1971; Wicklund e Brehm, 1974; Worchel e Arnold, 1973; Worchel, 1992).

A descoberta intrigante sobre os efeitos das informações censuradas num público não é o fato de os indivíduos quererem obter as informações mais do que antes. Isso parece natural. O surpreendente é que eles passam a acreditar mais nelas, mesmo sem tê-las recebido. Quando estudantes da Universidade da Carolina do Norte souberam que um discurso contra os dormitórios mistos no campus seria proibido, sua oposição a eles aumentou (Worchel, Arnold e Baker, 1975). Desse modo, sem jamais ouvirem o discurso, os estudantes se tornaram mais simpáticos a seu argumento. Isso levanta a possibilidade preocupante de que indivíduos especialmente espertos, defendendo uma posição fraca ou impopular, possam nos induzir a concordar com eles fazendo com que sua mensagem seja restringida. O paradoxo é que para essas pessoas – membros de grupos políticos marginais, por exemplo – talvez a estratégia mais eficaz não seja divulgar seus pontos de vista impopulares, mas conseguir que sejam oficialmente censurados e depois divulgar a censura.[4]

Claro que as ideias políticas não são a única coisa sujeita a restrições. O acesso a material de teor sexual também costuma ser limitado. Embora menos sensacionais do que as ocasionais batidas policiais contra livrarias e cinemas para "adultos", existe uma pressão por parte de grupos de pais e de cidadãos pela censura do teor sexual de materiais educativos, variando de textos de educação sexual e higiene até os livros das bibliotecas escolares. Ambos os lados na luta parecem bem-intencionados, e as questões não são simples, pois envolvem assuntos como moralidade, arte, controle dos pais sobre as escolas e liberdade de expressão.

De um ponto de vista puramente psicológico, porém, os defensores da censura rigorosa deveriam examinar de perto os resultados de um estudo realizado por estudantes de graduação da Purdue University (Zellinger, Fromkin, Speller e Kohn, 1974). Nesse estudo, propagandas de um romance foram mostradas a estudantes. Para metade deles, a propaganda incluía a afirmação "obra somente para adultos, proibida para menores de 21 anos". A outra metade dos estudantes não leu essa restrição de idade. Quando os pesquisadores mais tarde perguntaram a eles o que acharam do livro, descobriram as mesmas reações que observamos com outras proibições. Aqueles informados da restrição de idade tiveram mais vontade de ler o livro e acreditaram que gostariam mais dele do que os que pensaram que o acesso fosse ilimitado.

As pessoas que apoiam a proibição oficial de materiais de teor sexual nos currículos escolares têm o objetivo confesso de reduzir a inclinação da sociedade, principalmente dos jovens, para o erotismo. À luz do estudo de Purdue e no contexto de outras pesquisas sobre os efeitos de restrições impostas, será que a censura oficial não está prejudicando a realização desse objetivo? Se formos acreditar nas implicações das pesquisas, a censura tende a aumentar o desejo dos estudantes por materiais sexuais e, portanto, faz com que se considerem o tipo de indivíduos que aprecia esse tipo de material.

Acredito que algo bem semelhante tenha acontecido recentemente em Choteau, estado de Montana, quando Kevin St. John, o diretor da escola local, cancelou uma palestra que o Dr. Steve Running – que compartilhou o Prêmio Nobel da Paz de 2007 por seus trabalhos sobre os perigos da mudança climática – daria aos alunos do ensino médio (Brown, 2008). Alguns membros da diretoria da escola pressionaram o diretor a trazer alguém com uma opinião contrária, por temerem que os pontos de vista do Dr. Running sobre o aquecimento global pudessem ser vistos como antiagrícolas. Embora o diretor sustentasse que, sob aquelas circunstâncias, optar por cancelar a palestra era "a opção neutra", estou convencido de que ele concedeu uma grande vitória a um dos lados do debate: a posição contra o aquecimento global.

Com base no que sabemos sobre os efeitos psicológicos da censura oficial, é provável que depois desse acontecimento a maioria dos estudantes da escola de Choteau, e talvez dos moradores de Montana, tenha se tornado mais favorável à posição do Dr. Running – isso sem sequer ouvirem sua defesa. De fato, um daqueles estudantes escreveu depois, indignado, que a ação da diretoria da escola negou aos estudantes uma oportunidade única de aprender "informações valiosas sobre o futuro do nosso planeta", ao passo que outro aluno considerou-a um "esforço equivocado para esconder dos estudantes a verdade" (Barhaugh, 2008).

O termo "censura oficial" geralmente nos faz pensar em proibições de materiais políticos ou de sexo explícito, mas existe outra espécie comum de censura oficial que não desperta o mesmo pensamento, talvez porque ocorra a posteriori. Muitas vezes num tribunal do júri, o juiz que preside a seção considera uma prova ou um depoimento inadmissível, podendo então aconselhar os jurados a desconsiderarem aquele dado. Dessa perspectiva, o juiz pode ser visto como um censor. A apresentação da informação ao corpo de jurados não é proibida – é tarde demais para isso. O uso da informação é que é proibido. Qual é a eficácia desse tipo de instrução de um juiz? Será possível que, para membros do corpo de jurados que se acham no direito de avaliar todas as informações disponíveis, as declarações de inadmissibilidade na verdade causem uma reatância psicológica, levando os jurados a considerar ainda mais aquele dado? Com frequência, é exatamente isso que ocorre (Lieberman e Arndt, 2000).

A percepção de que valorizamos informações limitadas nos permite aplicar o princípio da escassez a domínios além dos bens materiais. O princípio funciona para mensagens, comunicações e conhecimentos também. Por esse ponto de vista, podemos ver que as *informações não precisam ser censuradas para que as valorizemos mais; basta que sejam escassas*. De acordo com o princípio da escassez, uma informação nos parecerá mais persuasiva se acharmos que não conseguiríamos obtê-la em outra parte. Essa ideia – de que informações exclusivas são mais persuasivas – é central ao pensamento de dois psicólogos, Timothy Brock e Howard Fromkin, que desenvolveram uma análise da persuasão baseada na "teoria da commodity" (Brock, 1968; Fromkin e Brock, 1971).

O maior apoio que conheço para a teoria de Brock e Fromkin vem de um pequeno experimento realizado por um aluno meu (Knishinsky, 1982). Na época, o estudante também era um bem-sucedido homem de negócios, dono de uma empresa de importação de carne, que voltara à faculdade para obter treinamento avançado em marketing. Após conversarmos um dia no meu escritório sobre a escassez e a exclusividade das informações, ele decidiu realizar um estudo aproveitando sua equipe de vendas.

Os clientes da empresa – compradores de supermercados e outras lojas de alimentos – receberam, como de costume, um telefonema de um vendedor, só que o conteúdo da conversa variava de três maneiras diferentes. Um grupo de clientes ouviu uma apresentação padrão de vendas antes de serem solicitados a fazer seus pedidos. Outro conjunto de clientes ouviu a apresentação padrão de vendas mais a informação de que o suprimento de carne importada iria provavelmente escassear nos próximos meses. O terceiro grupo também recebeu a apresentação padrão de vendas e a informação sobre a escassez do suprimento de carne, mas além disso ficou sabendo que a notícia da escassez não era de domínio público, tendo sido fornecida por certos contatos exclusivos da empresa.[5] Assim, os clientes deste último grupo, além de serem informados da disponibilidade limitada do produto, souberam também que aquela informação era reservada – a escassez ao quadrado.

Os resultados do experimento logo se tornaram aparentes quando os vendedores da empresa começaram a avisar meu aluno que comprasse mais carne porque a quantidade em estoque não daria para atender a todos os pedidos que estavam chegando. Os clientes informados da escassez iminente de carne compraram mais que o dobro daqueles que só receberam a apresentação padrão de vendas. O verdadeiro aumento das vendas, porém, ocorreu entre os clientes que receberam a informação "exclusiva" da escassez iminente de carne. Eles compraram seis vezes mais do que os que receberam apenas a apresentação padrão de vendas. Tudo leva a crer que o fato de que a notícia da escassez também era escassa tornou-a especialmente persuasiva.

CONDIÇÕES IDEAIS

Assim como as outras armas de influência, o princípio da escassez é mais eficaz sob certas condições. Uma importante defesa prática, então, é descobrir quando ele funciona melhor em nós. Há muito que aprender com um experimento concebido pelo psicólogo social Stephen Worchel e seus colegas (Worchel, Lee e Adewole, 1975). O procedimento básico usado por Worchel e sua equipe de pesquisa foi simples: participantes de um estudo da preferência dos consumidores recebiam um biscoito de chocolate de um pote e depois eram solicitados a provar e avaliar sua qualidade. Para metade dos avaliadores, o pote continha 10 biscoitos, ao passo que para a outra metade continha apenas 2. Como era de se esperar do princípio da escassez, quando o biscoito era apenas 1 entre 2 disponíveis, recebia uma nota mais favorável do que quando era 1 entre 10. O biscoito mais escasso foi considerado mais desejável de comer no futuro, mais atraente como um produto de consumo e mais caro do que um biscoito idêntico com oferta abundante.

Embora esse padrão de resultados forneça uma validação bem impressionante do princípio da escassez, não nos informa nada que já não saibamos. Mais uma vez vemos que um item menos disponível é mais desejado e mais valorizado. O valor real do estudo dos biscoitos está em duas descobertas adicionais. Vejamos uma por vez, pois cada uma merece uma análise detalhada.

Nova escassez: biscoitos mais caros e conflito civil

O primeiro desses resultados notáveis envolveu uma pequena variação no procedimento básico do experimento. Em vez de avaliar os biscoitos sob condições de escassez constante, alguns participantes receberam primeiro um pote com 10 biscoitos, que foi depois substituído por um pote com 2 biscoitos. Desse modo, antes de darem uma mordida, alguns dos participantes viram seu suprimento abundante de biscoitos reduzido a um suprimento escasso. Outros participantes, porém, souberam da escassez do suprimento desde o início, já que o número de biscoitos em seus potes permaneceu o mesmo. Com esse procedimento, os pesquisadores estavam tentando responder a uma pergunta sobre tipos de escassez: valorizamos mais aquelas coisas que se tornaram recentemente menos disponíveis para nós ou aquelas coisas que sempre foram escassas? No experimento dos biscoitos, a resposta foi clara. A mudança da abundância para a escassez produziu uma reação bem mais positiva em relação aos biscoitos do que a escassez constante.

A ideia de que a escassez recém-experimentada é o tipo mais poderoso se aplica a situações bem além das fronteiras do estudo dos biscoitos. Cientistas sociais descobriram que essa privação é uma causa básica de conflitos políticos e violência. Talvez o defensor mais conhecido desse argumento seja James C. Davies (1962, 1969), que afirma ser mais provável encontrarmos revoluções numa época em que um período de melhoria das condições econômicas e sociais é seguido por uma reversão breve e acentuada dessas condições. Portanto, não são as pessoas tradicionalmente mais oprimidas – aquelas que passaram a ver sua privação como parte da ordem natural das coisas – que tendem mais a se revoltar. Na verdade, é mais provável que os revolucionários sejam aqueles que tiveram ao menos algum contato com uma vida melhor. Quando as conquistas econômicas e sociais que experimentaram e que passaram a esperar começam a escassear de repente, eles as desejam mais do que nunca, muitas vezes manifestando-se com violência para assegurá-las.

Não se fala muito disso, mas, na época da Revolução Americana, os habitantes da colônia desfrutavam o maior padrão de vida e os impostos mais baixos do mundo ocidental. De acordo com o historiador Thomas Fleming (1997), somente quando os britânicos reivindicaram uma fatia daquela prosperidade generalizada (aumentando os impostos) os americanos se revoltaram.

Davies coletou indícios convincentes de sua nova tese numa série de revoluções, revoltas e guerras internas, inclusive as revoluções Francesa, Russa e Egípcia, bem como levantes domésticos, como a Rebelião de Dorr, em Rhode Island no século XIX, a Guerra Civil americana e as revoltas dos negros das cidades americanas na década de 1960. Em todos os casos, uma época de bem-estar crescente precedeu uma série de retrocessos que irrompeu em violência.

O conflito racial nas cidades americanas em meados da década de 1960 representa um exemplo marcante. Não parecia fazer sentido que, dentro de sua história de 300 anos, a maioria passada na escravidão e grande parte do resto na pobreza, os negros americanos fossem escolher a socialmente progressista década de 1960 como a época para se revoltarem. De fato, como Davies observa, as duas décadas após o início da Segunda Guerra Mundial haviam trazido enormes ganhos políticos e econômicos à população negra.

Em 1940, os negros enfrentavam restrições legais rigorosas em áreas como moradia, transportes e educação. Além disso, mesmo quando o grau de instrução era idêntico, a família negra comum auferia apenas um pouco mais da metade da renda de uma família branca. Quinze anos depois, muita coisa mudara. A legislação federal tinha derrubado as tentativas formais e informais de segregar os negros em escolas, locais públicos, moradias e nos ambientes de trabalho. Avanços econômicos também haviam ocorrido: a renda da família negra aumentara de 56% para 80% daquela de uma família branca com grau de instrução semelhante.

Então, de acordo com a análise de Davies das condições sociais, esse rápido progresso foi detido por acontecimentos que reverteram o otimismo dos anos anteriores. Primeiro, mudanças políticas e jurídicas se mostraram bem mais fáceis de serem aplicadas do que a mudança social. Apesar de toda a legislação progressista das décadas de 1940 e 1950, os negros perceberam que a maioria dos bairros, dos empregos e das escolas continuava segregada. Desse modo, as vitórias nas leis passaram a ser sentidas como derrotas. Nos quatro anos após a decisão em 1954 da Suprema Corte de integrar todas as escolas públicas, por exemplo, os negros foram alvo de 530 atos de violência (intimidação direta de crianças e pais negros, ataques a bomba e incêndios criminosos) visando impedir a integração escolar.

Essa violência gerou a percepção de outro tipo de retração no progresso dos negros. Pela primeira vez desde bem antes da Segunda Guerra Mundial, quando linchamentos ocorriam a uma média de 78 por ano, os negros tiveram que se preocupar com a segurança básica de suas famílias. A nova violência tampouco se limitava à questão da educação. Manifestantes pacíficos pelos direitos humanos na época eram com frequência atacados por multidões hostis – e pela polícia.

Ainda outro tipo de revés afetou a população negra em termos de progresso econômico. Em 1962, a renda de uma família retrocedera para 74% daquela de uma família branca com instrução semelhante. Segundo o argumento de Davies, o aspecto mais contundente dessa cifra de 74% não é que representava um aumento a longo prazo da prosperidade em relação ao pré-guerra, mas que representava um declínio a curto prazo em relação aos níveis elevados de meados da década de 1950. Em 1963 ocorreram as rebeliões de Birmingham e, em rápida sucessão, houve um grande número de protestos violentos, culminando nas grandes revoltas de Watts, Newark e Detroit.

De acordo com um padrão histórico claro de revolução, os negros nos Estados Unidos foram mais rebeldes quando seu progresso prolongado foi de algum modo restringido do que antes que esse progresso começasse. Esse padrão oferece uma lição valiosa para os aspirantes a governantes: quando se trata de liberdade, é mais perigoso tê-la concedido por um breve tempo do que nunca tê-la concedido. O problema de um governo que busca melhorar a situação política e econômica de um grupo tradicionalmente oprimido é que, ao fazê-lo, cria liberdades antes inexistentes. Se essas liberdades recém-criadas se tornarem menos disponíveis, o preço a pagar será terrível.

Podemos procurar nos eventos da ex-União Soviética sinais de que essa regra básica é válida em diferentes culturas. Após décadas de repressão, Mikhail Gorbachev começou a conceder à população soviética liberdades, privilégios e opções novas por meio das políticas gêmeas glasnost e perestroika. Assustados com a direção que sua nação estava tomando, um pequeno grupo de burocratas governamentais, militares e agentes da KGB articulou um golpe, colocando Gorbachev em prisão domiciliar e anunciando, em 19 de agosto de 1991, que haviam assumido o poder e passariam a restaurar a antiga ordem. A maior parte do mundo imaginou que o povo soviético, conhecido por sua conformidade à subjugação, se sujeitaria passivamente, como sempre acontecera. O editor da revista *Time*, Lance Morrow, descreveu a própria reação em termos similares: "De início o golpe parecia confirmar a norma. A notícia provocou um choque, seguido de uma sensação deprimente de resignação: claro que os russos devem reverter aos seus eus essenciais, à sua própria história. Gorbachev e glasnost eram uma aberração. Agora estamos de volta à normalidade fatal" (1991).

Mas aqueles não eram tempos normais. Em primeiro lugar, Gorbachev não governara dentro da tradição dos czares, de Stalin ou da sucessão de governantes opressivos do pós-guerra que não tinham permitido sequer um sopro de liberdade às massas. Ele lhes havia concedido certos direitos e opções. E quando essas liberdades recém-estabelecidas foram ameaçadas, o povo partiu para o ataque como um cão faria se alguém tentasse arrancar um osso suculento de sua boca. Poucas horas após o anúncio da junta, milhares de pessoas estavam nas ruas erguendo barricadas, enfrentando as tropas armadas, cercando tanques e desafiando toques de recolher. O levante foi tão rápido, maciço e unitário em sua oposição a qualquer recuo das conquistas da glasnost que, após três dias de protestos apenas, as autoridades espantadas cederam, entregando seu poder e implorando misericórdia ao presidente Gorbachev. Se fossem estudantes de história – ou de psicologia –, os conspiradores fracassados não teriam se surpreendido tanto com o maremoto de resistência popular que engoliu seu golpe. A partir da perspectiva privilegiada dessas duas disciplinas, poderiam ter aprendido uma lição imutável: liberdades, uma vez concedidas, não serão abandonadas sem resistência.

A lição se aplica à política da família tanto quanto à do país. O pai ou a mãe que concede privilégios ou impõe regras de maneira instável convida à rebelião ao involuntariamente estabelecer liberdades para a criança. Os pais que apenas de vez em quando proíbem doces entre as refeições podem criar para o filho a liberdade de dispor dessas guloseimas. A essa altura, impor a regra se torna uma questão bem mais difícil e explosiva, porque o filho não está mais sentindo apenas a falta de um direito que nunca possuiu, mas está perdendo um direito consagrado. Como vimos no caso das liberdades políticas e dos biscoitos de chocolate, as pessoas consideram uma coisa mais desejável quando ela se torna recentemente menos disponível do que quando sempre foi escassa. Não devemos nos surpreender, então, que as pesquisas mostrem que pais que impõem regras e disciplinam de modo inconstante em geral criam filhos rebeldes (Lytton, 1979; O'Leary, 1995).[6]

DEPOIMENTO DE LEITOR 7.3
De um gerente de investimentos de Nova York

Outro dia li uma matéria no *The Wall Street Journal* que ilustra o princípio da escassez e a forma como as pessoas desejam o que quer que seja retirado delas. O artigo descreveu como a Procter & Gamble realizou uma experiência no norte do estado de Nova York eliminando os cupons de desconto dos seus produtos e substituindo esses cupons por preços baixos todos os dias. Aquilo produziu uma grande revolta entre os consumidores – com boicotes, protestos e uma saraivada de queixas –, embora os dados da Procter & Gamble mostrassem que somente 2% dos antigos cupons eram usados e que, em média, durante a experiência de eliminação dos cupons, os consumidores pagavam o mesmo pelos produtos porém com menos inconveniências. De acordo com o artigo, a revolta ocorreu por causa de algo que a Procter & Gamble não reconheceu: "Os cupons, para muitas pessoas, são praticamente um direito inalienável." É incrível a força com que as pessoas reagem quando você tenta retirar coisas delas, ainda que nunca a utilizem de fato.

Nota do autor: Embora os executivos da Procter & Gamble possam ter ficado perplexos com essa reação aparentemente irracional dos consumidores, inadvertidamente contribuíram para ela. Os cupons de descontos fazem parte da cultura americana há mais de um século, e a Procter & Gamble os associava aos seus produtos havia décadas, ajudando a fazer dos cupons algo que os consumidores tinham um direito de esperar. E são sempre os direitos há muito consagrados que as pessoas lutam para preservar.

Competição por recursos escassos: fúria insensata

Voltemos ao estudo dos biscoitos para outro vislumbre de como reagimos à escassez. Já vimos pelos resultados desse estudo que os biscoitos escassos eram mais valorizados do que os abundantes, e que os recém-escasseados eram ainda mais apreciados. Permanecendo com os biscoitos recém-escasseados agora, descobrimos que alguns foram os mais valorizados de todos: aqueles que se tornaram menos disponíveis por causa de uma demanda por eles.

Lembre-se de que no experimento os participantes submetidos à nova escassez receberam um pote com 10 biscoitos, que foi depois substituído por um pote com apenas 2. Na verdade, os pesquisadores criaram essa escassez de duas formas diferentes. Certos participantes foram informados de que alguns de seus biscoitos teriam que ser fornecidos a outros avaliadores de modo a suprir a demanda do estudo. Outro conjunto de participantes foi informado de que o número de seus biscoitos precisou ser reduzido porque o pesquisador havia cometido um erro e entregado o pote errado. Os resultados mostraram que aqueles cujos biscoitos se tornaram escassos pelo processo da demanda social gostaram bem mais dos biscoitos do que aqueles cujos biscoitos se tornaram escassos por engano. De fato, os que se tornaram menos disponíveis pela demanda social foram considerados os mais desejáveis de todo o estudo.

Essa descoberta destaca a importância da competição na busca por recursos limitados. Não apenas desejamos mais o mesmo item quando escasso, como nosso desejo atinge o máximo quando estamos competindo por ele. Os publicitários muitas vezes procuram explorar essa tendência em nós. Em seus anúncios, ficamos sabendo que a "demanda popular" por um item é tamanha que precisamos "correr para comprá-lo". Vemos uma multidão comprimida nas portas de uma loja antes do início de uma liquidação. Ou um bando de mãos rapidamente esvaziar a prateleira de um produto no supermercado. Existe mais nessas imagens do que a ideia da aprovação social comum. A mensagem não é apenas a de que o produto é bom porque outras pessoas pensam assim, mas também a de que estamos em competição direta por ele com aquelas pessoas.

A sensação de estar concorrendo por recursos escassos possui propriedades motivadoras poderosas. A paixão de um namorado indiferente cresce com o surgimento de um rival. É muitas vezes por razões de estratégia, portanto, que parceiros amorosos revelam (ou inventam) as atenções de um admirador novo. Vendedores são treinados para aplicar o mesmo estratagema em clientes indecisos. Por exemplo, um corretor que está tentando vender uma casa a um cliente que não se decide poderá ligar para ele avisando que outro comprador potencial viu a casa, gostou e deverá retornar no dia seguinte para conversarem sobre as condições de pagamento. Quando totalmente inventado, o novo interessado costuma ser descrito como um forasteiro com dinheiro sobrando: "um investidor de outro estado" e "um médico e sua mulher mudando-se para a cidade" são os favoritos. A tática pode funcionar muito bem, já que a ideia de perder para um rival com frequência transforma um comprador hesitante num negociante entusiasmado.

Existe algo quase físico no desejo de possuir um item disputado. Consumidores em grandes liquidações relatam que são emocionalmente dominados pelo evento. Em meio à empolgação dos concorrentes, lutam para conseguir mercadorias que em outras situações desdenhariam. Esse comportamento lembra o fenômeno do "frenesi alimentar" entre grupos de animais. Os pescadores comerciais exploram esse fenômeno lançando uma quantidade de iscas soltas para grandes cardumes de certos peixes. Logo a água pulula com barbatanas se agitando e bocas mordendo na competição pela comida. Nesse ponto, os pescadores poupam tempo e dinheiro lançando linhas sem iscas na água, já que os peixes desvairados morderão ferozmente qualquer coisa, incluindo anzóis de metal vazios.

Existe um paralelo visível entre as formas como pescadores comerciais e lojas de departamentos geram uma fúria competitiva entre aqueles que desejam capturar. Para atrair e estimular a presa, os pescadores espalham algumas iscas soltas. Com propósitos semelhantes, lojas de departamentos em liquidação oferecem alguns produtos pelo preço de custo ou abaixo dele. Se qualquer dessas duas iscas cumpriu seu objetivo, um grupo ávido se forma para arrebatá-la. Logo, no afã de conseguir a oferta, o grupo fica agitado pela natureza antagônica da situação. Tanto os seres humanos quanto os peixes perdem a perspectiva do que desejam e começam a lutar por qualquer coisa que esteja sendo disputada. Será que o atum saltando no convés com apenas um anzol vazio na boca compartilha a mesma perplexidade do comprador que chega em casa com uma pilha de tralhas da loja de departamentos?

Se você acredita que a febre da concorrência por recursos limitados ocorre somente em formas de vida pouco sofisticadas, como atuns e consumidores de liquidações, deve examinar a história por trás de uma decisão de compra notável tomada em 1973 por Barry Diller, na época executivo de programação do horário nobre da ABC e que depois dirigiu a Paramount Pictures e a Fox Television Network. Ele concordou em pagar 3,3 milhões de dólares por uma única transmissão na TV do filme *O destino do Poseidon*. A cifra é notável por exceder de longe o maior preço pago até então por uma exibição individual de um filme: 2 milhões de dólares por *Patton*. De fato, o pagamento foi tão excessivo que a ABC calculou que perderia 1 milhão de dólares com a transmissão do filme. Como um executivo de programas especiais da NBC declarou na época: "Não há como obterem seu dinheiro de volta, não há mesmo."

Por que um homem de negócios astuto e experiente como Diller fecha um negócio que produziria um prejuízo esperado de 1 milhão de dólares? A resposta pode estar num segundo aspecto valioso da venda: aquela foi a primeira vez que um filme de cinema tinha sido oferecido às emissoras num leilão aberto. Nunca antes as três principais redes de TV americanas haviam sido forçadas a batalhar por um recurso escasso daquele modo. A ideia nova de um leilão competitivo foi do produtor do filme, Irwin Allen, e do vice-presidente da 20th Century-Fox, William Self, que devem ter se empolgado com o resultado. Como podemos ter certeza de que foi o formato de leilão que gerou o preço de venda espetacular, e não o sucesso arrasador do próprio filme?

Alguns comentários dos participantes do leilão oferecem sinais impressionantes. Primeiro veio uma declaração do vencedor, Barry Diller, visando fixar uma política futura para sua rede. Numa linguagem que só pode ter escapado de alguém arrependido, ele disse: "A ABC decidiu como política futura nunca mais participar de um leilão." Ainda mais instrutivas são as declarações do rival de Diller,

Robert Wood, na época presidente da CBS, que por um triz não perdeu a cabeça e ofereceu um lance maior que seus concorrentes da ABC e da NBC:

> *Fomos bem racionais no início. Avaliamos quanto valia o filme, em termos do que poderia trazer para nós, e depois admitimos certo valor adicional pela utilização.*
>
> *Mas quando os lances começaram, a ABC abriu com 2 milhões de dólares. Eu contra-ataquei com 2,4 milhões e a ABC subiu para 2,8. E fomos dominados por uma febre. Como um sujeito que perdeu a cabeça, continuei dando lances. Finalmente, atingi 3,2 milhões de dólares. Chegou um momento em que eu disse para mim mesmo: "Caramba, se eu conseguir o filme, que diabo farei com ele?" Quando a ABC enfim me superou, minha sensação principal foi de alívio.*
>
> *Acho que aprendi uma lição* (MacKenzie, 1974, p. 4).

De acordo com o entrevistador Bob MacKenzie, quando Wood disse "Acho que aprendi uma lição" estava sorrindo. Podemos ter certeza de que, quando Diller da ABC jurou "nunca mais participar de um leilão", ele não estava. Ambos os homens haviam aprendido com o leilão do *Poseidon*. A razão por que os dois não puderam sorrir foi que, para um, houve uma sobretaxa inesperada de 1 milhão de dólares.

Também existe uma lição valiosa, mas bem menos dispendiosa, para nós aqui. É interessante observar que o homem sorridente foi aquele que *perdeu* o prêmio tão cobiçado. Em geral, quando a poeira assenta e encontramos perdedores parecendo e falando como vencedores (e vice-versa), devemos ficar especialmente desconfiados das condições que levantaram a poeira – neste caso, a competição aberta por um recurso escasso. Como os executivos da TV aprenderam, é aconselhável que se tenha extremo cuidado sempre que deparamos com a combinação diabólica de escassez com rivalidade.

SERÁ QUE O TERNO VALE TUDO ISSO?

Para o espanto de todos os envolvidos, um terno usado por John Travolta no filme *Embalos de sábado à noite* foi recentemente vendido por 145 mil dólares. Talvez possamos ajudar a explicar o preço astronômico observando dois aspectos da venda. Primeiro, trata-se de um terno especial, único. Segundo, foi comprado num leilão, onde dois compradores se envolveram numa espiral de lances competitivos. Quando indagado mais tarde se achava que a cifra final havia sido excessiva, o leiloeiro observou: "Certamente foi um recorde para uma peça de poliéster."

DEFESA

É fácil se sentir devidamente alertado contra as pressões da escassez, mas é bem mais difícil reagir ao alerta. Parte do problema é que nossa reação típica à escassez bloqueia nossa capacidade de pensar. Quando vemos algo desejado se tornando menos disponível, uma agitação física nos domina. Em especial nos casos envolvendo a competição direta, o sangue sobe à cabeça, o foco se estreita e as emoções aumentam (Teuscher, 2005). À medida que essa corrente visceral avança, o lado cognitivo, racional, recua. No frenesi da excitação, é difícil manter uma abordagem calma e ponderada. Como comentou o presidente da CBS na esteira de sua aventura com o *Poseidon*, "você é envolvido pela loucura da coisa toda. A lógica voa pela janela" (MacKenzie, 1974).

Eis portanto o nosso dilema: conhecer as causas e o funcionamento das pressões da escassez pode não ser suficiente para nos proteger delas, porque conhecer é um ato cognitivo, e os processos cognitivos são suprimidos por nossas reações emocionais às pressões da escassez. De fato, essa pode ser a razão da grande eficácia das táticas da escassez. Quando apropriadamente empregadas, nossa primeira linha de defesa contra o comportamento insensato – uma análise ponderada da situação – torna-se bem menos provável.

Se, por conta da inquietação que ofusca o cérebro, não podemos contar com nosso conhecimento sobre o princípio da escassez para estimular um comportamento adequadamente cauteloso, o que podemos usar? Talvez, no estilo elegante do jiu-jítsu, possamos empregar a própria empolgação como nossa principal deixa. Desse modo, transformamos a força do inimigo em nossa vantagem. Em vez de dependermos de uma análise cognitiva cuidadosa da situação como um todo, iremos nos sintonizar apenas com a sensação visceral interna como nosso alerta. Ao aprendermos a reconhecer o aumento da excitação numa situação de persuasão, seremos capazes de nos precaver contra o uso das táticas da escassez.

Vamos supor, porém, que consigamos esse artifício de usar a onda crescente de agitação como um sinal para nos acalmarmos e procedermos com cuidado. E depois? Existe alguma outra informação disponível para nos ajudar a tomar a decisão certa em face da escassez? Afinal, o mero reconhecimento de que devemos proceder com cautela não informa em qual direção seguir; apenas fornece o contexto necessário para uma escolha criteriosa.

Felizmente existe uma informação disponível em que podemos basear decisões ponderadas sobre itens escassos. Ela advém, de novo, do estudo dos biscoitos de chocolate, em que os pesquisadores descobriram algo estranho mas verdadeiro sobre a escassez: embora os biscoitos escassos fossem considerados bem mais desejáveis, não foram considerados mais gostosos do que os biscoitos abundantes. Assim, apesar do desejo maior causado pela escassez (os avaliadores disseram que desejariam mais daqueles biscoitos escassos no futuro e que pagariam um preço maior por eles), isso não fez os biscoitos parecerem mais gostosos. Aí reside uma descoberta importante. A alegria não está em experimentar uma mercadoria escassa, mas em possuí-la. É importante não confundir as duas coisas.

Sempre que identificamos pressões de escassez cercando determinado item, precisamos também nos perguntar o que queremos dele. Se a resposta for que queremos o objeto pelo benefício social, econômico ou psicológico de possuir algo raro, tudo bem. As pressões da escassez nos darão uma boa indicação de quanto gostaríamos de pagar por ele – quanto menos disponível, mais valioso será para nós. Mas com frequência não queremos uma coisa pelo simples prazer de possuí-la. Nós a queremos, isso sim, por seu valor utilitário. Queremos comê-la, bebê-la, tocá-la, ouvi-la, dirigi-la ou usá-la de alguma forma. Nesses casos é vital lembrar que coisas escassas não têm gosto melhor, não dão uma sensação melhor, não soam melhor, não são melhores de dirigir ou usar *por causa* de sua disponibilidade limitada.

Embora esse seja um fato simples, pode nos passar despercebido quando experimentamos a atração maior que os itens escassos naturalmente possuem. Vou citar um exemplo de família. Meu irmão Richard se sustentou no período da faculdade empregando um artifício de persuasão que explorou à perfeição em cima da tendência de certas pessoas de não perceberem essa diferenciação. Sua tática foi tão eficaz nesse aspecto que ele só precisou trabalhar umas poucas horas nos fins de semana para obter seu dinheiro, deixando o resto do tempo livre para os estudos.

Richard vendia carros, mas não numa concessionária ou num feirão. Ele comprava carros usados vendidos por particulares em anúncios de jornal num fim de semana e, sem acrescentar nada além de sabão e água, vendia-os com um bom lucro pelo jornal no fim de semana seguinte. Para isso, precisava saber três coisas. Primeira, precisava entender o bastante de carros para comprar aqueles oferecidos por sua cotação mínima mas que pudessem ser legitimamente revendidos por um preço maior. Segunda, uma vez adquirido o carro, precisava saber como redigir um anúncio de jornal que estimulasse o interesse dos compradores. Terceira, com um comprador à sua frente, precisava saber como usar o princípio da escassez para gerar mais desejo pelo carro do que este talvez merecesse. Richard sabia como fazer essas três coisas. Para nossos propósitos, porém, vamos examinar sua habilidade neste terceiro quesito.

Para um carro comprado no fim de semana anterior, ele colocava um anúncio no jornal de domingo. Como sabia redigir um bom anúncio, costumava receber uma série de ligações de compradores potenciais já na manhã de domingo. Para cada possível cliente interessado em ver o carro, marcava um horário de visita – *o mesmo horário para todos*. Assim, se seis pessoas estivessem interessadas, seriam convidadas a aparecer, digamos, às duas da tarde. Esse pequeno artifício do horário simultâneo abria caminho para a persuasão posterior, porque criava uma atmosfera de concorrência por um recurso limitado.

Em geral, o primeiro interessado a chegar começava a examinar o carro exibindo o comportamento normal numa compra de carro, como observar eventuais manchas ou defeitos e perguntar se o preço era negociável. No entanto, a psicologia da situação mudava radicalmente quando o segundo comprador aparecia. A disponibilidade do carro para ambos os interessados de repente se tornava limitada pela presença do outro. Com frequência, o primeiro a chegar, atiçando sem saber a sensação de rivalidade, afirmava seu direito à preferência. "Alto lá, eu cheguei aqui primeiro." Se não reivindicasse esse direito, Richard o fazia por ele. Abordando o segundo comprador, dizia: "Me desculpe, mas este outro interessado chegou aqui antes de você. Pode aguardar uns minutos do outro lado da entrada até que ele termine de examinar o carro? Aí, caso ele decida que não quer ou esteja ainda indeciso, irei mostrá-lo a você."

Richard conta que conseguia observar a agitação crescendo no rosto do primeiro comprador potencial. Sua avaliação descansada dos prós e contras do carro era subitamente transformada numa corrida, do tipo agora ou nunca, para tomar uma decisão sobre um recurso disputado. Caso não se decidisse pelo carro nos próximos minutos – ao preço pedido por Richard –, poderia perdê-lo em definitivo para aquele intruso espreitando por perto. O segundo comprador ficava igualmente agitado com a combinação de rivalidade e disponibilidade limitada. Andava para lá e para cá perto deles, tenso por alcançar aquele monte de metal que de repente pareceu mais desejável. Se o primeiro cliente não comprasse o carro ou não decidisse com rapidez suficiente, o cliente número dois estaria pronto para atacar.

Se apenas aquelas condições não fossem suficientes para assegurar de imediato uma decisão de compra favorável, a armadilha se fechava assim que o terceiro cliente das duas da tarde entrasse em cena. De acordo com Richard, o aumento da concorrência costumava ser demais para o primeiro cliente. Ele acabava depressa com a pressão, concordando com o preço de Richard ou partindo abruptamente. Neste caso, o segundo a chegar aproveitava a chance de comprar alimentado por uma sensação de alívio associada a uma nova sensação de rivalidade com aquele outro intruso.

Todos os compradores que contribuíram para a formação universitária do meu irmão não reconheceram um fato fundamental em suas compras: o desejo maior que os incitou a comprar pouco teve a ver com os méritos do carro. A falha em reconhecer isso ocorreu por dois motivos. Primeiro, a situação tramada por Richard produziu uma reação emocional que tornou difícil que pensassem de forma objetiva. Segundo, como consequência, eles não pararam para pensar que o motivo de quererem o carro era dirigi-lo, não simplesmente possuí-lo. As pressões da competição por um recurso escasso aplicadas por Richard afetaram apenas o desejo de ter o carro no sentido de possuí-lo, mas não determinaram o valor do carro em termos do verdadeiro objetivo pelo qual o desejavam.

DEPOIMENTO DE LEITOR 7.4
De uma mulher da Polônia

Algumas semanas atrás fui vítima das técnicas sobre as quais você escreve. Fiquei bem chocada, porque não sou fácil de ser convencida e tinha acabado de ler seu livro, de modo que estava atenta a essas estratégias.

Houve uma pequena degustação no supermercado. Uma moça simpática me ofereceu um copo de uma bebida; eu provei e não estava ruim. Ela me perguntou se eu havia gostado. Depois de responder que sim, propôs que eu comprasse quatro latas da bebida (o princípio da coerência – gostei, logo devo comprar – e a regra da reciprocidade – ela primeiro me deu algo grátis). Mas não fui tão ingênua e me recusei. A mulher, porém, não desistiu. Ela disse: "Que tal só uma lata?" (usando a tática da rejeição seguida de recuo). Mas tampouco cedi.

Ela então disse que a bebida era importada e não estaria disponível depois. A regra da escassez funcionou e comprei uma lata. Quando bebi aquilo em casa, o sabor ainda era satisfatório, mas nada de mais. Felizmente, a maioria dos vendedores não é tão paciente e persistente assim.

Nota do autor: Mesmo conhecendo o princípio da escassez, esta leitora foi levada a comprar algo que não queria. Para ter se armado melhor contra ele, deveria ter se lembrado de que, à semelhança dos biscoitos escassos, a bebida escassa não era mais gostosa.

Caso venhamos a ser assediados por pressões de escassez numa situação de persuasão, nossa melhor reação ocorreria numa sequência de dois estágios. Assim que sentirmos a onda de excitação emocional fluir por causa das influências da escassez, deveremos encarar essa sensação como um sinal para parar. Reações febris de pânico não promovem decisões sábias. Precisamos nos acalmar e recuperar uma perspectiva racional. Feito isso, poderemos passar para o segundo estágio, perguntando a nós mesmos por que queremos o item em questão. Se a resposta for que o queremos basicamente com o propósito de possuí-lo, sua disponibilidade deverá nos ajudar a calcular quanto gostaríamos de gastar nele. Porém, se a resposta for por sua função (ou seja, queremos algo bom de dirigir, beber ou comer), será importante lembrar que o item funcionará igualmente bem caso seja escasso ou abundante. Resumindo, deveremos recordar que os biscoitos escassos não eram mais gostosos.

RESUMO

- De acordo com o princípio da escassez, as pessoas atribuem mais valor a oportunidades quando estas estão menos disponíveis. O uso desse princípio para o lucro pode ser visto em técnicas de persuasão como as táticas da "quantidade limitada" e do "prazo", nas quais tentam nos convencer de que o acesso ao que oferecem é restrito pela quantidade ou pelo tempo.

- O princípio da escassez é válido por dois motivos. Primeiro, como coisas difíceis de obter costumam ser mais valiosas, a disponibilidade de algo pode servir como uma pista simples de sua qualidade. Segundo, à medida que as coisas se tornam menos acessíveis, perdemos liberdades. De acordo com a teoria da reatância psicológica, nossa reação é querer, mais do que antes, essas liberdades, juntamente com os bens e serviços associados.

- Como um motivador, a reatância psicológica está presente durante boa parte da vida. Porém é mais evidente em duas fases: "os terríveis 2 anos" e o período da adolescência. Essas duas fases se caracterizam por uma sensação emergente de individualidade, que intensifica questões como controle, direitos e liberdade. Portanto, os indivíduos nessas idades são especialmente sensíveis às restrições.
- Além de seu efeito sobre a avaliação de mercadorias, o princípio da escassez também se aplica ao modo como as informações são avaliadas. Pesquisas indicam que o ato de limitar o acesso a uma mensagem aumenta o desejo dos indivíduos de recebê-la e os torna mais favoráveis a ela. Essa descoberta – de que informações limitadas são mais persuasivas – parece a mais surpreendente. No caso da censura, esse efeito ocorre mesmo quando a mensagem não foi recebida. Quando uma mensagem é recebida, será mais eficaz se for percebida como informação privilegiada.
- O princípio da escassez é mais eficaz sob duas condições otimizadoras. Primeira, itens escassos aumentam de valor se recém-escasseados. Ou seja, valorizamos as coisas que se tornaram recentemente limitadas mais do que aquelas que sempre foram limitadas. Segunda, somos mais atraídos por recursos escassos quando competimos por eles com outros.
- É difícil nos proteger cognitivamente contra as pressões da escassez por conta do seu poder de despertar emoções que dificultam o pensamento racional. Como defesa, podemos tentar ficar alertas para um frenesi de excitação em situações envolvendo a escassez. Uma vez alertados, seremos capazes de tomar medidas para acalmar a empolgação e avaliar os méritos da oportunidade perguntando-nos por que a queremos tanto.

PERGUNTAS DE ESTUDO

Domínio do conteúdo

1. Qual é a relação entre o princípio da escassez e a teoria de Brehm da reatância psicológica?
2. O que torna "os terríveis 2 anos" e a fase de adolescência especialmente suscetíveis aos efeitos da reatância?

3. Como a ciência social moderna poderia explicar as mortes dos personagens Romeu e Julieta, de Shakespeare?
4. Quais são as reações normais de um público a informações proibidas?
5. O que o estudo dos biscoitos de Worchel, Lee e Adewole (1975) indica sobre as circunstâncias que maximizam os efeitos do princípio da escassez?

Pensamento crítico

1. Como metal, a prata sempre foi útil e rara. A qual dessas duas qualidades você acha que Xenofonte – discípulo de Sócrates – estava se referindo (em 355 a.C.) quando escreveu: "Ninguém jamais possuiu tanta prata a ponto de não querer mais. Se um homem se vê com uma enorme quantidade dela, encontra tanto prazer em enterrar o excedente quanto em usá-lo"?
2. O poeta Ovídio disse: "As coisas fáceis ninguém quer, mas o que é proibido é tentador." Explique seu sentido em termos psicológicos.
3. Recorde a abordagem de meu irmão, Richard, à venda de carros usados. Ele nunca mentiu para ninguém, mas alguns de seus amigos questionaram sua ética. A técnica dele era eticamente aceitável ou condenável? Por quê?
4. Por mais de uma década, a mensagem da campanha publicitária dos cigarros Virginia Slims foi que as mulheres modernas "percorreram um longo caminho" desde os velhos tempos, em que as normas sociais exigiam que fossem submissas. Dava a entender que uma mulher não deveria mais se sentir oprimida pelas limitações à sua independência. Usando seu conhecimento da reatância psicológica explique por que, durante a longa vigência dessa campanha, a porcentagem de fumantes aumentou apenas entre as mulheres adolescentes.

8
INFLUÊNCIA INSTANTÂNEA

Consentimento primitivo para uma era automática

Todo dia, de todas as maneiras, estou ficando melhor.
— Émile Coué

Todo dia, de todas as maneiras, estou ficando mais ocupado.
— Robert Cialdini

Na década de 1960, um homem chamado Joe Pyne apresentava um programa de entrevistas na TV bastante famoso. O que tornava o programa original era o estilo cáustico e confrontador de Pyne com seus convidados – na maioria apresentadores ávidos por exposição, candidatos a celebridade e representantes de organizações políticas e sociais marginais. A abordagem áspera de Pyne procurava incitar seus convidados a discussões, levá-los a admissões embaraçosas e quase sempre fazê-los de bobos. Não era incomum ele introduzir um visitante e de cara atacar suas crenças, seu talento ou sua aparência. Algumas pessoas afirmavam que seu estilo pessoal ácido havia sido parcialmente causado pela amputação de uma perna, que o deixou desgostoso com a vida. Outros diziam que ele era agressivo por natureza.

Uma noite, o roqueiro Frank Zappa foi convidado ao programa. Naquela época da década de 1960, cabelos muito longos nos homens ainda eram incomuns e polêmicos. Assim que Zappa foi apresentado e se sentou, o seguinte diálogo ocorreu:

Pyne: *Esses seus cabelos compridos fazem você parecer uma moça.*
Zappa: *Essa sua perna de madeira faz você parecer uma mesa.*

AUTOMATICIDADE PRIMITIVA

Além de conter o que talvez seja meu improviso favorito, o diálogo entre Pyne e Zappa ilustra um tema fundamental deste livro: é comum tomarmos uma decisão sobre alguém ou algo sem empregarmos todas as informações disponíveis. Em vez disso, usamos apenas uma parte bastante representativa do total. Uma informação isolada, ainda que em geral nos aconselhe corretamente, pode nos levar a erros crassos – erros que, quando explorados por pessoas espertas, fazem com que pareçamos tolos ou coisa pior.

Ao mesmo tempo, um tema complicador análogo está presente aqui: embora depender de um só aspecto dos dados disponíveis nos deixe suscetíveis a decisões equivocadas, o ritmo da vida moderna exige que usemos com frequência esse atalho.

No início do Capítulo 1 comparamos esse atalho à reação automática dos animais inferiores, cujos elaborados padrões de comportamento podiam ser desencadeados pela presença de um estímulo isolado – um piar, penas do peito de tom vermelho ou sequências específicas de luzes piscando. A razão por que esses animais inferiores precisam muitas vezes confiar nesses estímulos solitários de seu ambiente é sua capacidade mental limitada. Seus cérebros pequenos não conseguem registrar e processar todas as informações relevantes em seu meio. Assim, essas espécies desenvolveram sensibilidades especiais a certos aspectos das informações que normalmente são suficientes para provocar uma resposta correta. Sempre que uma perua mãe ouve o piar de seus filhotes, *clique*, *zum*, o comportamento materno apropriado é desencadeado de uma forma mecânica, preservando grande parte de seu poder cerebral limitado para lidar com as outras situações e escolhas do dia a dia.

Claro que nós temos mecanismos cerebrais bem mais eficazes do que as peruas mães ou qualquer outro grupo de animais. Somos insuperáveis na capacidade de levar em conta uma enormidade de fatos relevantes e, portanto, tomar boas decisões. Essa vantagem em relação às outras espécies no processamento de informações contribuiu para nos tornarmos a forma de vida dominante no planeta.

Mesmo assim, temos também nossas limitações de capacidade e, visando à eficiência, às vezes precisamos abrir mão de um tipo de tomada de decisões demorado, sofisticado e plenamente informado, trocando-o por uma resposta mais automática, primitiva e baseada em apenas um quesito. Por exemplo, ao decidirmos se dizemos "sim" ou "não" a um solicitante, com frequência prestamos atenção a uma única informação pertinente à situação.

Nos capítulos anteriores, exploramos as informações únicas que mais usamos para tomar nossas decisões de consentimento. Elas são os recursos mais populares justamente porque são os mais confiáveis, aqueles que em geral apontam para a escolha correta. Por isso empregamos os fatores da reciprocidade, da coerência, da aprovação social, da afeição, da autoridade e da escassez de forma tão frequente e automática. Cada um desses fatores, por si só, fornece uma pista confiável de quando será melhor dizer "sim" em vez de "não".

Tendemos a recorrer a essas pistas solitárias quando não temos a inclinação, o tempo, a energia ou os recursos cognitivos necessários para realizar uma análise completa da situação. Quando estamos apressados, estressados, incertos, indiferentes, confusos ou cansados, costumamos enfocar uma fração das informações disponíveis para nós. Ao tomarmos decisões sob essas circunstâncias, com frequência regrediremos à abordagem um tanto primitiva, mas necessária, de levar em conta um só bom sinal.[1] Tudo isso leva a uma constatação desalentadora: com o sofisticado aparato mental que utilizamos para dominar o mundo como espécie, criamos um ambiente tão complexo, dinâmico e cheio de informações que, cada vez mais, precisamos lidar com ele à maneira dos animais, que há tanto tempo superamos.

Às vezes, as consequências podem ser catastróficas, como no caso da investida desastrosa do FBI à sede da Igreja do Ramo Davidiano em Waco, Texas, no ano de 1993. De acordo com uma análise de consultores do Departamento de Justiça americano, durante o cerco de 51 dias do FBI ao complexo do Ramo Davidiano, a agência coletou tantos dados que precisou ignorar a maioria deles. O professor Robert Louden, um dos consultores do Departamento de Justiça na época, declarou o seguinte: "O FBI tinha tamanha sobrecarga de informações [...] que simplesmente recaiu nas práticas do passado – e, como não tinha nenhuma experiência com religião, tratou aquilo como uma barricada comum" ("Overload of Advice", 1993). O resultado terrível foi que, quando o FBI enfim atacou, mais de 80 membros da seita morreram num ato de autoimolação alimentado pela fé e pelo medo.

AUTOMATICIDADE MODERNA

John Stuart Mill, o economista, filósofo da ciência e pensador político britânico, morreu há mais de 135 anos. O ano de sua morte (1873) é importante porque Mill é considerado o último homem a ter todo o conhecimento do mundo. Atualmente, a ideia de que um de nós possa dominar todos os fatos conhecidos é absurda. Após séculos de lento acúmulo, o conhecimento humano entrou numa era de expansão monstruosa, multiplicativa e dinâmica, como uma bola de neve. Vivemos agora num mundo em que a maioria das informações tem menos de 15 anos. Em certos campos da ciência (na física, por exemplo), diz-se que os conhecimentos dobram a cada oito anos. A explosão de dados científicos não se limita a áreas herméticas como a química molecular ou a física quântica, mas se estende a ramos do conhecimento diário em que procuramos nos manter atualizados: saúde, educação dos filhos, nutrição. Além disso, esse desenvolvimento rápido tende a continuar, já que os pesquisadores estão divulgando periodicamente suas descobertas em cerca de 400 mil revistas científicas no mundo inteiro.

Sem contar o avanço vertiginoso da ciência, as coisas estão mudando rapidamente mais perto de casa. De acordo com pesquisas anuais da Gallup, os assuntos considerados mais importantes nas políticas públicas estão se tornando mais variados e estão sobrevivendo por menos tempo. Além disso, viajamos mais e com mais rapidez; mudamos com mais frequência para residências novas, que são construídas e demolidas em menos tempo; conhecemos mais pessoas e temos relacionamentos mais curtos com elas; nos supermercados, nos shopping centers, etc., deparamos com uma variedade de opções de estilos e produtos que eram desconhecidas no ano passado e talvez estejam obsoletas ou esquecidas ano que vem. Novidade, transitoriedade, diversidade e aceleração são reconhecidos como termos-chave para descrever a vida civilizada.

Essa avalanche de informações e escolhas é possibilitada pelo crescente desenvolvimento tecnológico. Na linha de frente estão avanços em nossa capacidade de coletar, armazenar, recuperar e comunicar informações. De início, os frutos dessa modernização eram limitados às grandes organizações – órgãos governamentais ou corporações poderosas. Com novos progressos nas telecomunicações e na tecnologia de computadores, o acesso a essa quantidade impressionante de informações está chegando ao alcance dos indivíduos. Amplos sistemas a cabo e por satélite fornecem um caminho para esses dados chegarem a quase todos os lares.

O outro grande caminho é o computador pessoal. Em 1972, Norman Macrae, um editor da *The Economist*, especulou profeticamente sobre uma época no futuro:

> *A perspectiva é, afinal, que adentraremos uma era em que qualquer pessoa comum sentada ao terminal de computador no laboratório, no escritório, na biblioteca pública ou em casa poderá mergulhar em montanhas inimaginavelmente grandes de informações, em bancos de dados descomunais, com poderes mecânicos de concentração e cálculo, que serão dezenas de milhares de vezes maiores do que tudo que já esteve disponível ao cérebro humano até de um Einstein* (Macrae, 1972).

Apenas uma década depois, em 1982, a revista *Time* sinalizou que a era futura de Macrae havia chegado elegendo uma máquina, o computador pessoal, como seu Homem do Ano. Os editores da *Time* defenderam sua escolha citando a corrida dos consumidores para comprar microcomputadores e argumentando que "os Estados Unidos [e], numa perspectiva maior, o mundo inteiro nunca mais serão os mesmos". A visão de Macrae está atualmente se concretizando. Milhões de "pessoas comuns" estão sentadas diante de computadores com o potencial de apresentar e analisar dados suficientes para soterrar um Einstein.

Visionários contemporâneos – como Bill Gates, presidente da Microsoft – concordam com Macrae ao afirmarem que estamos criando uma série de dispositivos capazes de fornecer um universo de informações "a qualquer um, em qualquer lugar, a qualquer hora" (Davidson, 1999). Mas observe algo revelador: nossa era moderna, muitas vezes denominada Era da Informação, nunca foi chamada de Era do Conhecimento. Informação não se transforma diretamente em conhecimento. Precisa primeiro ser processada: acessada, absorvida, compreendida, integrada e retida.

ATALHOS SERÃO SAGRADOS

Como a tecnologia consegue evoluir bem mais rápido do que nós, nossa capacidade natural de processar informações será cada vez mais inadequada para enfrentar a abundância de mudanças, escolhas e desafios típica da vida moderna. Com frequência sempre maior, nos veremos na posição de animais inferiores – com um aparato mental não equipado para lidar de maneira profunda com a complexidade e a riqueza do ambiente externo. Diferentemente desses animais, cujos poderes cognitivos sempre foram deficientes em comparação, criamos nossa própria deficiência desenvolvendo um mundo radicalmente mais complexo. A consequência de nossa nova deficiência é a mesma da velha deficiência dos animais: ao tomarmos uma decisão, cada vez menos nos engajaremos numa análise detalhada da situação total. Em resposta a essa "paralisia da análise", iremos retroceder mais e mais para focar num aspecto único, em geral confiável, da situação.[2]

Quando esses aspectos únicos são confiáveis, não há nada de intrinsecamente errado na abordagem de atalho da atenção limitada e reação automática a uma informação específica. O problema surge quando algo faz com que as pistas normalmente confiáveis nos aconselhem de maneira inadequada, levando-nos a ações errôneas e decisões equivocadas. Como vimos, uma dessas causas é o ardil de certos profissionais da persuasão, que procuram tirar vantagem da natureza maquinal e automática da reação de atalho. Se, ao que parece, a frequência da reação de atalho está aumentando com o ritmo e a forma da vida moderna, podemos ter certeza de que a frequência desse ardil está destinada a aumentar também.

Como nos defender do ataque intensificado ao nosso sistema de atalhos? Mais do que a ação evasiva, aconselho o contra-ataque contundente. Porém existe uma ressalva importante. Os profissionais da persuasão que exploram honestamente as regras da reação de atalho não devem ser considerados inimigos. Pelo contrário, são nossos aliados num processo eficiente e adaptativo de troca. Os alvos apropriados para a contra-agressão são apenas aqueles indivíduos que falsificam, deturpam ou distorcem as pistas que costumam provocar nossas reações de atalho.

Tomemos um exemplo do que talvez seja nosso atalho mais frequente. De acordo com o princípio da aprovação social, muitas vezes decidimos fazer o que outras pessoas como nós estão fazendo. Isso faz todo o sentido, já que, quase sempre, uma ação que é popular numa dada situação também é funcional e apropriada. Desse modo, um publicitário que, sem usar estatísticas enganosas, informa que uma marca de pasta de dentes é a que mais vende nos ofereceu dados valiosos sobre a qualidade do produto e as chances de gostarmos dele. Quando estamos no mercado em busca de uma boa pasta de dentes, talvez seja interessante nos basear nessa informação isolada, a popularidade, para decidir testá-la. Essa estratégia provavelmente nos conduzirá na direção certa, dificilmente nos conduzirá numa direção 100% errada e poupará nossas energias cognitivas para lidarmos com o resto de nosso ambiente cada vez mais cheio de informações e sobrecarregado de decisões. O publicitário que nos permite usar essa estratégia eficiente não é nosso antagonista, mas nosso parceiro colaborador.

A história se torna bem diferente, porém, quando um profissional da persuasão tenta estimular uma reação de atalho oferecendo-nos um sinal falso. O inimigo é um publicitário que tentar criar uma imagem de popularidade para uma marca de pasta de dentes desenvolvendo, digamos, uma série de comerciais de "entrevistas espontâneas" em que atores, se passando por cidadãos comuns, elogiam o produto. Quando o sinal de popularidade é forjado, nós, o princípio da aprovação social e nossa reação de atalho estamos sendo explorados.

Num capítulo anterior, recomendei que não se comprasse nenhum produto apresentado num anúncio de "entrevista espontânea" forjada e insisti que enviássemos aos fabricantes do produto cartas detalhando o motivo para isso e sugerindo que rompam com a agência publicitária. Também recomendei estender essa posição agressiva a qualquer situação em que um profissional da persuasão abuse do princípio da aprovação social (ou de qualquer outra arma de influência) dessa maneira. Deveríamos nos recusar a assistir a programas de TV que recorrem ao riso enlatado. Se vemos um barman começar o turno adulterando a caixinha de gorjetas com uma ou duas notas de seu próprio bolso, ele não merece nossa gorjeta. Se, após esperarmos numa fila na porta de uma casa noturna, descobrimos pelo espaço disponível que a espera visava transmitir às pessoas do lado de fora a falsa impressão de popularidade do local, devemos ir imediatamente embora e anunciar nosso motivo aos que aguardam na fila. Em suma, devemos estar dispostos a lançar mão do boicote, da ameaça, do confronto, da crítica, do sermão, de quase tudo, para retaliar.

Não me considero combativo por natureza, mas defendo ativamente essas ações beligerantes porque, de certo modo, estou em guerra com os exploradores. Todos nós estamos. É importante reconhecer, porém, que sua busca do lucro não é motivo para hostilidades. Essa busca, afinal, é algo que todos compartilhamos em certo grau. A verdadeira traição, e o que não podemos tolerar, é qualquer tentativa de obterem lucro de uma maneira que ameaça a confiabilidade de nossos atalhos.

A agitação da vida diária moderna exige que tenhamos atalhos confiáveis, regras práticas seguras para lidar com ela. Essas coisas não são mais luxos: são necessidades que devem se tornar cada vez mais vitais à medida que o ritmo se acelera. É por isso que deveríamos retaliar sempre que vemos alguém traindo uma de nossas regras práticas em busca de lucro. Queremos que essa regra seja o mais eficaz possível. À medida que sua adequabilidade é sabotada com regularidade pelos ardis de um aproveitador, naturalmente a usaremos menos e seremos menos capazes de enfrentar com eficiência a carga de decisões de nossa época. Não podemos tolerar isso sem uma briga. O que está em jogo é importante demais.

RESUMO

- Graças a avanços tecnológicos notáveis, as informações estão se multiplicando, escolhas e alternativas estão se expandindo, os conhecimentos estão explodindo. Nessa avalanche de mudança e escolhas, tivemos que nos ajustar. Um ajuste fundamental afetou o modo como decidimos. Embora todos queiramos tomar a decisão mais ponderada e refletida possível em qualquer situação, a mutabilidade e o ritmo acelerado da vida moderna com frequência nos privam das condições apropriadas para uma análise cuidadosa de todos os prós e contras. Cada vez mais somos forçados a recorrer a outra abordagem de tomada de decisões – uma abordagem de atalho em que a decisão de consentir (ou concordar, ou acreditar, ou comprar) é tomada com base numa única informação geralmente confiável. Os mais populares desses ativadores únicos da anuência são aqueles descritos neste livro. São compromissos, oportunidades de reciprocidade, o comportamento complacente de pessoas semelhantes, sentimentos de afeição ou amizade, ordens de autoridades e a escassez de informações.
- Por causa da crescente sobrecarga cognitiva em nossa sociedade, a predominância da tomada de decisões por atalhos tende a aumentar de maneira proporcional. Os profissionais da persuasão que impregnam seus pedidos com algum desencadeador da influência têm mais chances de sucesso. Seu uso pelos profissionais não é necessariamente exploratório. Ele só se torna exploratório quando o desencadeador não é um aspecto natural da situação, mas algo forjado. Para conservar o caráter benéfico da reação de atalho, é importante se opor a essa falsificação.

PERGUNTAS DE ESTUDO

Pensamento crítico

1. Escolha três das armas de influência descritas neste livro. Discuta como cada arma poderia ser usada para aumentar o consentimento de forma exploratória e de forma não exploratória.
2. Para cada uma dessas três armas de influência, descreva como você se defenderia caso a arma fosse usada contra você de forma exploratória.
3. Descreva as três lições mais importantes que aprendeu neste livro.

As notas e bibliografia deste livro estão disponíveis em:
https://sextante.com.br/asarmasdapersuasao/notas.pdf

Para saber mais sobre os títulos e autores da Editora Sextante,
visite o nosso site e siga as nossas redes sociais.
Além de informações sobre os próximos lançamentos,
você terá acesso a conteúdos exclusivos
e poderá participar de promoções e sorteios.

sextante.com.br